再考 ふなずしの歴史

橋本道範 編著

1．カンボジアの水田漁撈　乾季に魚伏籠を用いて小魚を獲る女性（シエムリアプ近郊）

2．ラオス南部のナレズシ　メコン川流域産のおもにコイ科魚類を、もち米・香辛料などとともに塩蔵・発酵したもの（パクセの魚市場）

3．ニゴロブナ　琵琶湖固有亜種で、ギンブナ・ゲンゴロウブナと比べると、頭が大きい、下あごが少し角ばっている。

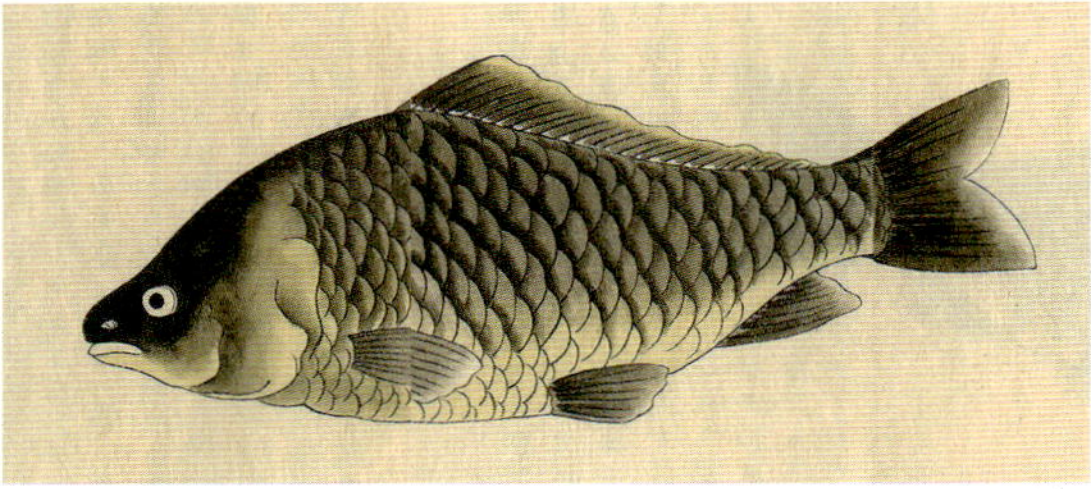

4．ニゴロ（合成）

5．モミヂブナ（合成）

４、５は安政元年（1854）に山本錫夫が発行した『湖中産物図証』（藤居重啓編）に描かれたもので、本文204頁にも書かれているように、モミジブナは秋に獲れるフナの別称である

6．結桶に仕込まれたふなずし　近年ではプラスチックの桶で漬けることが多くなったが、従来の結桶で水を張って発酵を待つ専門店の飯漬け。米の使用量の多さがわかる

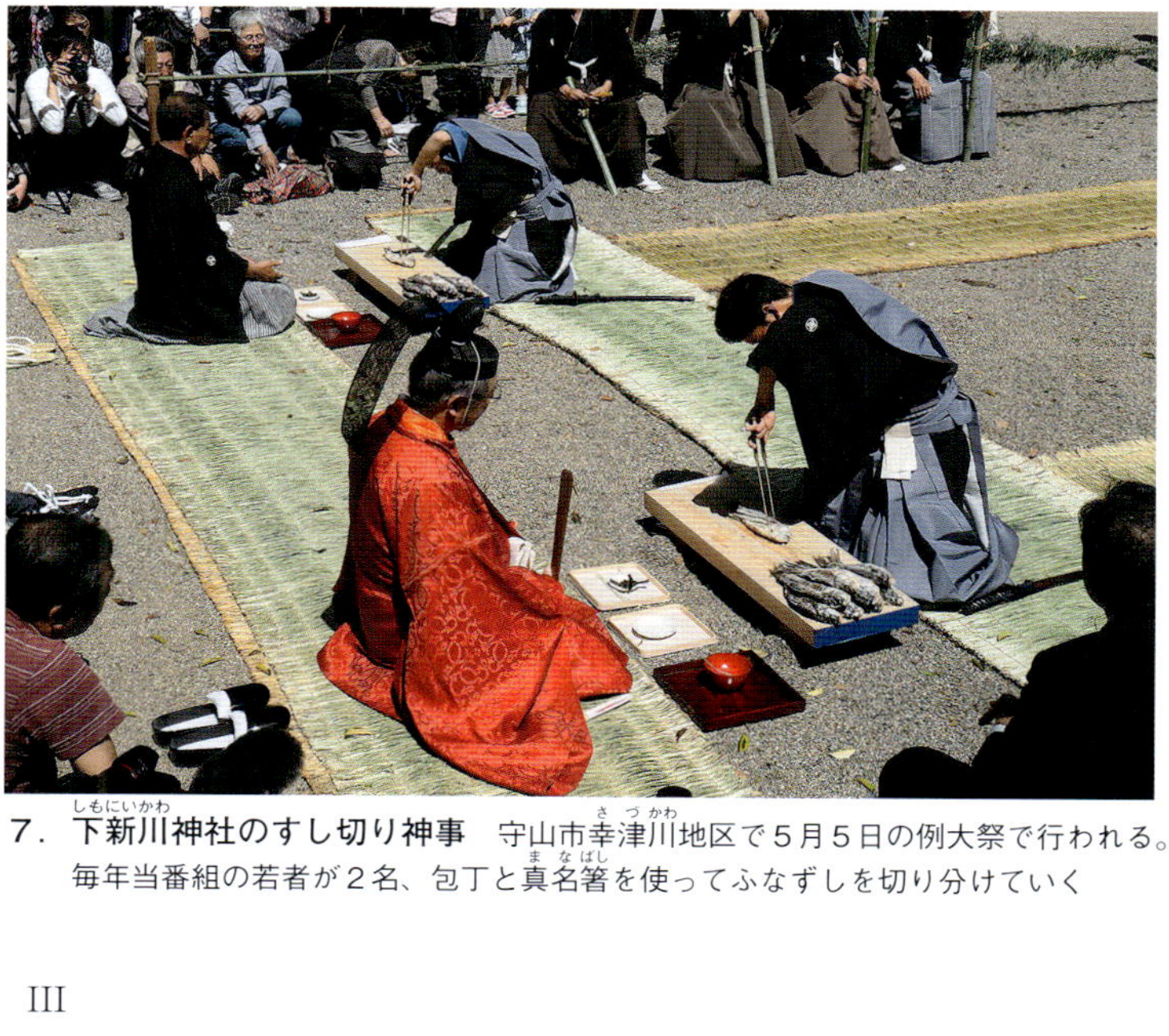

7．下新川《しもにいかわ》神社のすし切り神事　守山市幸津川《さづかわ》地区で５月５日の例大祭で行われる。毎年当番組の若者が２名、包丁と真名箸《まなばし》を使ってふなずしを切り分けていく

8．守山市立中洲小学校でのふなずし作り

9．長浜市立速水小学校でのふなずし作り

地元の主婦や漁師さんなどを講師に招いて、洗い終わった塩漬けぶなの頭にご飯を詰める作業をしている

まえがき

ながいあいだ、日本でスシといえば塩をした魚に米飯を加えて乳酸発酵をさせた保存食品であった。江戸時代に酢飯を使って即席につくるスシが流行するようになったので、区別するために、伝統的なスシを「熟れ鮨（鮓）・馴れ鮨（鮓）」というようになったのである。それまでは、スシといえばナレズシのことであった。

奈良時代の文字資料に、鮨、鮓といった漢字で記されているスシの語源は、「酸し」に起源するという。

ナレズシつくりに加えられる米飯などの澱粉質の着け床は微生物の作用で発酵し、乳酸その他の有機酸やアルコールが生成する。そのために独自の風味が形成されるばかりではなく、酸性がたかめられることによって酸味が生じ、腐敗のもとになる細菌の増加を防止し、貯蔵性が付加される。

ナレズシは、インドシナ半島の北部から中国の雲貴高原にかけての地域における、初期水田稲作民の淡水魚の保存法として成立した食品で、長江下流から水田稲作農業とともに日本に伝えられたというのが、わたしの提出した仮説である(1)。

淡水魚の保存食品として成立したナレズシであるが、島国の日本に伝播すると、海産魚でもつくるようになり、各地でさまざまなナレズシが発達した。そのなかでも、歴史的にいちばん評価がたかかったのが、琵琶湖のふなずしである。中世には近江国の名物としての地位を確立しており、将軍や貴人の饗宴にもふなずしが供された。現在でも琵琶湖周辺の神社では、神饌《しんせん》にふなずしを捧げることもなされる。ふなずしは神々の好物でもある。

そのふなずしの歴史に焦点をあてて論じているのが本書である。滋賀県のふなずしの歴史を研究することは、郷土食品の歴史研究という地方史的な枠をこえ、日本のスシの歴史を考察するための重要な手がかりをあたえてくれる。

ふなずしが都の貴人への献上品とされたり、俳句にあらわれるので、ナレズシのなかで歴史的文献資料のいちばん豊富な食品である。また、現代になるとおおくのナレズシが消滅したが、滋賀県では健在である。そこで本書の著者たちは、歴史文献を精査したり、現地調査をおこない、その結果にもとづいた論考を寄稿している。

そして、さまざまな新事実があきらかにされた。たとえば従来の説では、弥生時代の日本における最古のナレズシを、現代にまで継承しているのが、ふなずしであるとされてきた。しかし、塩とフナと米飯だけでつくる単純な技術と思われがちな、ふなずしの製造法にも歴史的な変遷があり、製造や食用に供する時節も歴史的に変化してきたことがあきらかにされている。

この本を読まずしてナレズシについては語れない、現時点における日本のナレズシ研究の決定版というべきものが、この本である。本書をもとにして、ナレズシ研究がさらなる進化をとげることを願うしだいである。

石毛　直道

（1）石毛直道・ケネス ラドル『魚醤とナレズシの研究』岩波書店、一九九〇年

目次

まえがき……石毛　直道
アジアのナレズシと魚醤の文化……秋道　智彌　9
「ふなずし」の特殊性と日本の「ナレズシ」……日比野光敏　59
室町時代の「ふなずし」―山科家と蜷川親元の日記から……橋本　道範　101
コラム　幸津川すし切り神事　渡部　圭一　143
江戸時代の「ふなずし」……櫻井　信也　149
近世の「ふなずし」の旬……齊藤　慶一　193

俳諧・俳句と「ふなずし」……篠原　徹　223
コラム　「ふなずし」の歴史をめぐる議論に思う……堀越　昌子　243
現代「ふなずし」再考……篠原　徹　247
現代に伝わる「ふなずし」の多様性……藤岡　康弘　269
コラム　「ふなずし」を通して伝えたい「ふるさとの味と心」……中村　大輔　295
「ふなずし」の成分分析と嗜好性……久保　加織　299
あとがき……橋本　道範

アジアのナレズシと魚醤の文化

秋道智彌

一　ナレズシと魚醬

ナレズシと魚醬《ぎょしょう》はともに魚類を使った発酵食品である。(1) ここではまず、ナレズシと魚醬についての分類区分とその内容について明らかにしておきたい（図1）。

ナレズシ

ナレズシは魚類に塩とデンプン類をくわえて乳酸発酵を促して食品のpHを抑制し、保存食品として利用するものである。塩は魚の防腐作用をもつ。ナレズシでは、乳酸菌や酵母菌が発酵に寄与する。ナレズシ用のデンプンとしては米飯が圧倒的に多く使用されるが、日本のイワシの糠漬けのように米《こめ》糠《ぬか》を使う場合や、後述するようにモチゴメのせんべいをくだいた粉を使う東南アジアや、アワ（粟）やサトイモを使う台湾の例がある。米糠を大量に使う場合はふつう糠漬けとよばれる。

ナレズシは日本をふくむ東アジアや東南アジアにのみ分布する発酵食品である。ナレズシの製造にはコメが重要な原料であり、稲作地帯における食文化の典型例といえる。ナレズシには馴れズシ、熟れズシなどの用語が当てられるが、スシが現代の寿司、鮨とは異なった製法により製造されることをもふまえ、本論ではナレズシと表記する。(2)

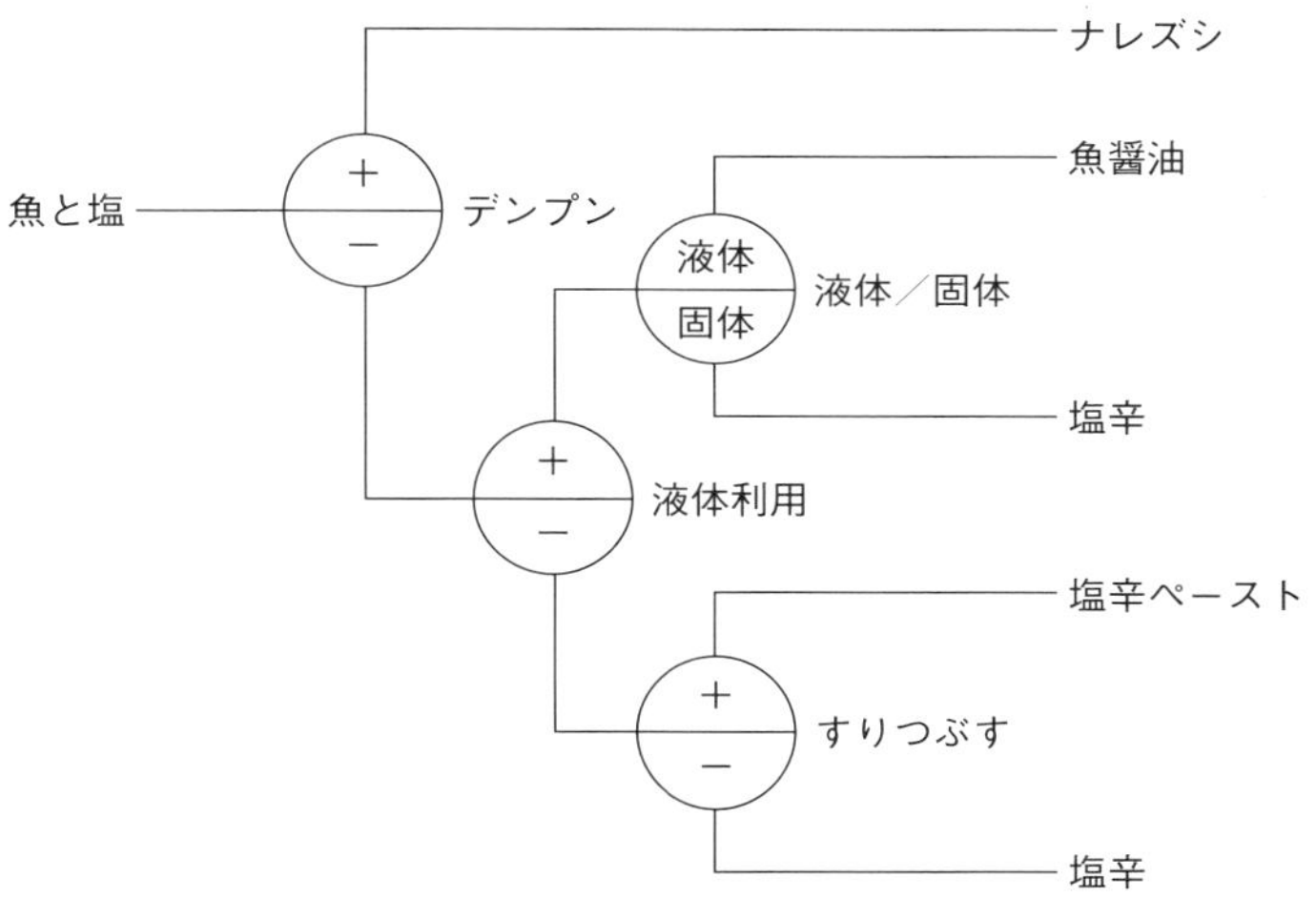

図1　魚の発酵食品の分類（石毛　2012：134を元に改変）

魚醤

魚醤は魚類に塩分を加えて魚肉のタンパク質を自己消化酵素により分解して各種アミノ酸のうま味成分を抽出した調味料である。魚醤では、マイクロコッカス属（*Micrococcus*）やバチルス属（*Bacillus*）その他の好塩菌の作用によって発酵が進む[3]。石毛直道は、魚醤を（1）魚醤油、（2）塩辛、（3）塩辛ペーストに三区分して議論を進めており、以下それぞれについての概要をのべる[4]（図1参照）。

（1）魚醤油　魚醤のうち、魚と塩をまぜたものを保存する過程で魚から浸出する上澄みをろ過した液体が魚醤油である。魚醤油は東南アジア[5]や東アジアに広く分布し、淡水産とともに海産の魚介類が利用される。中国南部の広東省やマカオでも魚醤油である魚露（ユールィ）が地元で広く使われている。福建省の福州で魚醤油は鮨露《キエロウ》とよばれ、鮨は「塩辛」、露は前述の魚露における露とおなじ「水、液体」を指す。

日本では、ショッツル（秋田県）、イシリ（イシル）（石川県）、コウナゴ醤油（香川県）などが魚醤油の代表例である。なお、ショッツルではハタハタやイワシが、イシリ（イシル）ではイワシやイカが、コウナゴ醤油ではイカナゴの稚魚が原料とされる。明治期の資料である『日本水産製品誌』によると、以上の三種をふくむ醤油類として一〇品目が挙げられている。それらは、玉筋魚醤油（イカナゴ）、鰮醤油（イワシ）、鯷醤油（ヒシコイワシ）、鯖腸醤油（サバのワタ）、烏賊腸醤油（イカのワタ）、雲丹醤油（ウニ）、蠣醤油（カキ）、鮓醤油（アミ）、貝肉醤油（貝類）、蟹醤油（カニ）であり、いずれも海産物の製品である。(6) なお最近、全国各地で新規の魚醤油づくりがおこなわれるようになっており、サケを使った岩手の鮭醤油がその一例である。

魚醤油は、アジア地域以外にも古代ギリシャ・ローマで知られていた。海産魚の内臓を切り刻み、塩と混ぜて腐敗をおさえながら発酵を促したガルムは高級な調味料として広く用いられた。古代ローマでは、上澄み液のあとに残った魚肉の残渣（塩辛）はアレックと称され、貧しい階層の人びとの主食となる粥（麦）の味付けに利用された。現在でもイタリア南部でガルムに類するコラトゥーラと呼ばれる魚醤油がカタクチイワシから製造されている。

(2) 塩辛

塩辛は魚類に塩分を加えることにより、自己消化酵素や魚介類が体内にもつ細菌のはたらきでタンパク質を各種アミノ酸に分解して独自のうまみや香りを産出した保存食である。塩辛の原料は海産・淡水産の魚類だけでなく、カニ・エビ・タコ・イカ・貝類など多岐にわたる。塩辛の分布域は洋の東西に及んでいる。ヨーロッパではカタクチイワシの塩辛であるアンチョビやニシンの塩漬け缶詰であるシュールストレミング（スウェーデン）が著名である。アジア地域では韓国、日本でとくに塩辛食品が発達している。日本では、メフン（サケの腎臓）、子ウルカ（アユの卵巣）、苦ウルカ（アユの内臓）、白ウルカ（アユの精巣）、切りウルカ（アユの内臓と生殖腺を混ぜたもの）、タラコ（スケトウダラの卵巣）、酒盗やワタガラス（カツオの内臓）、スクガラス（アイゴの稚魚）、カラスミ（ボラの卵巣）のほか、タイ、イワシなどの魚類やイカ、タコ、エビ・オキアミ、カニ、シャコガイ、コノワタ（ナマコの内臓）などを用いた多様な塩辛食品がある。

韓国で塩辛は一般にチョッカル（チョッ）と称され、セウジョッ（アミ）やケジャン（カニ）のほか、イワシ、イシモチ、スズメダイ、タチウオ、チンジャ（タラの胃袋）などの魚類や、ウニも塩辛として加工される。とくにアミの塩辛はキムチを作るさいに欠かせない。東南アジアでは、小エビの塩辛が広く利用される。

(3) 塩辛ペースト 塩辛ペーストは、魚醤油をろ過した残りの固形物をすりつぶしてペースト状ないし固形物としたものであり、魚や小エビから作られる。塩辛ペーストは中国南部から東南アジア地域に広く分布している。中国の塩辛ペーストはペースト状の蝦醬《シアジアン》と固形物の蝦糕《シアガーオ》にわかれる。インドネシアやフィリピンの塩辛ペーストは中国南部の蝦醬・蝦糕と同様にオキアミ類から製造される。塩辛ペーストは原形をとどめない発酵食品であり、素材の原形をのこす塩辛とは異なっている（図1参照）。

ナレズシを魚醤や塩辛とくらべた場合、魚介類に塩分を添加して腐敗をおさえ、発酵させる過程はおなじであるが、ナレズシにはデンプン（おもに米飯やせんべい粉）を加える点が大きく異なっている。ナレズシの製造過程では魚介類のもつ細菌を利用した乳酸発酵を利用するだけでなく、麹を加えて発酵のスターター（発酵を促進する微生物の集団）とすることがある。ナレズシで用いるデンプンの種類や素材の形態は地域によって異なる。すなわち、東南アジアでは炊飯したモチ米、ウルチ米とともに、米糠、焼いた米、せんべい粉なども使用される。台湾ではサトイモやアワのほか、すりつぶした生米を使うこともある。これにたいして、日本ではもっぱら炊飯したウルチ米を用いる。以上のナレズシと魚醤についての概要をふまえ、次節では東南アジア地域の稲作と漁撈の特質から、発酵食品の生態学的な基盤について検討したい。

二　東南アジア大陸部の自然と水田漁撈

河川と水田の連続性

東南アジア大陸部ではメコン川、チャオプラヤー川、エヤワディ（イラワジ）川、ホン（紅）河などの大河川と中小河川、湿地、湖沼などの水域環境が卓越している。東南アジア大陸部は熱帯・亜熱帯モンスーン気候下にあり、およそ五月～十月が乾季で、十一月～四月が雨季となる。乾季に雨はほとんど降らないが、雨季に大雨が降り、河川が氾濫して洪水を引き起こすことがある。

メコン川を例にとると、雨季と乾季の水位差は一〇m以上に達する。メコン川集水域では、本流のメコン川はいくつもの流入河川とその支流や周辺部の湿地や池とが連続的につながっている。また、水田も水路を介して中小河川やメコン川とつながっており、水田と湖沼・河川の連続性と水域の季節的な動態が東南アジア大陸部における環境の大きな特徴となっている。

淡水魚類の生態と行動

メコン川集水域を例として、淡水魚類の生態と行動について整理しておこう。チベットに源流をもち、中国、東南アジア諸国を貫流するメコン川は東南アジア最大の川であり、その集水域にはコイ目、ナマズ目、カラシン目をふくむ約一、一〇〇種の魚類が生息している。ベトナムの河口域とその周辺には海から遡上する海水魚類と汽水性魚類二五〇種ほどもふくまれるが、その上流部には淡水魚類が約八五〇種分布する。また、メコン川下流域の支流であるサープ川を通じて上流部で連結するトンレサープ湖には二八四種の魚種が生息し、種の多様性に富んでいる。メコン川流域で二〇〇種以上の種が確認されている河川はタイ領内ではソンクラーム川、ムン川、チー川、カンボジア領内のメコン本流であるストゥントレン・クラチエ地域、セコン川、スレポック川である。[7] なお、日本の琵琶湖では六九種の淡水魚が生息する。

ベトナム、カンボジア、ラオス、タイをふくむメコン川中・下流域では、魚種は回遊・移動様式から以下の三つのグループに分けることができる。第一は「白い魚」で多くのコイ科やパンガシウス属のナマズなどがふくまれる。主要な河川に生息するとともに、数百km以上を長距離回遊する。雨季の開始とともに上流に回遊し、産卵後に再び下流に下る。第二は「黒い魚」であり、タイワンドジョウ科、ヒレナマズ科、キノボリウオ科の魚類をふくむ。この仲間は乾季と雨季の季節変動にかかわらず、ほとんど移動することはない。第三は「灰色の魚」で短距離回遊型の種類をふくみ、河川の本流から雨季に氾濫原へと回遊して産卵する。乾季になるとふたたび本流にもどる。以上のうち、おもに黒い魚や灰色の魚が水田に進入し、漁撈の対象となる(8)。

東南アジアの水田とイネ

日本の水田地帯は用水路を通じて河川とつながっており、灌漑施設をそなえた水田稲作は弥生時代以来の長い伝統をもっている。東南アジアでは水田に灌漑施設が導入される前段階では天水のみに依存する一期作の稲作がいとなまれてきた。灌漑をおこなう水田でも、水田の立地条件や水田の冠水をもたらす洪水の頻度によりイネの生産性は異なる。水田には一般に洪水の影響がおよびやすい低位田と冠水しない高位田、その中間の中位田がある。ラオス南部では冠水しやすい低位田をナ・ターム、時折冠水するナ・ティンバーン（村の脚の意味）、冠水することのまれな高位田をナ・トゥーン（高い田）と区別されている。ナは「水田」を指す。水の利用可能性は水田の高度によって微妙に異なり、高位田は干ばつに見舞われやすく、イネの苗の移植は遅く、収穫時期は早い。一方、低位田は洪水の被害を受けやすいが、干ばつ年でも収穫があり、移植は早く、収穫時期は遅い。ラオス中部の例では、低位田ではモチ種の晩生品種が、高位田ではモチ種の中生・早生品種やウルチ種のイネを栽培する傾向があり、降水量の年変動と季節変化に対応している。[9] カンボジアのトンレサープ湖周辺やラオス南部では浮き稲が利用されるが、その生産性は一般に低い。

水田に入る魚の利用可能性は水田の地理的な立地条件によっても異なる。丘陵斜面の狭小な棚田や森林を開墾して造成される産米林では河川水域との連結がほとんどなく、魚の利用可能性は低い。これにたいして、洪水常襲地帯や湖周辺の水田における魚の利用可能性は大きい。

東南アジアの淡水漁撈

東南アジアの稲作地帯では、水田をはじめ河川や湖沼、湿地において多様な漁法が季節に応じておこなわれてきた。[10] 水田では魚伏籠（図2）、投網、ザル、すくい網、四手網、畔に竹製の棒をさし、ミミズを餌として水田内のカエルを釣る置きバリ漁などがおこなわれる。固定式の漁法として、水田の排水路（導水路）に仕掛けた筌（縦筌と横筌）で水田から外へ移動する魚を獲る筌漁、水田横の小河川に土手を造成して、飛び跳ねて土手内部の凹部に入るタイワンドジョウなどを獲る漁、水田内や池に直径二〜三mの円形ないし縦横が三〜四mの方形で、深さ二〜三mの穴を掘り、上部を柴や小枝で覆って魚の潜める場所を作り、乾季に一斉に魚を獲るルム漁（図3）、水田における水の出入り口に小規模なエリを造成し、エリの中心部に魚を誘導して獲るリー漁法などがある。付言すれば、ルム

図２　湿地における乾季の漁撈　女性の多くは魚伏籠を使用する。（カンボジア・シエムリアプ近郊）

図３　水田内に作られたルム　柴漬け漁の一種で、乾季に魚がこのなかに潜む。（ラオス南部・オイ族の村）

図4　トンレサープ湖の湖岸地帯に設置されるエリ型の定置漁具　雨季の終わりに湖に戻る魚を獲る。（カンボジア・トンレサープ湖周辺）

は水田内以外にため池にも設置される。水田内のルムは水田の所有者個人のものであるが、ため池のルムはそれを造成した個人のものである。[11]

河川や湖沼では水田におけるのと同様な可動式の漁具・漁法がもちいられるほか、刺し網、流し釣り、流し網、はえなわ、多種類の筌、やな、大型のエリなど、比較的規模の大きな定置漁具が用いられる。[12] たとえば、タイのメコン川本流で用いられるナマズ用の縦筌は全長が九mある。[13] 同様に北タイのチエンコーンでは体長三mに達するメコンオオナマズを獲る流し網が用いられており、網の全長は八〇m、丈は七m、網目は三五cmに達する。[14] 河川の岸に柴を大量に積んで魚の隠れ家を作り、柴のなかに潜む魚を網でかこんで獲る柴漬け漁の一種として竹を編んだカーとよばれる三角形状のかご漁具に柴を入れて使うこともある。[15] ポンパン漁は雨季の終わりに川を下る小魚をヤナに開けた魚道に袋網を仕掛けてなかに誘導して獲り、魚醤油用の原料として利用する。

トンレサープ湖では琵琶湖のエリに似た大型の定置漁具が設置され、沿岸に接岸する魚類が漁獲される（図4）。こうしたエリ型の大型漁具を設置する漁場は富裕層に独占されており、周辺の弱小農民は排除されている。

つぎに水田漁撈を生業の複合と捉え、[16] その特質からナレズシや魚醤が食文化のなかでもつ意義について検討してみよう。

東南アジアの魚食と料理の三角形

魚の発酵食品はそもそも人類の食と料理の体系のなかでどのように位置づけることができるだろうか。人類学者のクロード・レヴィ＝ストロースはかつて人類の料理を、対立する三つの項からなる料理の三角形モデルを提示した。三つの項目とは、「生のもの」、「火にかけたもの」、「腐ったもの」であり、二つの項のあいだにはたがいに対立関係があるとした。[17] レヴィ＝ストロースのモデルにおける「腐ったもの」は、細菌などの増殖で生のものが腐敗して生成する。しかし、本稿で扱っているような乳酸発酵食品も、火を加えない料理の一種である。腐敗と発酵はともに細菌による作用を指し、生成したものが有用か有害かは人間による判断に過ぎない。この点を考慮し、魚料理を統合的に捉えるうえでレヴィ＝ストロースの腐ったもののかわりに「発酵したもの」を料理の三角形として表わしたのが図5である。図にある三つの項には、生のもの（たとえば、日本における踊り食いや刺身）、

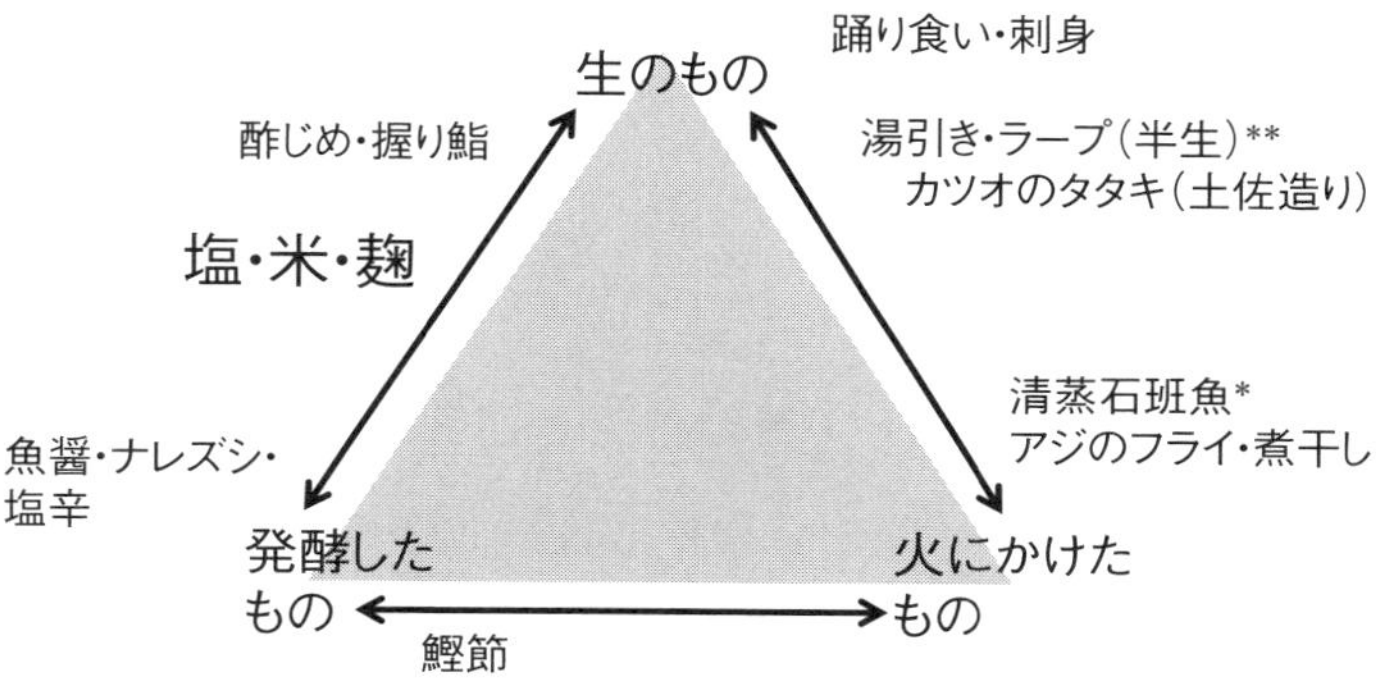

図5　魚料理の三角形と乳酸発酵

＊：ハタの仲間を香辛料とともに蒸した中国料理

＊＊：生の淡水魚に軽く湯通しした半生のラオス・タイ料理

火にかけたもの（直火、油揚げ、水煮）、発酵したものがそれぞれ示されている。魚の発酵過程や熟成の度合いは、添加される塩分やデンプン量、発酵のスターターの有無とその種類、温度、時間などの条件によって促進ないし抑制される。その過程に応じて、酢〆、握りずしから、早やナレズシ、生ナレズシ、魚醤、塩辛にいたるまで多様な発酵食品が生成される。

東南アジアのラオスやタイの農村部では、蒸したモチゴメを主食として、焼魚や軽く湯通ししたラープ（図5参照）をオカズとして日常の食とする。そのさい、魚醤油であるナム・プラー（タイ）ないしナム・パー（ラオス）を調味料とする。ベトナムで魚醤油はニョク・マムと称される。蔬菜やナス、トウガラシ、豆類などの野菜は生でその調味料を付けて食べる。デザートにはバナナや季節の果物を生食する（図6）。

図6　ラオス農村部の日常食　モチゴメ（右）とナマズを焼いたもの（左）とナム・パー（小碗の魚醤油）（左上）。デザート用にバナナ（中央）を食べる。（ラオス南部・チャンパサック県）

表1　ラオス中部の農村における1日の食事の構成（落合ほか 2008 を元に作成）
P.D. はパー・デーク（魚醤）

		重量 (g)	エネルギー (Kcal)	タンパク質 (g)	脂質 (g)
朝食					
おこわ（モチ米）		199.0	706	14.5	3.0
生魚と和えもの	生魚	136.6	130	25.0	3.0
	P.D	5.8	6	0.8	0.2
	その他				
生野菜		21.0	10	1.1	0.1
昼食					
おこわ		143.0	508	10.4	2.1
タケノコ・スープ	タケノコ	70.2	24	1.4	0.3
	P.D.	0.7	1	0.1	0.0
	その他				
生野菜		92.0	65	1.7	0.3
夕食					
おこわ		154.0	547	11.2	2.3
焼き魚	川魚	20.6	20	3.7	0.5
トウガラシ・ソース	P.D.	3.0	3	0.4	0.1
合計		911.0	2038	71	13

東南アジア大陸部における食事は、生のもの（野菜類）、火にかけたもの（蒸したコメ、焼いた魚、湯引きしたラープ）、発酵させたもの（魚醤油）からなっている。ラオス中部の村で食事調査をおこなった落合雪野らによると、食事内容は表1のようであり、生のもの、火にかけたもの、発酵したものがセットとして日常の食に組み入れられており、調味料としてナム・パーが用いられることが分かった。(18) それでは、魚が入手できないときはどうかと聞くと、蒸したモチゴメと発酵調味料だけですまされることがある。また離乳食として、コメの粥に調味料を味付けにしたものを使うことがある。調味料も利用できない場合はどうか。ラオス南部のパクセで、緑色をした生米が売られていた。これは未成熟なうちに収穫したコメで、人びとは大量ではないが、生のまま食していた。コメの生食は限定的であるとはいえ、東南アジアでかつてあった食習慣のなごりではないだろうか。

三　東南アジアのナレズシと魚醤――民族誌的考察

熱帯・亜熱帯モンスーン気候下にあり水田農業のさかんな東南アジアにおけるナレズシと魚醤は、地域によって製法が多様性に富んでおり分布域も広い。東南アジアにおけるナレズシと魚醤は大陸部、島嶼部ともにみられる。国別にみると、タイ、ラオス、ミャンマー、ベトナム、マレーシア（半島部）などの大陸部と、フィリピン、インドネシア、マレーシアの島嶼部に分布する。なお、中国や台湾、韓国の例については後述する。以下、民族誌的現在における事例を石毛直道による先行研究(19)や、筆者による現地調査、民族誌などの記述にもとづいて検討したい。

タイ

タイでは淡水魚・海産魚を利用した発酵食品が地域ごとに発達している。東北タイや北タイでは隣接するラオスの低地農耕民であるラオ・ルム族と共通する食文化をもっている。

タイ国でもっとも一般的なナレズシがプラ・ソム（東北タイではパー・ソム）である。プラは「魚」、ソムは「酸っぱい」ことを指す。淡水魚の頭、内臓、ウロコを取り、二枚におろして皮に切れ目を入れておく。これに魚の一〇分の一の塩と同量の蒸したコメ、ニンニクを加えて魚にすり込み、密閉した容器で発酵させる。プラ・ソムは一～二週間で食べることができる。

魚肉を細かくミンチ状にして、塩、蒸したモチゴメ、ニンニク、せんべい粉などを魚の重量の三分の一から五分の一の量加えて数日発酵させたものは一般にパー・マムと呼ばれるナレズシとなり、東北タイで作られる。

また、大型の魚の切り身を準備し、蒸したモチゴメにモチ麹をスターターとしてまぜたもの（カオ・マック）を加えて、密閉容器で二ケ月ほど保存して食用とする。これがパー・チャオと呼ばれるナレズシであり、東北タイや北タイで製造・食用とされる。

タイでは淡水魚やカニ、小エビを使った塩辛が作られ、中部タイではプラ・ラー、東北タイでパー・デーク、北タイではパー・ハーと呼ばれる。炒ったコメを混ぜて発酵させたものもプラ・ラーとよばれる。

東北タイではパー・デークに米糠を少量、香りづけのために加えることがある。米糠のかわりにせんべい粉を加えて発酵させた塩辛がパー・チョームである。このさい、せんべい粉を魚の重量の一〇分の一程度くわえると乳酸発酵が促進され、ナレズシとなる。また、北タイでも魚と塩にウルチ米を炒って粉にしたものを一緒に混ぜて塩辛をつくる。ただし、中部タイでは魚に塩以外のものを添加することはまずない。このように、塩辛に米糠やせんべい粉の添加する量が多くなると、塩辛ではなくナレズシが生成され、塩辛とナレズシの中間形態が存在することが明らかとなる。

塩辛から出る浸出液は魚醤油となり、プラ・ラーからはナム・プラ・ラー(中部タイ)、パー・デークからはナム・パー・デーク(東北タイ)、パー・ハーからはナム・パー・ハー(北タイ)がそれぞれ生成される。[20] ナムは「水」を意味する。一方、工場で生産される魚醤油がナム・プラーであり、商品となる。原料は主に海産魚である。海産の小エビと塩を混ぜて乾燥後につきつぶし、これを熟成したものが小エビの塩辛ペーストとなる。これがカピであり、乾燥過程で浸出する液を熟成すると小エビ醤油、ナム・カピとなる。

ラオス

インドシナ半島の内陸国であるラオスのナレズシはパー・ソムないしソム・パーと称され、タイと同様な種類である。パーは「魚」、ソムは「酸っぱい」ことを指す。ラオスはメコン川集水域にあり、

図7　ナマズのナレズシ（ソム・パー・ナン）（左）とパー・ナン（*Hemisilurus mekongensis*）（右）（ラオス南部パクセの魚市場）

低地ではラオ・ルムの人びとによる水田稲作農業と水田、河川、池における淡水漁撈がさかんである。ラオスではコイ科の魚類を中心にパー・ソムが作られる。

一般的な製法を紹介しよう。淡水魚の頭、ウロコ、内臓を塩水で洗浄し、切れ目を入れておく。切れ目を入れるのは、魚肉に塩分が浸透しやすくするためである。これに塩と蒸したコメ、ニンニクをつぶしたものとともに加えて、密閉した容器に保存し、二〜三週間で食用とする。ソム・パーを作るのに、魚二kgにたいして塩二〇〇g、米飯一四〇gが目安とされる。ラオスでは蒸したモチゴメの代わりに米糠や焼いた籾を加えることがある。図7はラオス南部のパクセにある魚市場で売られていたパー・ソムでナマズの仲間（パー・ナン）を元に作られたものであり、魚の原形はほとんど残っていない。他方、切り身の魚を使ったナ

図８　ラオスのナレズシ　コイ科の魚体に切れ目を入れて発酵を促進する。（ラオス南部パクセの魚市場）

図９　ラオスの塩辛（パー・デーク）　左のものは浸出液が多く、これをろ過して魚醤油（ナム・パー）を作る。図の下部のプラスティック袋がナム・パー。（ラオス南部パクセの魚市場）

レズシでは原形がのこっている（図8）。塩辛には東北タイとおなじくパー・デークがあり（図9）、その浸出液がナム・パー・デークである。これらは淡水魚と塩を使って家庭で製造される場合がほとんどで、工場で製造されるナム・パーには淡水魚だけでなく海水魚が用いられることもある。なお、淡水魚の魚肉だけでなく、魚卵に塩を加えた発酵食品も製造される。

ベトナム

ベトナムで発酵食品は一般にマムと称される。魚醤としてはニョク・マムが著名である。ニョク・マムのほか、小エビを使った塩辛ペーストはマム・ルオクないしマム・トムと称される。ちなみに、ベトナム語のマムは「魚やエビの塩漬け」、ルオクは「エビのペースト」、トムは「エビ」を指す。小エビの塩辛から浸出する液はニョク・マム・トム・チャットとよばれる小エビ醤油となる。マム・チュアは、ウルチ米でつくったせんべいを粉にしたものを塩蔵した淡水魚に添加して発酵させたナレズシを指す。フエで製造されるマム・トム・チュアはエビを用いて塩とモチゴメ、タケノコなどを混ぜたものを発酵させたナレズシである。

カンボジア

カンボジアでは、塩辛や塩辛ペーストはプラ・ホックとよばれる。雨季の終了とともにトンレサープ湖周辺の洪水浸水林から湖や河川にもどる大量のコイ科の小魚を原料とすることが多い。製造のさ

図10　塩辛製造用の大型の木桶　コイ科の小魚を大量に用いる。（カンボジア・シエムレアップ）

いには大型の桶を使う（図10）。カンボジアではベトナムからの影響で、塩蔵した魚にコメのせんべい粉を魚の重量の五分の一程度まぜたものが作られることがあり、マムと呼ばれる。マムの製法はベトナムからの影響である[21]。魚醤油はトゥック・トレイとよばれ、トンレサープ湖産のライギョの仲間などが用いられる。カンボジアでナレズシのことはファークと称される。トンレサープ湖や河川で獲れた淡水魚の頭とウロコ、内臓を取り去り、塩（魚三にたいして塩一の割合）とともにいったん一〜三ケ月甕で保存する。蒸したモチゴメにダム・ベーと呼ばれる麹を発酵スターターとして混ぜ、半日ほどで麹の芽がでたモチゴメに、魚一〇にたいしてモチゴメ一を混ぜて塩水を入れ、密閉容器で保存し、一〜二ケ月後に食用とする。

ミャンマー

ミャンマーでは、エヤワディ川下流域では魚の頭、ウロコ、内臓を取ったものに塩とウルチ米飯を混ぜたものを甕に保存して食用とされる。これはナレズシとおもわれ、ンガチンとよばれる。エヤワディ川上流のシャン州ではモチ米が使用される。シャン州では、煮た魚にトマト、米飯を混ぜたものが数時間後に食用とされる。また、シャン州では魚を酢〆にしたものに米飯を混ぜたものはンガチン、魚の切身に炊飯したメシをまぜて葉に包んで携帯食としたものはンガチンヂンとよばれる。いずれも、ンガチン系の用語であり、ミャンマーにおけるナレズシを示すものとおもわれる。塩辛ペーストはンガピと称され、タイのカピと同系のことばである。魚を元の形のまま発酵させたのがンガピガウン、魚醤油はンガピーイェーである。ンガピをそぼろ状にした加工品はンガピジョーとよばれる。

マレーシア

小エビを使った塩辛ペーストはブラチャンと称され、タイにおけるカピと同系の食品である。ブラチャンはおもにマラッカ海峡域のマラッカおよびペナンで華僑商人により生産されている。魚醤油のブドゥは小型の海産魚と塩をくわえて熟成させ、これにタマリンドを水煮した液と混ぜたコロイド状の液体を指し、半島部のケランタン州でマレー人により製造される。マレーシアに隣接する南タイでもブ・トゥが作られているがタマリンドは使用されない。

東マレーシアのサラワク（ボルネオ島）に居住するイバン族の場合、大小の魚を塩と米飯と混ぜて壺などに漬け込んだナレズシが知られており、カサム、マカサムなどと称される。あらかじめ魚、塩、米飯を混ぜてから容器に密閉して保存する場合と、魚をいったん塩漬けしてから、壺に塩漬けした魚と米飯を交互に入れて密閉して保存する方法がある。[22]

西マレーシアのマレー半島部にあるマラッカやペナンではもっぱら小エビを材料とし、エビの二割ほどの塩と、ウルチ米を魚の六％分ほど加えて密閉容器で保存したものはチンチャーロとよばれる。この用語はマレー系の言語ではなく、マレー半島に移住してきた華僑の多いことから中国のナレズシ文化が後代に展開したものと考えられる。[23]

インドネシア

インドネシアにおける小エビの塩辛ペーストはトラシ（トラシ・ウダン）、小魚を使う場合はトラシ・イカンとよばれ、スマトラ島のバガンシアピアピで生産され、のちジャワ島で再加工される。ウダンは「エビ」、イカンは「魚」の意味である。インドネシアではケチャップ・イカンとよばれる魚醤油がある。ケチャップはトマト製の調味料ではなく、もともと厦門における鮭汁（ケーチャップ）であり、鮭は「塩辛」、汁は「液体」を意味する。

中部ジャワでは、魚や小エビと同量の塩を加え、ほぼその倍の米飯を混ぜて数日後に食用とする。魚の場合、イカン・マシン、エビの場合、ウダン・マシンと称される。マシンは「塩」を意味する。イカン・マシンはいったん魚を一日程度塩蔵し、魚を取りだして水分を除去し、炊飯したコメをまぶして容器に詰めてバナナの葉で密閉し、一〇日程度で食用とする。スラウェシ島北端にあるメナド近郊の港町ビトゥンではカツオの内臓を塩蔵したバカサムが知られている。この地域ではかつて南方カツオ漁が営まれたことがあり、日本のカツオの塩辛の技法がもたらされた可能性がある。

ちなみにかつての南洋群島であったミクロネシアでも魚の発酵技術のあることが分かった。すなわち、中央カロリン諸島のサタワル島では、モンツキアカヒメジなどの小魚が大量に獲れた場合、ココヤシの果汁と塩を混ぜて保存したものはメナキニーと呼ばれた[24]。この場合も日本の委任統治時代の影響が考えられる。

フィリピン

フィリピンにおける塩辛と塩辛ペーストはバゴオンと呼ばれ、イワシ、キビナゴ、小エビなどを原料とする。バゴオンはミンダナオ島をのぞくフィリピン全域の海岸部で製造され、ルソン島、フィリピン中部のビサヤ地方にいくつもの種類がある。バゴオンの副産物としての塩辛の浸出液はパティスと呼ばれる調味料となる。フィリピンのルソン島中部では、海産、淡水産の魚をナレズシに加工して利用する。ナレズシはブロン・イスダと呼ばれる。ブロンは「発酵した」、イスダは「魚」を指す。魚のほか小エビが利用され、これらに塩を添加したものに炊飯したコメを加えて一〜数週間で食用とされる。海産エビのほか、サバヒー（ミルク・フィッシュ）や海産ナマズのほか淡水魚も利用される。

なお、コメのほかに紅麹が使われることもある。

東南アジアにおけるナレズシ・魚醤の特徴と魚

東南アジアにおけるナレズシと魚醤について国別、地域別に検討した。その結果、いくつかの特徴が明らかとなった。まず、東南アジアの大陸部・島嶼部を問わず、魚類として淡水魚がおおく使用されている点が第一の特徴である。第二に、魚に塩を加えて塩蔵する工程と、おもにコメを原料とするデンプン質を加える工程の二段階とされている場合があり、魚と塩とコメを同時にまぜる場合はほとんどないといってよい。このことと関連して、第三に、魚の重量と、添加される塩とでんぷんの量の比率が重要とおもわれる。熱帯・亜熱帯モンスーン地帯に位置する東南アジアは高温多湿な条件下にあり、微生物や細菌の繁殖は日本や韓国などの温帯にくらべて早い。こうした点で塩分とデンプンの量が微妙なバランスで調整されていると考えることができる。魚と米の重量比を石毛による東南アジアのナレズシの諸事例から検討すると、(25) 使用されるコメの量の少ない例がベトナムのマム・チュア製造におけるせんべい粉の例にあるが、魚の重量のほぼ一〇分の一から一〇分の三程度であり、コメの量は変異に富んでいることがわかる（図11）。添加されるデンプン量に応じて塩辛からナレズシへの移行段階にある食品がみられる点は指摘したとおりである。第四に、でんぷんの多くは炊飯ないし蒸したコメであるが、米飯以外に米粉からつくったせんべい粉や米糠、焼いたコメの籾などが使用されることがある。ラオス・タイではコメのなかでもモチゴメが多く使われる。さらに、発酵を進めるた

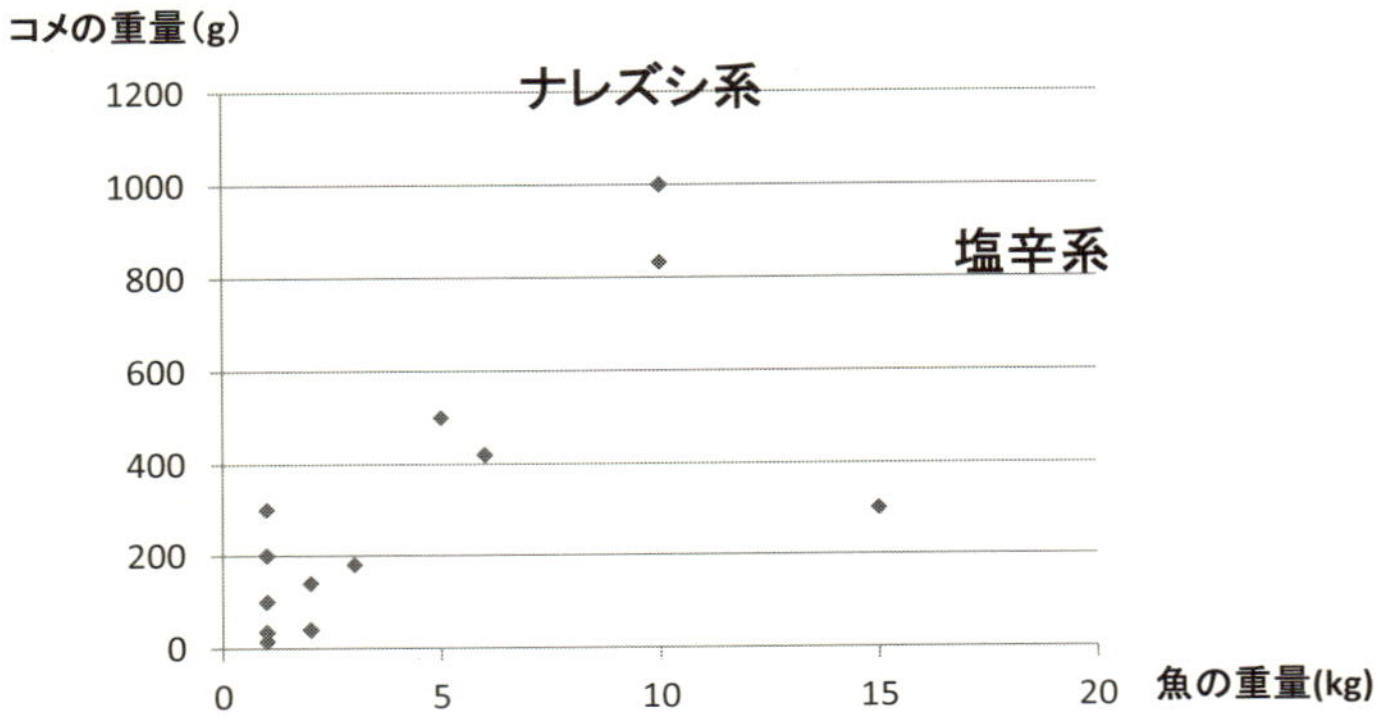

図 11　ナレズシの製造にみられる魚とコメの重量の関係　（石毛 1986：1-41 を元に筆者作成）
鶏卵 1 個分のコメは 35g、大きな鶏卵は 40g として計算した。

めにスターターとして麹が用いられる場合がある。とくに紅麹は中国からの影響が考えられる。第五につけくわえれば、ナレズシには魚、塩、コメの三要素が基本であるとして、さまざまな食品を添加して味や風味を醸成する工夫がほどこされる。たとえば、ニンニク、タケノコ、トウガラシ、レモン、砂糖、酢などがその一端である。以上が東南アジアにおけるナレズシの顕著な特徴である。

　東南アジアでは多様な種類の魚がナレズシや魚醤を作るために利用される。雨季の終わりから乾季にかけての時期、産卵を終えた成魚やふ化した稚仔魚が川を下る。こうした時期に漁獲される魚がナレズシや魚醤の原料として利用される。魚の大きさは重要な意味をもっている。中・大型の魚はナレズシや魚醤用に切り身とされることはすでに述べたが、小さい魚のほうが魚醤の製造に適していることはいうまでもない。ラオスのメコン川

図 12　川に仕掛けたヤナに魚道を開口し、袋網に川を下る魚を誘導して獲る（北タイ・イン川流域）

支流であるナムグム川一帯では、成魚の体長が五～六cmの小型魚類であるコイ科の*Esomus metallicus*やタカサゴイシモチ科の*Parambassis siamensis*などを魚醤の材料とする。先述したとおり、北タイのメコン川支流であるイン川では降河する小型魚類は川をヤナでせき止め、ヤナの一部を開いた魚道に袋網を設置して魚を獲るポンパン漁がおこなわれる（図12）。この漁法自体は政府により禁止されているが、地元では大量に獲れる小型魚類を待ち構える魚醤油製造の商人に売ることがおこなわれていた。カンボジアのトンレサープ湖でも大量に獲れる小型のコイ科魚類が魚醤油に用いられる。海産の素材としては、イワシ、キビナゴなどの小魚や小エビ類が重要である。

四　東アジアにおけるナレズシと魚醤――歴史的考察

日本のナレズシを考察するうえで、隣接する中国・韓国の事例は重要とおもわれる。ナレズシの伝播と歴史は本書でも重要な論点として取り上げられており、東南アジア、中国、朝鮮半島、台湾そして日本との連続性・断絶性を過去に遡及して検討してみたい。

中国漢代における画像資料を用いて当時の稲作や調理について分析した渡部武による一連の図像学的な論考はなかでも注目すべきであり、渡部による漢代陂塘《ひとう》稲田模型（一種のため池）の考察とともに食生活史の研究に大きく貢献している。(26)

東南アジアの事例でふれたナレズシと魚醤の製法・名称などはすべて民族誌的現在における内容であり、古代・中世期における資（史）料によるのではない。カンボジアの世界遺産であるアンコール・トム遺跡のバイヨン寺院第一回廊には十二世紀後半のクメール王朝の生活文化を示すレリーフ（浮彫り）には、トンレサープ湖における投網・たも網を使った漁撈、魚類、ワニ、カメなどをふくむ水棲動物、串刺しした魚の調理などの情景があるが、(27)ナレズシや魚醤の製造を確定できるだけの証拠はない。そこで中国の歴史史料を中心に、台湾、朝鮮半島の例をくわえて発酵食品に関する情報を整理しておきたい。

中国のスシ

中国最古の分類辞典である秦代の『爾雅《じが》』の釋器には、「肉謂之羹、魚謂之鮨」とある。つまり、「肉の（シオカラ）を羹《カイ》（＝醢）、魚の（シオカラ）を鮨《キ》という」とある。

秦は戦国期末期に巴蜀（いまの四川省・湖北省）を制圧する。これ以後、多くの漢人が強制的に移住させられており、現地の少数民族と接触することとなる。のちの後漢時代、許慎《きょしん》による部首別漢字辞典の『説文解字《せつもんかいじ》』（紀元一〇〇年成立）では、「蔵魚也。南方謂之魿《キン》、北方謂之鮺《サ》」とある。魚を保存することを中国の南方では魿《キン》と言い、北方では醢鮺《サ》と言う意味である。北方の鮺が鮓となりその俗字が鮓である。鮓の説明として「魰（ほう）醤也」、つまり魚を塩で醸したものであるという。そして、この調理法は蜀の国（四川省）から輸入されたものだとしている。

清朝中期の考証学者であり、『説文解字』の解釈で著名な段玉裁による注釈では、「公食大夫礼の醢牛鮨と謂うものは、礼記内則に書かれている醢牛鮨のことである。薄くきった肉切れ（聶而切之）にして膾とし、さらに之を細く切り、しおびしお（醤）にし、鮨《キ》となす。鮨は、膾の最も細く切ったものであり、牛鮨というものは、魚腤と（醢あるいは醤）というのと同じことであるとしている。つまり、魚の身を薄く切って塩蔵したものを鮨《キ》としている。鮨は塩辛を指すことになる。

時代を下った後漢末期（二〇〇年ころ）、劉熙《りゅうき》の著した『釈名《しゃくみょう》』には、「鮓滓也。以塩米醸之如葅、熟而食之也」とある。つまり、鮓滓《さし》なり。塩米《えんまい》を以ってこれを葅《そ》のごとく醸し、熟してこれを食す。つまり、塩と米を使って魚を葅《つけもの》のように漬け終わってから加熱して食べるという意味となる。(28)

以上の記載から、後漢時代に中国ではナレズシのあったこと、ナレズシが蜀の国からもたらされたものであることがわかる。蜀は後漢の版図の南縁にあたり、インドシナ半島や広州、ベトナムへとつながる領域にある。また、北魏の賈思勰《かしきょう》が六世紀中葉に著した全十巻からなる体系的な農業書である『斉民要術《せいみんようじゅつ》』によると、スシ（鮓）を作る方法として魚と塩とコメを元に作るとしている。

以上のことを日本における文献から確認してみよう。わが国で『爾雅』の影響を受けた平安中期の辞書『倭名類聚抄』巻第十六　飲食部　魚鳥類第二百十二には、「鮨　爾雅注云、鮨渠脂反。與耆。同。和名、須之。鮓属也。野王案大魚曰、鮺側下反。今案。即鮓字也。小魚曰、鮗音侵、一音蹔。」とある。鮨は『爾雅』注にあるように、kyo-si の反切《はんせつ》で「キ」と読み、耆と同じである。和名はスシ（須之）である。鮨は鮓の類字（鮓属）である。

時代は下るが、江戸時代における『倭名類聚抄』の註訳書である『箋注倭名類聚抄』巻四飲食部（抄訳）によると、「説文解字」にある鮨（キ）は「魚の䏽醤である」とある。また「䏽（バイ）とは、豚肉の醤（シオビシオ＝シオカラ）のこと」とある。つまり、鮨は魚の醢にあたる。以上のことから、古代中国における鮨は、日本語のすし（須之）、つまり現代の鮨のことでないことは明らかである。

ナレズシはその後、隋・唐時代を経て南宋時代に至り、江南地方を中心として大きく広がった。その背景には、北宋時代をへて北方から漢人が大挙して江南地方に移住してきたことや、長江下流域における水田開発と淡水漁撈が地域の食生活をささえる元となった点を挙げることができる。

宋代における食物を詳細に分析した中村喬は、魚鮓と魚醤の区別が時代とともに変質することを指摘している。すなわち、『斉民要術』のなかの「作魚鮓」では「飯」を用い、「作醬」では「麴」を使い、鮓と醤が区別されていた。[29] ところが、宋代の『事林廣記《じりんこうき》』や元代の『居家必用事類全書《きょかひつようじるいぜんしょ》』では、鮓には粳米飯（元代では饙飯）とともに紅麴を使うとされている。さらに明代になると、『竹嶼山房《ちくしょさんぼう》雑部《ざつぶ》』にあるように鮓には飯は用いず、紅麴のみを使うとされている。麴を使った発酵食品は一般に麴漬けとして知られるもので、米飯をもちいるナレズシではないことになる。[30] 宋代にコイ（鯉）のナレズシである玉板鮓などとともに麴を使った発酵食品が登場した背景には、畜肉に麴を用いて発酵した肉醤がよく食されるようになったことと関係する可能性が大きい。[31] 南宋時代、発酵食品としての鮓は麴漬けとしての意味に変容し、魚類（チョウザメをふくむ）、畜肉類（羊）、鳥類（鵞鳥、家鴨、黄雀）、貝類（蟶貝：マテガイの仲間）のほか、蔬菜類（タケノコ、トウガン、マコモなど）をふくむ多様な食品群として展開した。元代から明代にいたる過程で、肉食の重視とともに魚であっても米飯を使ったナレズシが廃れ、麴を使う発酵食品へと変化していく過程が以上のことから明らかとなる。

先に挙げた中村の指摘にあるとおり、元代以降、魚鮓は周辺の少数民族のあいだで残存したと考えられている。元のモンゴル人は麦の粉食と畜肉を中心とする食生活を基盤としており、コメと魚をセットとする料理になじまなかった。

明代になると元時代の影響もあり、米飯を使ったナレズシは麴による発酵食品に取って代られた。明代の文献によると、広西省の少数民族が飯を手で丸めたものの上に魚酢（ナレズシ）をのせて御馳走として食べていることが記載されており、漢民族である自らの食文化とのちがいが明示されたものであろう[32]。

上海海洋大学の周艶紅によると、宋代に盤游飯とよばれるナレズシがあった。そのことは、「江南人好作盤游飯、鮓、脯、鱠、炙无不有、埋在饭中。里谚曰「掘得窖子」」と『仇池笔记《きゅうちひっき》』の記述に示されている[33]。文中の鮓はナレズシ、脯は干し肉ないし細く切ったもの、鱠は魚や肉のさらに細く切ったものを指す。ただし現代では筒仔米糕、すなわち竹筒にモチゴメと魚や肉、エビなどを入れた料理として台湾の名物となっているという。

台湾におけるナレズシ

ここで近現代の台湾におけるナレズシの利用についてみると、圧倒的に台湾原住民のあいだでナレズシが食用とされていたことがわかる。台湾北部の北番にあたるアタヤル族、セデク族、サイシアット族はアユ、ハタ（石斑魚？）などを塩とコメないしアワを混ぜて保存する[34]。アタヤル族では魚につき砕いたコメと塩からナレズシ（テンモアン）を作る[35]。台湾南部のパイワン族では、大量に魚が獲れた場合、アワ飯に塩を混ぜて甕に保存する。肉をナレズシにする場合、アワ飯以外にサトイモをデンプンとして利用した[36]。『臺灣蛮族志　第一巻』によると、台湾北部山地にすむ高山族のあいだで川魚やブタ・イノシシ・シカなどの肉をアワやコメの飯に漬けこみ、トワメと称される保存食品をつくっていることがわかった[37]。

台湾海峡にある澎湖諸島では、台湾総督府の報告にイワシ、イカナゴ、イカ、カキ、サザエなどの塩辛があるという[38]。石毛によると、現代では台中市周辺では淡水エビ、カキ、淡水産小魚を塩辛としたキャム・ケェー（鹹鮭）（鹹は塩辛いの意味）がある[39]。

朝鮮におけるナレズシと魚醤

日本に地理的に近い朝鮮半島のナレズシや魚醤については石毛による研究がある[40]。朝鮮王朝時代の文献にも、とくに宮廷で魚の塩辛が好まれたことが野村伸一により報告されている[41]。それによると、『世宗實録』の世宗十一年（一四二九）七月に、清朝に貢納する水産物（海味等）に黄魚鮓（ウグイ）、鯉魚鮓（コイ）、蘇魚鮓（マス）、石首魚鮓（イシモチ）などの魚類を原料にした鮓類がふくまれている。また可児弘明によると、中宗十年（一五一五）の『中宗實録』の記載に、葦魚（エツ）を漁獲して塩辛にしたとある。葦魚は腐敗しやすく、醢（ジョッカル、塩辛）ないし食醢（シッヘ、ナレズシ）とされた。朝鮮王朝時代に一連の沈醢（しおづけ）が好まれたようだ[42]。

時代は前後するが、高麗時代（九三六―一三九二年）に大陸と高麗、日本を結ぶ交易のさいに沈んだ船とその積荷が水中考古学的調査により回収されている。たとえば、二〇〇〇年五月に韓国忠清南道泰安郡近興面の馬島海域で実施された高麗時代の沈船の水中考古学的な調査により、馬島一号（一二〇八年に難破）から大量の陶磁器や壺が見つかった。壺のなかの遺存体から、サッパ、イワシ、イシモチ、コノシロ、マダイ、ヒラメの骨が同定され、殻はスナガニのものであった。このほか、イガイ、アワビの塩辛、生のアワビを入れたことを示す木簡も発見されており、海産物の塩辛が含まれていたことはほぼ間違いない。

朝鮮王朝（李氏）時代、ナレズシは食醢（シッヘ）を指し、スケトウダラ、ハタハタ、タチウオ、イシモチなどの海産魚が用いられた。モチゴメも使うが、圧倒的にアワの飯が利用された。また発酵を促進するうえで麹ではなく麦芽が用いられた点が特徴である。[43] 韓国の稲作地帯ではナレズシは作られておらず、咸道道、江原道、慶尚道などの東海岸一帯にかぎられる。この地域では畑作物であるアワや麦芽を使うことからも、コメと魚、塩から製造されるナレズシの文化とは起源をおなじくするものではないと考えられている。[44] また現在の韓国では各種の塩辛が多く、なかでも小エビの塩辛ペーストやアミの塩辛がよく用いられる。

五　ナレズシ・魚醤と民族集団

ここでナレズシ・魚醤の分布を国別ではなく民族を基盤として整理し、全体像について検討したい。筆者らはかつて東南アジア・オセアニアにおける諸民族文化の分布について網羅的な研究をおこなった。[45] 東南アジア・オセアニア地域から二三七民族を、文化要素として三四四の文化項目をそれぞれ選定して九六名の研究者が参画し共同研究を実施した。このなかでは本論に関連する項目として魚醤を取り上げた。この研究のなかで、文献や研究者による現地調査を元とした分析によると、魚醤は一三民族で存在することがわかった。それらは、マレー、ミナンカバウ、イバン、ヌグリ・スンビラン・

マレー、モン(Muong ないし Hmong)、ムォン(Mon)、ビルマ(ミャンマー)、キン(ベトナム)、タイ(タイ)、クメール(カンボジア)、ブキドノン、タガログ(フィリピン)、ラウ(フィジー)である。ラウはオセアニアにおける例(フィジー諸島)であり、ここでは除外する。

モン族は中国南部、ベトナム、ラオス、タイなどに、ムォン族はミャンマー、タイ南部にそれぞれ分布し、ともにオーストロアジア語族である。また、モン族は中国では貴州省、四川省、雲南省などに居住し、苗族を構成する。ヌグリ・スンビラン・マレーはマレー半島に居住するミナンカバウ族と同系の民族である。イバン族はボルネオ島に、ブキドノン族はフィリピンのミンダナオ島にそれぞれ居住する焼畑農耕民である。

本研究のなかで魚醤について解説した吉田集而によると、魚醤のカテゴリー自体に不明瞭な点があり、文献から魚醤ないしナレズシと断定できる記述がなかった例もあり、不十分な結果となったとしている。[46] さらに吉田はスラウェシ島北部に居住するミナハサ族の塩辛も魚醤の一種であると指摘している。[47]

この結果以外における発酵食品の民族例として、ミャンマーのシャン族ではナレズシと魚醤がともにみられる。シャンでは塩辛ペーストはンガピであり、ナレズシ、塩辛、魚醤油ともにンガピの用語を用いられる。[48] シャン族の発酵食品は九世紀以前にミャンマーに居住していたモン族やピュー族(驃人)から導入したものとする考えもある。

インド北東部のアッサム地域は照葉樹林文化の西縁部にあたり、ここでもタイ系民族のタイ・

ファーケ族がパソムとよばれるナレズシや、パテックと呼ばれる塩辛を製造する。いずれもラオス、東北タイにおけるナレズシや塩辛と同根の語彙であり、移住してきた人びとが持ち込んだ食文化である[49]。

アッサムのナガランドに居住するナガ諸族の場合、水洗いした魚を竹筒に入れて木の葉で蓋をし、炉の上で発酵させる方法がロタ・ナガ族で記述されている。これはコーチエ（khocie）と呼ばれる魚の発酵食品であるが、塩を利用しないので魚醤とはいえない[50]。

中国西南部の少数民族におけるナレズシ

中国西南部に位置する雲南省・貴州省・広西壮族自治区および周辺各省には、多くの少数民族が居住しており、タイ・カダイ語族、チベット・ビルマ語族、ヤオ・ミャオ語族、ベト・モン語族などの多様な民族集団から構成されている。現在における少数民族の分布は過去にもあてはまるわけではなく、北方からの王朝の勢力拡大により、中国国境を越えた南への移住がおこなわれた。じっさい、雲南省・広西壮族自治区などの国境地帯や貴州省・四川省などにすむ少数民族集団は国境をまたがったミャンマー、ラオス、タイ、ベトナムにも分布しており、東南アジアにおけるナレズシと魚醤の問題は中国における事例を参照しながら検討する必要がある。

さらに、ナレズシと魚醤の問題を縄文・弥生時代における日本の基層文化との関連で考察する場合にも、大陸からの文化伝播の問題は重要な課題となっている。なかでも、中尾佐助や佐々木高明らが指摘する照葉樹林文化論の仮説のなかで、照葉樹林帯に共通する文化要素としてナレズシ、納豆などの発酵食品が注目されてきた[51]。中国の雲南省・貴州省・広西壮族自治区などの地域は東南アジア大陸部とともに、水田農業と淡水・水田漁撈が重要な生業とされており、ナレズシの伝播や起源を考察するうえで注目されたのである。以下、中国西南部におけるナレズシ利用の事例を検討したい。

(1) 雲南省　雲南省西双版納傣族自治州に住む傣《タイ》族のあいだでは、タイのプラ・ソムにあたるナレズシが知られている。州都である景洪《チンホン》の市場でも淡水魚のナレズシや川ガニの塩辛が売られている。ナレズシは衛生面での問題から当局により規制されているものの、陰で売られていることもある[52]。中国食文化研究で知られる周達生によると、西双版納ではナレズシに用いるモチゴメの分量は少なく、完成品はドロドロの状態になっている[53]。ナレズシ（糯米咸魚）は、淡水魚と塩と水洗いしたモチゴメ、ニンニク、ショウガ、トウガラシなどの調味料をともに竹筒、瓶、甕などに保存される[54]。傣族はメコン川に流入する中小河川が増水する四～五月に大量にとれる魚をナレズシに利用する場合が多く、いったん獲れた小魚を一～二年塩蔵にしたあと、米飯、コショウ、トウガラシ、ネギなどと混ぜて一～二年保存して食用とする。西双版納の哈尼《ハニ》族も魚に塩、トウガラシ、香草、米飯を混ぜて壺に保存すると二週間程度で食べられる。元々焼畑農耕民である基諾《チノー》族も太い竹筒に魚、米飯、コショウ、トウガラシなどを詰めて保存して一ケ月で食用とする[55]。ただし、布朗《プーラン》族は魚の腹腔部に食塩、練りゴマ、ニラ、香辛料を詰めてバナナの葉で包んで焼いた包焼鮮魚があるけれども米飯を加えないのでナレズシではない。[56]

雲南省紅河哈尼族彝族自治州の元陽県に住む哈尼族は棚田での水田稲作をおこなう。水田ではコイの幼魚を入れて養殖し、イネの収穫とともに成長した魚を取り上げて利用する稲田養鯉がおこなわれている。元々哈尼族は焼畑農耕民であるが、水田農業と養殖を組み合わせた生業の一環としてナレズシも作られる。[57]

(2) 貴州省　貴州省の黔東南《けんとうなん》苗《ミャオ》族侗《トン》族自治州の台江《だいこう》県施洞《シードン》区に居住する苗（ミャオ、モン）族の調査をおこなった佐々木高明によると、この地域の苗族は祖先祭祀などの儀礼にナレズシ（ザシュウ）を食べる。水田や川で獲れた淡水魚や養殖コイから内臓を取りさり、腹部に塩をすり込み、いろりの火で半月ほど燻製したのち、蒸したモチゴメとともに甕に漬けこんで保存する。[58] ナレズシに使用する魚を脱水する方法として、塩漬けおよび火に炙る方法を用い、漬け床として糯米に麹を使って発酵させる方法と、生の米粉（糯米粉）を発酵させた「しとぎ」に漬ける方法があった。鎮遠《ちんえん》県報京郷における侗族の家庭では、甕に「しとぎ」を入れ発酵させていた。この「しとぎ」は貴州省では日常的に調理して食べられていた。[59]

同地方の瑤《ヤオ》族の場合は、蒸したモチゴメと生魚を木桶に交互に並べて保存する日本のナレズシと似た製法をもっている。侗族もコイなどの川魚を生のまま使って、唐辛子・塩・モチゴメ飯と交互に詰めて発酵させたナレズシ、つまり侗郷腌魚《ヤンユー》を製造する。腌魚は「塩蔵した魚」の意味である。貴州省に住む侗族の間では、家の新築祝いや新居引っ越しの儀礼の酒宴でモチ、おこわ、モチゴメの酒などとともにナレズシが提供される。また、儀礼の贈答品としてもナレズシが使われる。ナレズシは子どもが生まれると作り、結婚式のさいに相手の家に贈与する慣行があるため、どの家でも製造することが知られている。苗族も祖先祭祀の儀礼にナレズシを使う[60]。

布依《プイ》族は貴州省に分布し、壮《チワン》族とおなじ系統に属する。かつての古代中国における百越（江蘇、浙江、福建、広東一帯）の民族に属する。布依族のあいだでは、「塩酸菜」とよばれる発酵食品がある。これは乳酸発酵した漬物であり、芥子菜を塩、酒醸《チューニャン》（モチゴメと米麹から作った発酵食品）、ニンニクの葉、唐辛子、白酒などで漬けたものである。これを細かく刻んで、豚の挽肉などと合わせたタレを魚の唐揚げにかけたものは塩酸干焼魚とよばれる。ただし、魚を用いたナレズシの記述はなかった[61]。なお、苗族は酸味を好むが（酸辣）、その酸味の素は家庭で「酸壜」という甕を使って発酵させた野菜や米のとぎ汁を使ったタレが用いられる。

(3) 広西壮族自治区・海南省　広西壮族自治区における主要な少数民族である壮族は明・清時代を通じて士官層を中心として漢文化を受容してきたが、伝統を維持する面も見られた。たとえば、食文化において、壮族に伝統的なモチゴメ食品、ナレズシ・ナマス・ビンロウジなどにたいする嗜好性は維持された[62]。そのわけは、士官階層が漢文化を受容してもそれを壮族住民に強要する政策をとったわけではないうえ、伝統文化を否定することがなかったからだ。もっとも現在では広西壮族自治区でビンロウを使うことはすたれ、国境を越えたベトナム側に居住するヌン族は壮族と同系の集団であり交流もあるが、魚醤油のニョク・マムはヌン族だけが使い、中国の壮族ではみられない[63]。広西省大瑶山瑶族自治県の瑶族も、魚に塩とせんべいの粉を混ぜて保存してナレズシを作る。

広西壮族自治区三江侗族自治県の侗族は酸魚（葷酸）つまりナレズシを作るさい、魚の内臓を除去して水洗して塩をつけたものを三日程度漬けたのち、陰干した後、魚の腹にモチ米、甘酒の酒粕飯、唐辛子、生姜などを入れて保存する。三ケ月くらいで食用とされるが、儀礼や宴会などで食されることが多い。また海南島の黎《リー》族でも、淡水魚に塩を添加し、炊飯したコメを加えてナレズシは魚茶と呼ばれる。魚茶はとくに儀礼には欠かせないとされている。

以上のように、中国西南部の諸省における少数民族のなかにはナレズシをつくる伝統が現在も継承されており、侗族、苗族、傣族、壮族、哈尼族、黎族などがその典型例である。

おわりに――ナレズシと魚醤のアジア的展開

日本におけるナレズシと魚醤の食文化が日本列島で独自に生み出されたとする考えは、古代東アジアにおける稲作文化の形成という大きな潮流からみて否定せざるを得ない。日本にもたらされたナレズシと魚醤の食文化が外来のものであるとして、いったいどこからもたらされたのかについても明確な史的証拠はみつかっていない。奈良時代の平城京祉や平安時代の木簡や『大宝律令』、『延喜式』などの文字資料の登場する以前の時代にナレズシや魚醤の技術がもたらされたとしてもその時代はいつごろのことであったのかは不明である。ここでは、石毛によるナレズシの東南アジア起源説を検討し、ナレズシと魚醤の伝播に関するシナリオについて私見を述べたい。

本論で述べたように、ナレズシはコメ、魚、塩を用いた発酵食品であり、食文化の基盤となる生業からみると、水田農耕と淡水漁撈を生業の基盤とする東北タイやメコン川流域を起源地とする説の蓋然性はたいへん高い。古代の百越は江南から東南アジアのベトナムにいたる広い範囲に分布していた多くの民族集団からなり、現存する中国西南部の少数民族や東南アジア大陸部のオーストロアジア諸族やオーストロネシア語族のチャム族の先祖集団がその可能性をもっている。中国でも後漢の時代にナレズシが蜀（四川省方面）からもたらされたとする記述があり、陂塘稲田模型にあるような生業複合的な水田利用の存在から、ナレズシが当時すでに中国西南部であったことが推察される。ただし、稲作の起源地が長江中・下流域であることが明らかになるに至り、魚の発酵食品の技術が中国の西南部から北上しただけではなく、中国の長江流域でも独立に発生した可能性を否定できないこととなった。このことは古代における魚醤がアジアだけでなく古代ギリシャ・ローマでもあったことと対照すべきであろう。つまり、古代ギリシャ・ローマと東アジアにおける文化交流と伝播の可能性も否定できない。

中国では宋代にナレズシや魚醤などの発酵食品が広くもちいられていたが、すでにコメによる乳酸発酵技術が麹による発酵に取って代られつつあり、のちの元代から明代にスシの食文化がおおきく後退することになる。その一方、中国西南部における少数民族の文化では、中国文明の影響を大きく受けて漢化した場合もあるが、なかには貴州省、雲南省、広西壮族自治区に残存する例や、移住と拡散を通じて南下した少数民族の居住地域で伝統的な発酵食文化が持続した場合もある。石毛によるナレズシの伝統的分布図では雲南省のみで貴州省、広西壮族自治区、海南島は除外されているが一部修正した図13を示しておこう。

日本へのナレズシや魚醤の食文化は弥生時代以降にもたらされ、古代には宮中でも貢納品とされていたように、稲作社会の全国的な展開とともに広がったとおもわれる。発酵食文化がその起源地から拡散する過程で古い要素が周縁部に残るとする年代―領域説からすると、日本には古い発酵食文化が残存している可能性がないわけではない。台湾の高山族の場合もナレズシの古い形態を残存している。この問題は照葉樹林文化論におけるいくつもの文化要素がアッサムから中国西南部を経て日本西南部に至る領域でどのように消滅、変容、ないし残存してきたかについての社会史的な課題と合わせて議論する必要が今後ともにありそうだ。そのさい、ナレズシが保存食とされてきたことともに、中国の少数民族の事例にあったように、儀礼や祭りに欠かせない食品として現在も広く製造されている点に注目すべきであろう。

(1) 篠田統『すしの本』柴田書店、一九六六年

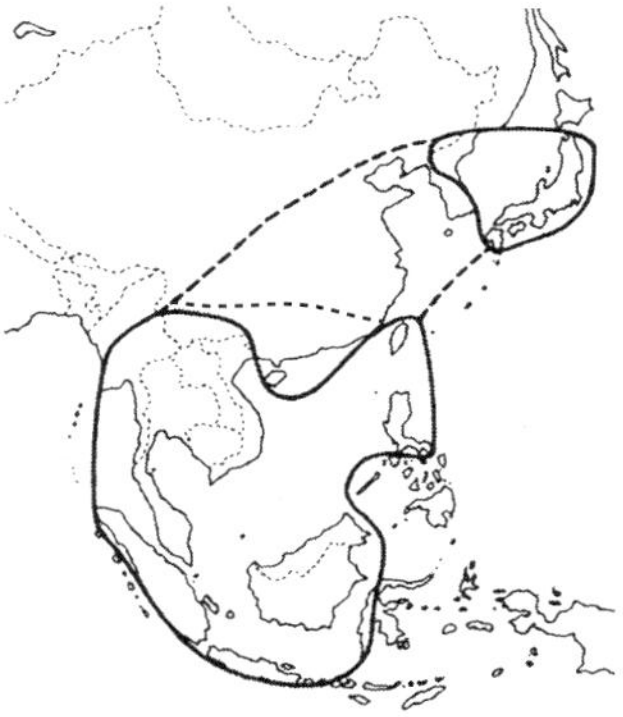

図 13　ナレズシの分布（石毛　2012 を改変）（点線はかつては存在していた地域を示す）。
石毛の図に貴州省、広西壮自治区、広東省、海南島などを加えた現代の分布境界を細かい破線（----------）で示した。追加によって、古代の百越国の大きな領域が含まれることになる。

（2）なお表題でアジアを対象とすることとしているが、主要な部分では東南アジアと中国南部を取り上げ、日本についての考察は含めていない。
（3）藤井建夫『魚の発酵食品』成山堂書店、二〇〇一年
（4）石毛直道『第4巻　魚の発酵食品と酒』（石毛直道自選著作集　第1期）ドメス出版、二〇一二年、一三四頁
（5）本論ではガンジス川以東の地域を指すものとする。
（6）農商務省水産局編纂『日本水産製品誌』（復刻版）岩崎美術社、一九八三年
（7）International Center for Environmental Management MRC SEA for Hydropower on the Mekong mainstream Fisheries Baseline Assessment Working Paper. 2010
（8）WELCOMME, R. L. 1985 River Fishes. FAO

Fisheries Technical Paper 262. Rome: Food and Agriculture Organization. ちなみに、河川水系内において日周期や季節ごとに回遊する魚類の性質を「河川回遊の」（potamodromous）と称する。

（9）黒田俊郎・宮川修一「東北タイ・ドンデーン村における天水田稲作の収量」『東南アジア研究』二五（一）、一九八七年、七五―八四頁

（10）秋道智彌、池口明子、後藤明、橋村修「メコン河集水域の漁撈と季節変動」河野泰之責任編集、秋道智彌監修『論集モンスーンアジアの生態史―地域と地球をつなぐ　第1巻　生業の生態史』弘文堂、二〇〇八年、一六三―一八一頁

（11）たとえばスイギュウがルムのなかに落ちてけがをするとか死ぬようなことがあり、弁償金を支払うのを恐れて自分がそのルムの所有者であることを隠匿するような場合もある（秋道智彌「アジア・モンスーン地域の池とその利用権―共有資源の利権化と商品化の意味を探る」秋道智彌編『資源とコモンズ』（資源人類学　08）、弘文堂、二〇〇七年、二四五―二七八頁）。

（12）DEAP, L., P. DEGEN, and N. van ZALINGE. 2003. Fishing Gears of the Cambodian Mekong. Inland Fisheries Research and Development. Institute of Cambodia（IFReDI）, Phnom Penh. Cambodia Fisheries Technical Paper Series, Volume IV, 269pp.

（13）岩田明久、大西信弘、木口由香「南部ラオスの平野部における魚類の生息場所利用と住民の漁撈活動」『アジア・アフリカ地域研究』三―一、二〇〇三年、五一―八六頁

（14）赤木攻、秋道智彌、秋篠宮文仁、高井康弘「北部タイ、チエンコーンにおけるプラー・ブック

(Pangasioanodon gigas)」の民族魚類学的考察」『国立民族学博物館研究報告』二二（二）、一九九七年、二九三―三四四頁。秋道智彌、大石高典「文化のなかのナマズ」秋篠宮文仁・緒方喜雄・森誠一編『ナマズの博覧誌』誠文堂新光社、準備中、二〇一五年

(15) 橋村修「メコンの柴漬漁」二〇〇八年、秋道智彌・黒倉寿『人と魚の自然誌―母なるメコン河に生きる』世界思想社、六九―八六頁

(16) 安室知『水田漁撈の研究―稲作と漁撈の複合生業論』慶友社、二〇〇五年

(17) C・レヴィ＝ストロース「料理の三角形」C・レヴィ＝ストロース『レヴィ＝ストロースの世界』（西江雅之・訳）みすず書房、四一―六三頁、一九六八年

(18) 落合雪野・小坂康之・齋藤暖生・野中健一・村山伸子「五感の食生活―生き物から食べ物へ」河野泰之編『論集モンスーンアジアの生態史　第1巻生業の生態史』弘文堂、二〇〇八年、二〇三―二二四頁

(19) 石毛直道、ケネス・ラドル『魚醤とナレズシの研究』岩波書店、一九九〇年。前掲（4）

(20) 前掲（4）

(21) 日比野光敏「カンボジア、ヴェトナムのナレズシ」『地域社会』五四、二〇〇六年、一―八頁

(22) 松原正毅「焼畑農耕民のウキとなれずし」『季刊人類学』一（三）、一九七〇年、一二九―一五四頁

(23) 石毛直道「東アジア・東南アジアのナレズシ―魚の発酵製品の研究（2）」『国立民族学博物館研究報告』一一（三）、一九八六年、六〇三―六六八頁

(24) 秋道智彌「サタワル島における食物カテゴリー」松原正毅編『人類学とは何か―言語・儀礼・省庁・歴史』一九九一二三二頁、日本放送出版協会

(25) 石毛直道「東アジアの魚醤 ―魚の発酵製品の研究（1）」『国立民族学博物館研究報告』一一（一）、一九八六年、一―四一頁

(26) 渡部武「水田稲作の原風景と多様性―中国古代の出土文物から」佐藤洋一郎監修・鞍田崇編『ユーラシア農耕史〈5〉農耕の変遷と環境問題』臨川書店、二〇一二年、八三―一二四頁

(27) レリーフに彫られた魚種はさまざまであり、トンレサープ湖の漁民はそれらを同定できるという（HIGUCHI, Hideo 2007. Angkor Sacred Mountains of Kings. Nampu Publishing Co. Ltd.)。

(28) 吉野昇雄『鮓・鮨・すし―すしの事典』旭屋出版、一九九〇年

(29) 田中静一・小島麗逸（太田泰弘編訳）『斉民要術―現存する最古の料理書』雄山閣、一九九七年

(30) 中村喬『宋代の料理と食品』朋友書店、二〇〇〇年

(31) 前掲（30）

(32) 前掲（1）

(33) 华东师范大学古籍研究所『东坡志林・仇池笔记』华东师范大学出版社、一九八三年

(34) 臨時台湾旧慣調査会『番族慣習調査報告書』一九一七年

(35) 臨時台湾旧慣調査会『番族慣習調査報告書』一九一五年

(36) 臨時台湾旧慣調査会『番族慣習調査報告書』一九二二年

(37) 森丑之助『臺灣蕃族志 第1巻』臨時台湾旧慣調査会、一九一七年
(38) 台湾総督府民政局『殖産部報告1—1 水産之部』一八九六年
(39) 前掲(25)
(40) 前掲(25)(23)
(41) 野村伸一「呉越文化の広がりと朝鮮・日本文化」(二〇一一年八月二九日、韓国全南大学における講演要旨)、二〇一一年
(42) 可児弘明「李朝時代の葦魚について」『史学』七九(三)、二〇一一年、三五—五五頁。可児弘明「李朝時代の葦魚について(追補)」『三田史学』一八二(一/二)、二〇一三年、一九九—二〇三頁
(43) 前掲(23)
(44) 前掲(23)
(45) 大林太良・杉田繁治・秋道智彌編『東南アジア・オセアニアにおける諸民族文化のデータベースの作成と分析』(国立民族学博物館研究報告別冊一一号)、一九九〇年
(46) 吉田集而「魚醤(1603)」大林太良・杉田繁治・秋道智彌編『東南アジア・オセアニアにおける諸民族文化のデータベースの作成と分析』(国立民族学博物館研究報告別冊)一一号、一九九〇年、四七—四八頁
(47) 前掲(46)
(48) 森枝卓士『ベトナム・カンボジア・ラオス・ミャンマー』(世界の食文化4)農山漁村文化協会、

二〇〇五年

(49) 石毛直道「魚醤の起源と伝播―魚の発酵食品の研究(8)」『国立民族学博物館研究報告』一四(一)、一九八九年、一九九―二五〇頁

(50) MILLS, J.P. The Lhota Nagas. Macmillan and Co., 1922

(51) 中尾佐助・佐々木高明『照葉樹林文化と日本』くもん出版、一九九二年。佐々木高明「苗族のナレズシ」『季刊人類学』一二(一)、一九八一年、二二〇―二二五頁。佐々木高明「ナレズシをめぐる問題」中尾佐助・佐々木高明『照葉樹林文化と日本』くもん出版、一九八二年、二〇二―二〇三頁

(52) 小林泉「自由市場と食の素材」鈴木五一編『中国雲南少数民族のナレズシに関する調査報告書』(環境と食の研究会)、一九九五年、サンライズ印刷、四〇―六〇頁

(53) 周達生「モチ米の利用―少数民族にみるネチネチ食品のあれこれ」佐々木高明編『雲南の照葉樹のもとで』日本放送出版協会、一九八四年、九三―一二九頁

(54) 成清ヨシエ「資料　中国雲南省少数民族の食を訪ねて―日本調理科学九州支部会研究旅行報告」『永原学園西九州大学・佐賀短期大学紀要』三四、二〇〇三年、一四一―一四七頁

(55) 卯田太一郎「少数民族のナレズシ」鈴木五一編『中国雲南少数民族のナレズシに関する調査報告書』(環境と食の研究会)、一九九五年、サンライズ印刷、六一―七一頁

(56) 越瑛『布朗族文化史』雲南民族出版社、二〇〇一年、二四二―二五〇頁

(57) 須藤護『雲南省ハニ族の生活誌 移住の歴史と自然・民族・共生』ミネルヴァ書房、二〇一三年
(58) 佐々木高明『照葉樹林文化の道ーブータン・雲南から日本へ』NHKブックス、一九八二年
(59) 秋永紀子「中国貴州省の伝統的食文化―大豆の加工食品【豆腐】および発酵食品について」『日本食生活学会誌』一三(四)、二〇〇二・二〇〇三年、二九三―二九九頁
(60) 鈴木正崇・金丸良子『西南中国の少数民族―貴州省苗族民俗誌』古今書院、一九八五年。周達生「中国の高床式住居―その分布・儀礼に関する研究ノート」『国立民族学博物館研究報告』一一(四)、一九八七年、九〇一~九七八頁
(61) 黒川美智子(編)・西幹夫『中国貴州省 少数民族の暮らしと祭り―苗族・トン族・プイ族・老漢族の村々を行く』文理閣、二〇〇八年
(62) 塚田誠之『壮族文化史研究―明代以降を中心として』第一書房、二〇〇〇年
(63) 塚田誠之「中国広西壮(チワン)族とベトナム・ヌン族の民族間関係―文化の比較と交流を中心として」塚田誠之編『中国・東南アジア大陸部の国境地域における諸民族文化の動態』(国立民族学博物館調査報告 六三)二〇〇六年、一二九―一四七頁

「ふなずし」の特殊性と日本の「ナレズシ」

日比野　光敏

はじめに

日本の発酵ズシの中でも、ふなずしはちょっと違っている…。[1] スシの歴史をかじった者なら大なり小なり考えることであろうが、そのめずらしさが、ほかとはちょっと違う。みんなが「めずらしい」「めずらしい」というが、それは本当か。いや、本当の「めずらしさ」に、みんな気がついているのか。そう思ったのは今から二〇年ほど前のことである。

それを論文に記したものの、実質、さほどの反響はなかった。[2] もとより筆者は食品学など専門外の文科系人間であるが、地理学でも歴史学でも文化人類学でも民俗学でもたいした問題にはならず、以来、ほとんどそれは表舞台に立つことはなかった。

平成二十六年春、滋賀県立琵琶湖博物館から筆者に連絡があった。秋にふなずしにまつわるシンポジウムがあるから来い、と誘いがあり、筆者には先の論文の著者としてふなずしの特徴を語れ、という。かつて書いたものが顧みられたことは筆者にとっては幸いなことであるが、だいたいがそんな論文などむかしのものになっている。事務局にはお断りの返事を出したのだが、結果としては、事務局の意向のままになってしまった。

シンポジウムでは「滋賀県のふなずしが日本で最古のスシだといわれているが、本当か」「近江のふなずしはむかしから、ずっと変わらずに続いているのか」「ふなずしはどこが特殊か」などを語り、どうやら無事に終了した。しかし、今こうしてその結果を書こうとなると、シンポジウムで話した内容はほとんどすべてが二〇年前の論文に書いたことと同じである。また、発表後一〇年くらいたってからであるが、この論文には櫻井信也より疑義や批判も受けた。(3) 歴史史料の扱い方は歴史学者の櫻井にはかなうべくもないが、筆者なりの返答も入れて、この論文も書き改めた。(4) よって本稿は、見解や見識としては、新たなものが何もない。

とはいえ、筆者の著した愚稿が端緒となってシンポジウムが起こり、それがきっかけで、この本が出版されることになったと聞いている。多くの部分は前稿と重なることをあらかじめ断って、まずは筆者の問題提起を書くことにする。

一　日本のスシの起源と沿革

日本のスシの歴史については、古くは小泉迂外（一九一〇）、永瀬牙之輔（一九三〇）、戦後の宮尾しげを（一九六〇）などの業績があるが、(5) 資料の精度や固さからみても、日本で初ともいうべき学術的な水準に達しているのは篠田統（一九六六、改訂版一九七〇）の研究であろう。(6) ここで篠田の説をもとに、わが国におけるスシの歴史をふりかえっておこう。

まず、わが国におけるスシの起源は、東南アジアから中国を経てもたらされた発酵ズシであるといわれている。伝わった時期も伝播経路も明らかにはなってはいないが、平城宮趾出土木簡などにはすでに「鮨」や「鮓」の文字がみられることから、日本に伝来したのは少なくとも奈良時代以前のことであろう。また、朝鮮半島や南西諸島には、痕跡も含めて、発酵ズシの分布が顕著でないことから、中国本土から直接に伝わったものだというのが、現段階で有力な説となっている。

ここで篠田は発酵ズシの発案者についてふれ、東南アジアの山地民の保存食がルーツであるとした。これに対し東アジア、東南アジアにおける発酵ズシの発生と発達・伝播について精力的なフィールドワークをおこなった石毛直道は、そのルーツは東南アジア山地民ではなく稲作民であるとの説を呈した。現在は篠田の説は減り、石毛の立場の方が受け入れられている。

入ってきた当時の発酵ズシについては、平安時代の文献が資料となる。たとえば『今昔物語集』にスシのひさぎ女の話や三条中納言朝成の話が記載されている。(7)これらを総合してみれば、当時のスシは飯を食さなかったものと想像される。また、『類聚雑要抄』に描かれている保延二年（一一三六）の「内大臣殿廂大饗」中にある「鮎鮨」には、飯粒の様子がまったくない。(8)

発酵期間についてははっきりしないが、遠方からスシが貢納された様子が示された延長五年（九二七）完成の『延喜式』に、たとえば「鮒鮨」が筑前、筑後、肥前、肥後、豊前、豊後などから京の都へ送られていることを考えれば、ほぼ予想がつく。(9)

これが室町時代になると、飯粒までも食べようとする動きが出てくる。筆者はこれを、米食が庶民にまで浸透した結果とみる。すなわち、平安中期以降の荘園開発で日本の水田面積が増加し、鎌倉時代の肥料使用により単位面積あたりの収量が増加した。結果、室町時代には米が増産され、庶民の口にも入るようになった。スシは米料理であるゆえ、古代は特殊な上流階層しか食べられなかったのが、米が下層階級にまで行き渡ることで、スシも庶民まで行き渡った。しかしながら庶民ゆえに、飯を取り去ってしまうことには抵抗があった。そこで飯をも食べようとする発想が生まれたものと思われる。それにより、魚は前代までのようにしっかりと発酵させるのではなく、発酵を浅くしたのであろう。文明年間(一四六九〜一四八七)の『蜷川親元日記』で「生成(ナマナレもしくはナマナリ。本稿ではナマナレ)」と呼んでいるスシがこれではないかといわれている。[10]

さて、さらに時代が下ると、発酵期間がより短縮化される。とはいえ、ナマナレのままの材料では、発酵期間の短縮は行き着くところまで行き着いており、より短くするには発酵促進剤を入れなければならなかった。ひとつには糀である。糀を混ぜた発酵ズシは現在も各地に点在するが、とくに福井県以北の日本海沿岸地方でイズシの名で知られる発酵ズシは、糀と野菜を加えたものである。

今ひとつには酒や酒粕である。酒も新しいものより古い方がよいとされた。酒(酒母)は時間を経ると酢(酢酸)へと変化する。このため、最初からすっぱい酢を混ぜる方法もあらわれた。もちろん、酢を使うといってもあくまでも早くすっぱくするためのものであったが、江戸初期の頃にはこうした変化が起こっていた。

以後はそれぞれがそれぞれの道を発達してゆくが、特筆すべきは酢を使うスシである。一八〇〇年代になるころには発酵ズシはほとんど消え、代わりに、酢はスシの酸味の主流に据えられた。形態も著しく拡張し、それまで姿ズシと箱ズシくらいしか種類がなかったのが、巻きズシや稲荷ズシ、ちらしズシ、さらには握りズシへと発展した。

以上が日本のスシの概略史である。筆者がこの話題で講演会などに呼ばれた時などには、たいてい、この説を出す。無論、これは筆者のオリジナルではなく、多くは、先の永瀬、宮尾、そして篠田らが描いた説に沿っているにすぎない。しかしどうしてこの説なのか、どうしてほかの説ではだめなのかと問われると、筆者は返事に窮する。極論すれば「それが最もしっくりするから」という理由でしかない。櫻井が筆者らを批判している理由のひとつはここにある。

筆者は先の論文の中で、わが国におけるスシの発達史については、すでに篠田統や石毛直道らの業績によって、一応の決着はみている、少なくともホンナレ（飯に魚肉を漬け込んだ発酵ズシの中で、魚のみを食すもの）から、ナマナレへ、そして酢を使う早ズシへ、という流れは容易に書き換えられそうにない、したがって、本稿においても、依然として、日本の最古のスシがホンナレであったという前提で論を進める、という旨の記述をしたが(11)、櫻井のような指摘をする者にしてみれば、最も問題にしたい部分であろう。

二　滋賀県のふなずしのとらえ方

従来の研究をみるに、多くの文献がスシの歴史を語るとき、ふなずしを「わが国におけるスシの原形」、あるいは「日本におけるスシの最古形態」と記している。わが国のスシの歴史では近江のふなずしがスシのプロトタイプに据え置かれ、それを派生させるかたちで、種々のスシの形態が説明づけられている。

これは、ひとつには従来のスシの変遷史、とりわけ篠田統のそれが発表されたのが、あまりにも衝撃的だったからに相違ない。それまでほとんど学術的なメスが入っていなかったスシについて、篠田は初めて学者として論究した。「大学の先生が書いた本」「料理の本ではなく、スシの歴史の本」との評判は高く、しかも、平易なことばで表現してあるために、多くの読者を掴んだものと思われる。したがって、篠田以降の多くの人々は篠田のスシの歴史観を塗り替えようとは夢にも思わず、他方、学者たちがスシの歴史を書くときには、篠田の説を「引用」している。篠田の説を「盲信」してしまったのであろう。[12]

篠田の後を引き継いだのが石毛直道である。広大なフィールドワークをもとにした一九八六年の論文は、[13]やがて一冊の著書にまとめられ、[14]まさに発酵ズシ研究の集大成と呼ぶにふさわしい。中でも、発酵ズシのルーツを、篠田がいうような東南アジア山地民ではなく、稲作農民が作る貯蔵食、すなわち東南アジア平地民とした。これは「水田漁業」の論理を展開し、今日、スシのルーツをいうならば、石毛説の方がやや有利に働いている。ただ、その石毛にしても、日本における発酵ズシのプロトタイプについては、詳しい議論をすることもなく、それを、今日滋賀県下で慣行されているふなずしに求めている。これについては、若干の抵抗を禁じえない。

確かに、近江のふなずしは、後に述べるように、非常に古い形態を有している。文献的にも『延喜式』の時代、すなわち平安期にまで遡れる。中国からわが国にスシがもたらされた当初から、近江のふなずしがあったかもしれない。しかしながら、現在の滋賀県のふなずしをもって当時の近江のふなずしに直結させるのはどんなものか。長い歴史の中では、文化は変革するのが常であるし、実際、ここ四〇年の間にも、滋賀県のふなずしの製法は、糀を混用するなどの改変もなされている。

はるか昔に日本にもたらされた発酵ズシを現在の滋賀県のふなずしで置き換えるのであればそれなりの議論がなされるべきであるはずだが、従来、この点が論及された例は、管見のかぎりではない。それであれば、最も早い解決策は、当時のふなずしと現在のふなずしの製法を比較することであるが、当時のスシがいかなるものであったか、調理方法の記録資料がなく、今日では確認するすべもない。しかし、今日みられるような滋賀県のふなずしではなかったのではないかという仮説にたつことは、必ずしも無意味ではないように思われる。

三　もたらされた当時のふなずし

スシが日本にもたらされた当時の製法を書いた記録が見当たらない今、その手がかりを、スシを伝えた側に求めることにしたい。とはいうものの、わが国にスシが伝わった時期もルートもはっきりせず、伝えたであろう側の記録も決して多くはない。ここでは、朝鮮半島経由でなく中国から直接渡来したという説に準じ、中国の文献を参照する。時期は、スシの伝播を稲作の伝来と結びつける篠田統・飯田喜代子（一九五六　のちに一九七〇に所収）[15]、篠田（一九六六）[16]や石毛（一九八六）[17]、石毛・ラドル（一九九〇）[18]などの説にしたがってその当時のものを当たりたいのだが、適当なものがないため、スシの調理法を詳しく述べた、具体的な方法を記したものでは最古ともいえる、六世紀前半・北魏の農書『斉民要術』を参考にする[19]。

『斉民要術』は邦訳（西山武一・熊代幸雄訳　一九七六）[20]が出ているし、スシに関する箇所は篠田（一九六六）[21]や石毛（一九八六）[22]、石毛・ラドル（一九九〇）[23]らがていねいに訳出しているので、ここでは漬け方の要点のみを記す。以下は最も詳しい記事がある「魚鮓」の製法である。

スシ魚は大きめ（肉が三〇cm以上）のコイ。肥えたものが美味だが、傷みやすいのでやせたものの方がよい。ウロコを取り、皮つきの切り身にする。長さ五cm、幅二・五cm、厚さ一・三cm程度である。切り身が大きすぎると均等に熟さないので、小さめの切り身がよい。

切り身はよく洗い、血の気を抜く。これに塩をふり、水気を切る。ひと晩、水切りをしてもかまわない。ここで一片をあぶって試食し、塩加減をみる。

米の飯をやや固めに炊き、これに香味のゴシュ、チンピ（ともに少量でよい）などや酒（様々な邪悪を避け、スシを美しく、かつ早く仕上げる）を混ぜる。魚の切り身に塩気が足りなければ、ここに塩を加える。

カメの中に魚を並べ、その上に先の飯を置く。これを繰り返して、カメを満たす。このとき、魚の腹身部分はカメの上の方に置き、最初に食べられるようにする。これは熟した際、腹身の方が脂が多く、早く傷むためである。カメの最上には先の飯をやや多めに置き、竹の葉を厚く敷く。なければマコモやアシの葉などでもよい。さらに竹の棒で葉の内ぶたを押さえる。

カメは屋内で保存。寒い時はワラで包み、凍らせないようにする。赤い汁が出てきたらカメを傾けて捨てる。白い汁が出てきたら、熟している。食べるときは、刀を使うと生ぐさくなるので、手でむしる。

概して、スシを作るのは春秋がよい。寒い冬はスシが熟しにくい。夏はウジがわきやすく、また、塩気を多くせねばならない（多いと不味い）のでよくない。


以上が「魚鮓」の製法であるが、この別製法として、魚の切り身を塩漬けにしておく方法もある。スシ魚を塩漬けする方法は「長沙蒲鮓」の項でも記載がある。「乾魚鮓」は乾燥魚を水でもどして切り身にし、塩味をつけて飯に漬け込む。

『斉民要術』にはいろいろなスシの製法が出ており、中には夏場に漬ける「夏月魚鮓」や香味や酒を用いないものもあるが、「魚鮓」が最も詳しく記されていることから、当時、最も一般的であったとみるべきであろう。石毛はこの「魚鮓」が「ナレズシのプロトタイプを残しているもの」とする。(24)

石毛のいうプロトタイプのスシとは以下の二点で特徴づけられる。

ひとつは原料が単純なこと、つまり、基本的には魚、デンプン質（多くの場合は米）、塩の三者で調製されることにある。『斉民要術』以後のスシは糀を併用することが多くなってくるが、この時点ではまだそれはあらわれていない。また、香味や酒を加える旨が、先の「魚鮓」では記されているが、他のスシの製法をあわせみるとき、それは必ずしも不可欠なものではない。

いまひとつは、長期間（少なくとも二〜三日程度ではない）の保存食品としての性格が強いこと。『斉民要術』の中には、わずか数日で食用可能なスシも紹介されているが、石毛はこれを「(保存食から）嗜好食品化への傾向」とし[25]、本来のスシとは、より長い熟成期間を有するものであるという見解を示している[26]。

さて、わが国におけるスシの文献は、八世紀前半あたりまで遡れる。例えば養老二年（七一八）成立の『養老令　賦役令』[27]、正倉院文書の天平六年（七三四）『尾張国正税帳』や天平九年（七三七）『但馬国正税帳』があり[28]、平城宮、長屋王邸宅、二条大路跡などからの出土木簡もほぼ同時期である[29]。そしてこの時期は、中国で『斉民要術』の編纂された時代にさほど遠くはない。

少なくとも八世紀前半までには、スシは日本に伝えられていた。したがって、中国からわが国に最初に伝えられたスシの形態は、『斉民要術』にあるようなもの（石毛のいうプロトタイプのスシであるにせよ、嗜好食品化したスシであるにせよ）であろうことは、推測に難くない[30]。

四　現代における滋賀県のふなずしの調製法

ふなずしの漬け方は家庭によって多少異なる。スシにするフナの種類もその呼称も地域差がある。(31)それぞれの地方のさまざまな漬け方は多くの刊行物が紹介しているので、(32)ここでは概要を述べておく。

フナは四月頃から塩漬けにしておく。使うのはコ（卵）を持ったメスのフナである。誤ってオスのフナを漬けると、スシを切った時、あざやかなオレンジ色のコがみえず、「ハズレ」といわれることさえある。

フナはウロコとエラブタを取り、エラの穴から指や針金を入れて内臓や浮き袋を取り出す。洗わずにたくさんの塩をまぶし、内部にもエラ穴から塩を詰め込むが、あまり詰めすぎるとコがつぶれてしまう。これを桶に並べ、さらに魚がみえなくなるくらいの塩をふる。一日めはそのままで、二日めから落としぶたと重石を置く。塩漬けのことをシオキリという。

土用の頃にスシに漬ける。フナは充分洗って塩気を出す。これを陰干しし、水気を取ってしまう。飯は固めに炊き、やや強めの塩味にしておく。エラ穴からこの飯をフナに詰め、底に飯を敷いた桶に並べてゆく。一段並んだら魚の上に飯を置き、また同じく繰り返す。

桶八分目ほどになったら、上から竹の皮をかぶせ、桶の内側に沿ってみつ編みにしたワラ縄を置く。落としぶたをして重石をかける。重石は、飯が発酵してきたら、より重くする。

ふたの上に水（塩水でも可）を張り、桶の内外を遮断する。水は汚れてきたら取り替える。夏を越させて、四～五ケ月たつと食べられるようになるが、この段階ではまだ骨がやや固い。このため一年以上たったものの方が喜ばれる場合もある。重石と水の張り具合、保管場所さえしっかりすれば、数年は楽にもたせられる。

食べる前に、桶を逆さにして水を切る。ふたを開けて中身を出したら、またもとどおりに重しをかけ、水を張っておく。こうするとまた先まで置いておける。

スシは飯を落とし、フナを薄く輪切りにして食べる。

五　現代における滋賀県のふなずしの「古さ」

滋賀県のふなずしが「日本最古のスシ」であることはよくいわれてきた。スシの歴史を語る際には必ずといってよいほどこの説が顔を出し、一般には、今やひとつの常識であるかのごとくである。滋賀県のふなずしが「最古」とされるのは、それが他の発酵ズシと比べて特殊であるからにほかならないのだが、どのような点が特殊なのか。従来、この点が明確に提示されたことはなく、ただ漠然と、全体に古い形態を残していることが、半ば暗黙のうちに了承されてきたといわざるを得ない。

今日確認される日本の種々の発酵ズシも考慮に入れつつ、滋賀県のふなずしの特徴を考えるとき、その「古さ」を理由づける特殊性を挙げれば、以下のようになろう。

第一に、その歴史は、少なくとも平安時代にまで確実に遡れることがある。延喜五年（九〇五）作成着手、延長五年（九二七）完成の法令細則『延喜式』は、全国（当時の政権勢力における「全国」であって、実際には大半が西日本）的レベルで各地のスシを記録したものとしては、まさに「日本最古」の文献といえる。ここに近江のふなずしの名がみえるから、その起源は『延喜式』成立以前に求めることができる。

第二に、このスシは原則として、魚と塩と飯のみで作られることがある。香味（主としてタデ）や糀を使うこともあるが、そうしたスシを作る人でさえも、これらを使わないのが本来の姿であるという。逆に解釈すれば、香味も糀も使わないスシの方が「本来の姿」、すなわち古い形態だと認識されていることになる。その真偽は置くとして、材料がシンプルであることが人々にこのスシの「古さ」を感じさせているのは事実である。

第三に、このスシの熟成期間は、他に比べて極端に長い。今日のふなずしは、通常、盛夏の前に漬け込まれ、その夏を越させてから食用とする。最低限約四ケ月の発酵期間が必要で、正月頃に封を開けることが多いが、場合によっては最も美味なのは漬けてから二年目のものともいわれ、それ以上もたせることもできる。[33] ともあれ、味さえ問わなければ、漬けてから特定期間を過ぎると、加工が成立した状態となる。そうなるまでの「最低限四ケ月」という発酵期間は、他の発酵ズシ大半の熟成期間が通例約一〇日～一ケ月程度でしかないのに比べ、著しく長期であることがまず特記される。

第四に、このスシには常備性がある。ひとたび漬けあがると、食用可能な期間、つまり賞味期間は長く継続する。季節を問わず、好きなときに好きなだけ桶からスシを取り出し、その後の管理さえしっかりすれば、残りはまた長期の保存に耐え得る。ゆえに、不意の来客などに供されることもしばしばある。こうした使われ方もまた滋賀県のふなずしにしかみられないことで、他の多くの発酵ズシはできあがってから特定期間のうちに食べ切ってしまわねばならない。スシの根源的な意味が保存食であったことを考えると、滋賀県のふなずしのこの特性はまさに「保存食」と呼ぶにふさわしいかに思え、このスシが原初的であるとされるのであろう[34]。

第五に、これは第三、第四の点に関連するが、滋賀県のふなずしはホンナレ、すなわち「魚を食べる料理」である。飯は食べる主体でなく、通常はこそぎ落としてしまう[35]。長期発酵させたスシの飯は、軟化して臭気も帯びる。それが、熟成期間を短くして漬け込んだ飯も一緒に食べるナマナレへと変わるわけだが、今日、全国で「ナレズシ」と称されているものの多くはこのナマナレで、飯を二義的なものとする滋賀県のふなずしは、それらよりも一段階古い形態に据え置かれるのである。

第六に、これは滋賀県のふなずしの「古さ」を積極的に証明するものではないが、このスシの風習が今もなお滋賀県下で広く慣行されていることがある。今日、多くの一般家庭で調製されており、また、商品化されて広範囲に流通している例もあるから、マスコミなどで取り上げられる機会も多くなる。仮に、滋賀県以外のところで、滋賀県のふなずしと同等の、あるいはそれ以上の「古さ」を持つスシがあるとしても、慣行規模や範囲が狭いがゆえに、見過ごされることもある。一般の目につきやすいのは滋賀県のふなずしということになり、結果的にその「古さ」が世に喚起されることになる。

さて、以上六点のうち、第六は除外するとして、残り五点はいずれも滋賀県のふなずしの「古さ」の傍証といえる。特に第二と第三で挙げたものは、石毛がいうプロトタイプのスシの条件と合致する。[36] しかし、だからといって「日本最古」という表現は必ずしもあてはまらないのではないか。なぜならば、今日のふなずしの調製法と『斉民要術』にあるスシの調製法には、石毛らが指摘するような類似点と並んで、種々の相違点もあるからである。

六 『斉民要術』のスシと今日の滋賀県のふなずし

今日慣行されている滋賀県のふなずしの調製法を『斉民要術』の記事と照合させてみると少なくとも以下の三点の差異が見出される。

まず、調製時期に相違がある。『斉民要術』の「魚鮓」では、一応、周年の調製を念頭に置いた記述になっている。季節を限定するとすれば春と秋である。これに対して近江のふなずしは夏場、土用前に漬け込むのが定石である。『斉民要術』が「よくない（不佳）」とした季節にあたる。

次に、漬ける魚の状態の違いがある。『斉民要術』のスシは、魚（コイ）を長さ五cm、幅二・五cm、厚さ一・三cm程度の切り身にしているが、近江のふなずしはフナを一尾まるごと（ただし内臓は抜いて）漬ける。材料の魚が違うことを考慮に入れたとしても、『斉民要術』のいう切り身と近江のスシブナの大きさの差は容認できるものではない。

さらに、塩漬けの問題がある。『斉民要術』にあるスシの多くは、切り身に塩をしてから飯に漬けるまでの間に注釈がない。「魚鮓」の別製法や「長沙蒲鮓」の項でわざわざ「塩漬けする」と断っていることから推測すると、これら以外のスシは魚を塩に漬けておく期間がないものと思われる。また、塩漬けしておくにせよ、わかっているかぎりでは「長沙蒲鮓」の四～五日程度である（「魚鮓」の別製法は具体的な期間が記されていない）。これに対して、近江のふなずしは多くの場合二～四ケ月、場合によっては一年以上もの塩漬け期間を有する。[37]

こうした差異をどのように考えればよいのであろうか。筆者は、今日のふなずしの調製法は日本においてなされた改良結果であると考える。

七　江戸時代の近江のふなずし

『延喜式』の頃のふなずしの製法はわかっていない。古代はもちろん中世においても文献は乏しく、ふなずし調理の具体的な手順を記した文献は、江戸時代まで下らねばならない。

近江のふなずしの調製方法を記した比較的古い文献に元禄二年（一六八九）の『合類日用料理抄』がある。[38] 著者・無名子は京都の人らしく、出版元も京都であるから、同じ近畿圏内にある近江の事情についても比較的信頼できるとみてよかろう。同書による「江州鮒の鮨」の漬け方は以下のとおりである。

このスシは「寒の内」に漬ける。エラを取ってそこから「腸《はらわた》」を抜き出し、頭は打ちひしいでおく。このフナを折敷に盛った塩に押しつけ、塩がつくだけつける。黒米を固めに炊き、塩味をつける。スシにするにはこの飯を多めに用いる。

重石は、初め強く、二〇日ほどたったら通常の押し加減くらいに弱くする。七〇日でよく馴れる。いつまでももつ。翌年の夏秋になると、骨も一段とやわらかくなる。

重石を軽くする頃、ふたの上に塩水を張る。スシを取り出した後も、もとどおりにならして、ふたに水を張っておく。

同書の記事を表面的に追うだけでも、スシの調製時季と重石の加え加減が現在とは逆転していることがわかる。今日のふなずしの調製法が『延喜式』の時代から全く変わらずに続いてきたのではなく、少なくとも江戸初期の元禄以降に改変されたことが、これで確認されたわけである。

さて、先に指摘した『斉民要術』と今日のふなずしとの相違三点を念頭に置き、他の文献も交えて、もう少し詳しく考察してみよう。

調製の時季について

『合類日用料理抄』が述べるふなずしは、「寒の内」に漬けて七〇日ほどで食用可能となる。ひとたび漬かれば「いつまでも」もち、「翌年」の夏秋には骨までやわらかくなるという。この文献から

「寒の内」というのは年末であると思われる。また、「いつまでも」もった後に「翌年の夏秋」が来ているから、原則として一年周期の消費体系であったことが想像される。(39) とすれば、漬けてから二〜三ケ月と漬ける前の時季すなわち「寒の内」前後の数ケ月の間は、ふなずしを食べる機会が非常に少なかったことになる。このことは、『実隆公記』や『お湯殿の上の日記』など室町末期の文献におけるふなずしの出現が、冬場に少なく夏場に多いという篠田の指摘に一致する。(40) 「寒の内」に漬けることが元禄以前からの習慣であった傍証となる。(41)

一方、近江から江戸将軍家へ贈られたふなずしの献上時季は、文化年間では、彦根藩が四月、膳所藩（大津）が四月と六月、大溝藩（高島）が一月、仁正寺藩（蒲生）が四月と五月であった。このほか、近江国内（現・草津市、守山市付近）に所領を有していた京都の淀藩が三月に献じたふなずしも、同国産であろう。(42) ともあれ、いずれも春に集中している。

今日のように夏場に漬けたにしてはいかにも不自然な献上時季で、あるいは『合類日用料理抄』にあるように「寒の内」に漬けたものかもしれない。また、堅田の漁師に宛てられたフナの督促状（「上様へ上り候御鮓魚」とあるから献上ズシ用で、おそらく膳所藩が送ったもの）に一月下旬と二月上旬のものがある。(43) このことからも、スシの漬け込みは冬場ではなかったかと想像するが、スシ魚の塩漬け期間とも関連しているので、断言は避けておく。

なお、明治期に小泉迂外が紹介した近江ふなずしの製法は今日のそれとほぼ同じである。(44) この小泉の記事は明治二二年（一八八九）、滋賀県勧業協会刊の『勧業協会報告　第15号』に記載された文章とほぼ同様である。[45] ゆえに、調製時季が夏場になったのは、遅くとも明治初期までのことであろう。[46]

スシ魚の状態について

『合類日用料理抄』のふなずしは、フナは切り身にはせず姿のまま漬ける。エラブタを取り、そこから内臓を取り出すという点は現在と同じで、ここでは、切り身にしないという今日的な方法が元禄期に確立していたことが確認される。

今日、フナの下処理で、腹も背も割らず切り身にもしない理由のひとつとして、コの保護が挙げられる。エラから内臓を除去する際にもこれに傷をつけないよう細心の注意がはらわれる。

ところが、『合類日用料理抄』にはスシブナの条件について触れてはおらず、他の江戸時代の料理書もまた同様、いずれもコに関する記述はない。また、先述のように、献上ズシの材料となった堅田産のフナは産卵準備のあまり整っていない冬場のもので、実際、将軍家に贈られたふなずしはコ持ちではなかったはずである。

つまり、エラ穴から内蔵を取り出す技法は、必ずしもフナのコを保護するために行われていたというわけではないという憶測が成り立つ。他に何らかの理由があったのかもしれない。

延宝二年（一六七四）より以前に出された『古今料理集』や元禄九年（一六九六）刊『茶湯献立指南』に「ふな子持」や「子籠」のふなずしの記事があり、とくに後者はふなずしでは「子持ちのものを「上」」とする旨が記してある。[47] 櫻井信也はこのことを紹介し、当時から産卵期のフナを漬けた可能性を指摘した[48]。筆者も同感で、先の中で産卵期のフナを使う方法は「今日的」としたのは不適であったのかもしれない。ただしそれは「子持ち」のフナを漬けることが一般的であったということにはならない。それとは別のふなずしも存在したのであり、それにはコは入ってなかったのであろう。

スシ魚の塩漬けについて

『合類日用料理抄』では、フナの内臓の除去後、塩をできるだけつけるとあるが、塩に漬けておく時間は記していない。同書は時間的経過に関しては比較的ていねいで、他項では塩漬けの期間を一日とか一夜というように具体的に述べている。したがって、もし今日のようにフナを何ケ月も塩漬けしたのであれば、そのことは記述されるはずであるし、また一連の作業の時季を「寒の内」の一言ですませることはないであろう。つまりあえて時間を書くまでもないほど、フナの塩漬けはごく短くすまされたと想像される。とすれば、使用されたのは冬場のフナであり、このことはフナのコに関する記述がないという先の指摘とも符合する。

その反面、元禄十年（一六九七）刊、人見必大の『本朝食鑑』が記すスシの製法に、（さばいてから塩をしてしばらくおいたものや、ひと晩塩水に浸しておいたものと並んで）長期間塩漬けにした魚を使用してもよい旨がある[49]。人見はふなずしの製法を述べているわけではないので何とも判断しかねるが、当時の近江のふなずしが長く塩漬けしたフナを用いていた可能性も残されているのである。

スシ魚（スシに漬ける魚）を長く塩漬けしておくことが古くからのことか新たに起こったことか、

そのヒントを他のスシに求めてみる。

近江のふなずしと同じく幕府に献上された美濃・長良（現・岐阜市）や越前・疋田（現・敦賀市）のアユズシは、アユの塩漬け期間が二〜三日程度であった[50]。また、越中・富山藩から献上されたアユズシは、獲れたてのアユを「立て塩」で処理し、半乾燥状態で江戸まで運び、江戸屋敷でスシに漬けた[51]。この間せいぜい一〇日前後の日数であろうと思われる。

美濃のアユズシは、その後、塩漬けの期間が長くなり、今日その伝統を引くと思われる鵜匠家のアユズシは、塩漬け期間がひと月にも及ぶ[52]。ここに、時代が下るにしたがってスシ魚の塩漬け期間が長期化していった様子がうかがえる。近江のふなずしもまた同様で、『合類日用料理抄』にあるような短期間の塩処理で済ませる方法の方が古い形態といえるのではないだろうか。もしそうであるならば、『本朝食鑑』が著された時代には、そうした古い製法と今日的な製法（長期の塩漬け）が並存していたことになる。

現段階で筆者が知り得る文献史料からは以上のようなあいまいな結論しか得られない。ただ、今日の滋賀県のふなずしの製法が中国の古文献『斉民要術』の記述と食い違うという以前に、日本の、それも江戸時代におけるふなずしとも単純に一致するわけでないことをここで指摘しておきたい。とりわけ、ふなずしを夏場に漬け込むことは元禄以後に、フナを長く塩に漬けておくことは元禄からさほど遡らない頃に起こったという可能性が高い。スシ魚の塩蔵時間の長期化が、真夏におけるふなずしの漬け込みを可能にした一因だという憶測もできる。

八　今日の滋賀県のふなずしの「完成度」

フナを切り身にしないでまるごと漬けることが元禄以前から行われていたことは明らかとなった。現状では資料がないのでその起源の追求はしないが、この方法が切り身で漬けるよりも難しいことは事実である。

『斉民要術』でスシ魚を切り身にするとした理由は、魚肉の表面部と内部の熟成度のギャップすなわち「漬かりムラ」を避けることであった。厚い肉塊のままでは内部が発酵しづらい。発酵ズシの発祥地と目される東北タイでは魚身にわざわざ切れ目を入れることもある(53)。滋賀県のふなずしのように姿のまま漬け込んだのでは均等な発酵が得にくい。

加えて、滋賀県のスシブナは腹も背も割らず、エラから内臓を抜き出す。現在わが国で確認される発酵ズシ（一尾ぐるみを漬け込むもの）は魚を腹開きもしくは背開きにして内臓を取り出すのが常である中、これは非常にめずらしい方法である。身を開いた方が内臓を除去しやすいことはいうまでもない。しかも、腹や背を割らないことで、塩の浸み込み具合が均等になるわけでもない。むしろその逆で、切り口は大きく開けて、塩に直接触れる面積を広くした方がよいはずである。

さらに、滋賀県のふなずしの調製時季は『斉民要術』が不適とした夏である。

つまり、今日の滋賀県のふなずしは、いわば、あえて面倒で「漬かりムラ」のしやすい下処理方法をとり、うまいスシになりにくい時季に作っているわけである。

今日、滋賀県のふなずしが、このような「不自然」な方法で漬けられていることを、プロトタイプの残存とみるか新たな発案もしくは改良の結果とみるか、議論の別れるところであろう。しかし、少なくとも『斉民要術』の頃の中国ではこうした方法はスシに不向きであることがわかっていたのである。日本にもその情報はもたらされたはずで、『斉民要術』が不適とするような習慣しか日本にやってこなかったとは考えられない。仮に、当初はそうだったとしても、少なくとも『延喜式』の時代には『斉民要術』が日本でも紹介されているのであるから、その知識によってこれを改善することができたはずである[54]。

現実には、江戸時代と比べても、調製時季が異なっているし、フナの塩処理方法にも改変の形跡がうかがえる。ふなずしの調製方法が、古代から寸分の違いもなく連綿と続いてきたわけではなく、今日の製法は後世の改変結果と考えられる。

腹や背を割らずにエラから内臓を出してスシに漬けることは、結果的にフナのコを賞味することに役立った。コを持ったフナは「寒の内」のフナではなく春のフナである。漬ける時季を夏にしたからそうした風が生まれたのか、そうした風のために夏に漬けるようになったのかは定かではないが、冬場のスシ漬けを夏に行うことで、塩の使用量が増加したことは想像できる。塩漬け期間の長期化もそうした流れと無関係ではなかろう。

スシの根源的な意味として保存食を考える場合、今日の滋賀県のふなずしは、常備性という点ではその性格を強く有するが、スシ魚にコ持ちブナを限定するあたり、嗜好食品的な側面も著しい。現実にフナを一年以上塩漬けにしておくことも可能なのだから、単に魚肉を貯蔵することだけを意図するならばそれで充分である。つまり、ふなずしはコ持ちブナを味わうためのひとつの魚料理として確立されているのである。(55)

したがって、今日の滋賀県のふなずしの製法は、単なる保存技術ではなく、料理として確立するために、もしくは確立するとともに形成された、非常に完成度の高い調理形態であるといえる。(56)

九　わが国の発酵ズシとスシのプロトタイプ

しばしば「日本最古」と表現される滋賀県のふなずしは、『延喜式』などの文献によって確かに歴史の古さは実証される。しかし製法に関しては、今日のふなずしが古代と寸分違わぬわけではないことが前項までに確認された。

文献に関していえば、同じ『延喜式』の中に記載のある美濃のアユズシは、直系とはいえないまでも、現在もその伝統が岐阜市内の鵜匠家で受け継がれている。『延喜式』以来の歴史を有するスシは、必ずしも滋賀県のふなずしだけではない。(57)つまり、今日の滋賀県のふなずしをもってわが国のスシのプロトタイプとすることは決して正確ではないと結論づけられる。

それでは、現在の日本で、プロトタイプをそのまま残したものは存在するのだろうか。これまでに筆者が確認できた主なスシを、『斉民要術』の「魚鮓」にある諸特性と比較してみたものが表1である。

表1　日本の主な発酵ズシと『斉民要術』の「魚鮓」の比較

	調製時季	魚の下処理			使用材料			発酵期間（ケ月）	飯の食用
		塩漬けの有無	塩漬けの期間（ケ月）	切り身漬け	香辛菜	糀	野菜		
『斉民要術』の「魚鮓」	春秋	×＊2	—	○	×＊8	×	×	?	?
滋賀県のふなずし	初夏	○	3	×	×＊8	×＊11	×	4以上	×＊16
石川のヒネズシ　①	晩春	○	半～1	○＊5	To、Sa	×＊12	×	1以上	×＊16
善徳寺のサバズシ　②	晩春	○	塩魚購入	○＊6	×	×	×	1.5	×
瑞泉寺のサバズシ　③	晩春	○	塩魚購入	○＊6	To、Sa	○	×	1.5	×
山形のアユズシ　④	夏	○	数　日	×	To、Sh	○	○＊13	1	○
栗東の神饌のスシ　⑤	秋	×＊3	—	×	Ta	×	×	7	○＊17
広島のシバズシ　⑥	秋	○	1	○	Ta	○	×＊14	1	○
和歌山のサバズシ他⑦	秋	○	1	×	×	×	×＊15	1	○
千葉のイワシズシ　⑧	冬	×＊4	—	×	To、Sh	×	×	0.5	○
和歌山のサンマズシ⑨	冬	○	半～1	×	×＊8	×	×	1	○
三重のコノシロズシ⑩	冬＊1	○	1	×	Y＊9	×	×	1	○
熊本のネマリズシ　⑪	冬	○	1	×	Sh	○	×	1	○
岐阜のアユズシ他　⑫	冬	○	1～2	×	×＊8	×	×	1	○
秋田のハタハタズシ⑬	冬	○	数　日	○＊7	To、Sh	○	○	1	○＊17
石川のカブラズシ　⑭	冬	○	1週間	○	×＊10	○	○	1週間	×＊16
福井のニシンズシ　⑮	冬	○	乾魚購入	○	To	○	○	1週間	×＊16
新潟のサケイズシ　⑯	冬	○	塩魚購入	○	Y、Sh	○	○	0.5	○
鳥取のシイラズシ　⑰	冬	○	塩魚購入	○＊6	To	○	×	1	×＊16

① 北能登の古習で、今日わずかに残る。秋に作るものもあった。スシ魚はウグイ、アユ、アジ、メバル、タイ、サバなど、特定されていない。

② 富山県南砺市城端町の善徳寺の夏行事・虫干し法会で参詣者に供される。

③ 富山県南砺市井波町の瑞泉寺の夏行事・太子絵伝で参詣者に供される。

④ 最上川上流で盆料理として作られた。

⑤ 滋賀県栗東市大橋の三輪神社春季祭礼に奉納するもので、一般家庭の料理ではない。調製は氏子の共同行事として秋に行い、スシ魚はドジョウとナマズ。

⑥ 因島およびその周辺島しょ部で作られ、ジャコズシの別名もある。スシ魚はタイ、ベラ、キス、タコなど特定されていない。

⑦ 和歌山県の有田川、日高両川の流域で、秋祭りの料理としてよくみられる。これと同類のものに栃木県鬼怒川上流域の秋祭りの料理として作られるアユズシがある。これは現在、宇都宮市（旧・上河内町）でみるかぎりではアユを切り身にするが、かつては姿ごと漬けたという。

⑧ 九十九里浜に伝わる寒中の料理。秋に作るマブリズシ（小型のセグロイワシを使う）もあるが、

ここでは中羽イワシを使うクサレズシを挙げた。

⑨ 新宮市周辺のもの。三重県南部および熊野川に沿って奈良県下でもみられる。

⑩ 伊勢の海岸部から伊賀にかけてみられる。

⑪ 熊本県八代市、同郡下の山間部で正月用に作られる。ネマるとは「腐る」の意味。スシ魚はコノシロやアユ。

⑫ 岐阜市内の鵜匠家のみに伝承する。自家用のほか年末年始の贈答品にも用いられる。これと同様のものに兵庫県矢田川流域で作られるアユズシや長野県王滝村に伝わるマンネンズシ（スシ魚はイワナやニジマス）がある。

⑬ 秋田県のほか、一部青森県や北海道でもみられる。魚とともにニンジンを漬ける。

⑭ 金沢市周辺に顕著で、多くは正月用。野菜（カブ）の占める割合が多く、一見すると漬物と大差ない。スシ魚はブリ。身欠きニシンとダイコンで作る「ダイコンズシ」もある。

⑮ 越前を中心に分布する正月料理。半乾燥の身欠きニシンを使う。「ダイコンズシ」ともいう。

⑯ 県北部から秋田県、青森県、北海道にも分布する正月料理で、イズシには「飯ズシ」の文字を当てる。無縁のサケに塩をして作ることもある。ダイコン、ニンジンのほか、ハクサイやキャベツなどを使用することがある。

⑰ 鳥取県千代川上流の山間部で正月用に作られる。シイラのほかサバでも作られる。

＊1 例外として秋祭りに作るものがあり（長島町）、この場合は発酵期間は約10日。

＊2 塩漬けした魚を使う場合もある。

＊3 かつてはドジョウもナマズもその場で塩をあててスシにしたが、今日ではナマズは塩漬けのものを使用する。ドジョウは生きたまま漬け込む。

＊4 塩をふって1晩置く程度。

＊5 小さな魚は目玉や内臓を取る程度。大きな魚だけ切り身にする。

＊6 大きな切り身（おろし身）で、『斉民要術』にあるような小型サイズではない。

＊7 姿のまま漬ける方法もある。また、頭だけをとって漬けるものもあり、一般にはこれを「全（まる）ズシ」と呼んでいる。

＊8 魚のなまぐさみをとるため、ショウガやタデなどを入れる場合もある。

＊9 秋に漬けるものにはユズは入れず、仕切り葉にミョウガ葉を用いることがある。

＊10 トウガラシを入れることがある。

＊11 使用する場合もある。

＊12 糀は使わないが、魚を酢にくぐらせる場合がある。

＊13 花切りニンジンを入れるが、装飾的要素が強い。

＊14 例外的に、マツタケを一緒に漬けたことがある。

＊15 旧・上河内町のアユズシには、ダイコンを入れることがある。

＊16 食用にする場合もある。

＊17 食用にはするが、主体ではない。

香辛菜記号

Ta：タデ　To：トウガラシ　Sa：サンショウ　Sh：ショウガ　Y：ユズ

これによると、『斉民要術』の「魚鮓」と全く同じ製法をなすスシは、表に挙げたものの中には存在しないことがわかる。わが国に伝えられた頃のスシは『斉民要術』に記載されたものと同様であろうことは先に推測したとおりである。したがって、管見のかぎりでは、日本におけるスシの古形態が、今日、まとまったかたちで伝存している例はないことになる。

この表は、一方で、わが国に現行するいくつかのスシが、製法において『斉民要術』の「魚鮓」と部分的に共通点を有していることをあらわしている。例えば、香辛菜を使用しないという点では滋賀県のふなずしなどが性格を一にし、糀を使用しないという点でもふなずしをはじめとする数種が類似をみせる。魚の下処理として長期の塩漬けをしない点では栗東の神饌のスシ、切り身で漬けるという点では因島のシバズシが、それぞれ共通性格を有している。

結局、日本のスシの古形態は、全体として現在に伝わることはなく、部分部分が複数の発酵ズシにわたって残っていると理解される。ゆえに、わが国におけるスシのプロトタイプは、個別にあらわれた古い部分の残影を拾い集め、それらを再構築して新たに想定されなければならない。少なくとも滋賀県のふなずしという特定のスシに求めるべきではないと考える。

おわりに

滋賀県下で慣行されるふなずしは、文献によって平安時代以来の歴史が確認できる。また、原料が単純なこと、熟成期間が長いこと、飯の食用を二義的なものとすることなどから、他の発酵ズシとは一線が画される。その意味では「めずらしい」。

しかしながら、現在われわれが目にすることのできるその製法は決して原初的とはいい難い。わが国のスシの古形態を推定させる『斉民要術』の記事と対照させるとき、両者には相違点も少なからずあるし、江戸時代と比較するだけでも調理の方法には差がある。ふなずしは変化しながら現代に至ったことがうかがえ、今日の滋賀県のふなずしの製法は、高度に完成された調理技術として改善された結果と認識される。

ふなずしは「日本最古のスシ」といわれるが、それは「日本最古の形態を有しているスシ」ではないわけである。

古い時代のスシの様相は、分割されたかたちで現行する複数の発酵ズシにあらわれ残っている可能性を述べた。本稿では筆者が考えつくもののみを掲げたが、このほかにもスシの「古さ」を示す形態的特徴が提言されることもあろう。

また、本稿では主として調理方法に着目したが、漁獲から消費（食用）にいたるまでの一連の行動パターンや、食制すなわち「食べられ方」などの諸点においても、時代的な変遷が想定される。わが国におけるスシのプロトタイプは、そうした要素の複合体として考える必要がある。

（1）発酵によって酸味を呈するスシを、一般に「ナレズシ」と呼ぶが、正確にいうと、「ナレズシ」ということばには三つの意味がある。ひとつは発酵させるスシすべてを呼ぶ場合（広義）、二つめには魚、飯、時として発酵促進剤を混ぜて発酵させるスシを呼ぶ場合（狭義）、三つめには発酵させた魚だけを食用として、飯は食用としないスシを呼ぶ場合（最狭義）である。混乱を避けるために、筆者は「発酵ズシ」と称するようにしている。本稿でもそれにしたがい、「ナレズシ」という名称は使わずに「発酵ズシ」と呼ぶことにする。

（2）日比野光敏「近江のフナズシの「原初性」—わが国におけるナレズシのプロトタイプをめぐって—」『国立民族学博物館研究報告』18巻1号、一九九三

（3）櫻井信也「日本古代の鮨（鮓）」『續日本紀研究』339号、二〇〇二。同「江戸時代における近江国の「ふなずし」」『栗東歴史民俗博物館紀要』18号、二〇一二。同「室町時代から織豊時代の鮨（鮓）」『栗東歴史民俗博物館紀要』19号、二〇一三。同「江戸時代における近江国の「ふなずし」（補遺）」『栗東歴史民俗博物館紀要』20号、二〇一四などがある。

（4）日比野光敏「「古さ」の再認識　滋賀県のフナずしの「原初性」」（日比野光敏『わが国におけるすしの文化誌史的研究』旭屋出版、上梓中　所収）

（5）小泉迂外『家庭　鮓のつけかた』大倉書店、一九一〇。永瀬牙之輔『すし通』四六書院、一九三〇。宮尾しげを『すし物語』井上書房、一九六〇

（6）篠田統『すしの本』柴田書店、一九六六。同『すしの本　改訂版』柴田書店、一九七〇

（7）スシのひさぎ女の話とは、街中でスシを売っている女がいたが、今日は二日酔いで、商品の上にへ

ドを吐いてしまった。しかし彼女はあわてもせずにヘドを手でこそぎおとし、そのまま商売を続けたという話で、当時のスシにはヘドにも似た飯が魚のまわりについていたことや、その飯を食用にしなかったことがわかる。三条中納言の話とは、太りすぎて悩んでいた三条中納言朝成が医師に相談し、食事の制限を申し渡された。ところが一向にやせない。不審に思った医師が三条中納言の食事風景をみたところ、五～六尾のアユズシをおかずに、大きな器で水飯を二～三杯食べていたという話で、スシは飯のおかずに食べられていたことを物語る。

（8）元禄十七年（一七〇四）の東京国立博物館本を参照した。岐阜市歴史博物館の展覧会図録が写真を掲載している（岐阜市歴史博物館（編）『日本の味覚　すし　グルメの歴史学』、一九九二）。

（9）ただしこれは都に着くまでの日数であって、都に着いた後のスシが即座に食に供されたか否か、定かではない。

（10）室町時代に起こったナマナレの発生、ということになっているが、これには注意をもって臨まねばならない。この時期起こったとされることは、「発酵と浅くすませたこと」と「それまで捨てていた飯粒をも食べるようになったこと」である。今、このふたつを「ナマナレ」と称し、一緒に起こったかのように述べているが、本来、両者は別次元のことである。

（11）前掲（2）、（4）

（12）篠田統は多くの論考でこの見解を示しており（とりわけ篠田　前掲（6）に詳しい）、この説がしばしば引用される。他方で、同じ篠田が、「備後の島々で行われるシバ鮓」などの型が「一番原始的で、滋賀県の鮒鮓はその改良型ではないかと考える」とも述べ（篠田統『米の文化史』社会思想社、一九七〇。同『米の文化史　増訂版』社会思想社、一九七七。なお、これらの書は同『米と日本人』角川書店、一九六一　の覆刻本であるが、そちらの方には「シバ鮓」の方が原始的である、とは書かれていない）、宮尾しげをも、近江のふなずしは「なれずし」（定義は不詳）の「進展していった一種」とし、原初形態が他にあるかのような記述をしている（宮尾　前掲（5））。ただし、いずれの説も根拠は明記されていない。また、最近では吉野舜雄が滋賀県栗東市の三輪神社の神饌に奉ぜられるドジョウとナマズの発酵ズシを引き、「日本最古のすしの姿」と表現した（吉野舜雄『鮓・鮨・すし　すしの事典』旭屋出版、一九九〇）。こちらはその論拠として、生に近い状態で魚を漬け、香辛菜を併用する製法や夏場を避けた熟成期間などの点を挙げている。しかしながら、日本のスシの原型をふなずし以外に求めるこうした説は、日本のスシの歴史を語る上では、非常にめずらしいものといえる。

(13) 石毛直道「東アジア・東南アジアのナレズシ—魚の発酵製品の研究（2）—」『国立民族学博物館研究報告』11巻3号、一九八六

(14) 石毛直道・ケネスラドル『魚醤とナレズシの研究—モンスーンアジアの食事文化』岩波書店、一九九〇

(15) 篠田統・飯田喜代子「鮓と米　わが国における稲の導入経路に関する一考察」『大阪學芸大學紀要』4。これは後に前掲（12）（篠田統（一九七〇））に所収された。

(16) 前掲(6)
(17) 前掲(13)
(18) 前掲(14)
(19) 筆者の論文(前掲(2))に対する批評の中で最も多かったのが「なぜ斉民要術のスシの製法を引き合いに出すのか」という質問であった。筆者もそう思うのであるが、当時の日本のスシの製法を記したものが見当たらないため、やむなくとった措置であると理解されたい。
(20) 西山武一・熊代幸雄(訳)『斉民要術(第3版)』アジア経済出版社、一九七六
(21) 前掲(6)
(22) 前掲(13)
(23) 前掲(14)
(24) 前掲(13)、(14)
(25) 前掲(13)、(14)
(26) 石毛はまた、ナレズシの発酵が長期にわたれば香辛菜を入れてもそのにおいは消えてしまうが、短期間の場合は逆に魚のなまぐさみを防止する効果があるとし、材料が単純なことと熟成期間が長期であることが関連する可能性について述べている(前掲(13)、(14))。
(27) 原文は伝存しないが、天長十年(八三三)成立の注釈書『令義解』などによって全文が復元される。これによれば、「鰒(=アワビ)鮓」「貽貝鮓」「雑鮓」などの記載がある。

(28)『尾張国正税帳』には「雑鮨」「白貝内鮨」の、『但馬国正税帳』には「雑鮨」の記載がある。

(29)平城宮跡からは若狭の「多比(=タイ)鮓」、長屋王邸宅からは筑前の「鮒鮨」、二条大路跡からは志摩の「多比・堅魚(=カツオ)・近代(=コノシロ)鮨」、若狭の「貽貝鮓、鯛鮓、宇尓(=ウニ)・近代鮓」、播磨の「加比鮓」などの記載がある木簡が出土している(奈良国立文化財研究所(編)『平城京　長屋王邸宅と木簡』吉川弘文館、一九九一)。

(30)古代日本の文献においては「鮓」と「鮨」のふたつの文字が使用されている。両者の違いについて、古くは『令義解』が同義とし、以後もそれが支持されてきた。しかし、関根真隆は、同じ『養老令』の中に双方の文字があることから、両者を区別する必要を提唱し、同じ発酵食品ながら「鮓」は飯の中に魚介類を入れたもの、「鮨」は魚の腹の中に飯を詰めたものだったとする仮説を立てている(関根真隆『奈良朝食生活の研究』吉川弘文館、一九六九)。

(31)スシに漬けるのは、一般にはニゴロブナが著名である。湖北ではこれをニゴロと称しているが、湖南や湖東ではイオと呼ぶ。ただしイオとは必ずしもニゴロブナにかぎっているわけではなく、ゲンゴロウブナを称することもある。また、湖南ではガンゾと称するマブナの幼魚をスシにすることがあるが、湖北のガンゾはマブナとは別種である。このあたりの点については篠田統が詳しく報告している(篠田統「近江の鮓(鮓考　その2)」『生活文化研究』1、一九五二)。

(32)例えば小菅富美子、小島朝子、『日本の食生活全集　滋賀』編集委員会(編)などに詳しい。小菅富美子「近江(滋賀県)の鮒ずしの調理法的研究」『大阪女子短期大学紀要』7、一九八二。小島朝子「近江の鮒ずし」『伝統食品の研究』3、一九八六。『日本の食生活全集　滋賀』編集委員会（編）『日本の食生活全集25　聞き書　滋賀の食事』農山漁村文化協会、一九九一

（33）二年物が最も美味で一年物は骨が固いという意見は、彦根市や長浜市など主に琵琶湖東岸で多く聴いた。これに対して西岸地方の人々は、湖東とは漬けるフナの種類が違い、ふなずしは一年以内に消費してしまうという。また、二年以上もたせる場合、途中で飯を入れ換えて、新たに飯漬けをすることがある。こうすると味がよくなり、さらにやわらかくなるという。

（34）たいていの発酵ズシは食べる機会（正月や祭礼などの行事の日）から逆算してスシを漬ける。食べ頃なのは行事前後のかぎられた期間であり、桶を開封した後は早く食べてしまう。この傾向はコウジを使用するスシに顕著である。また、正月に食べるために作ったスシは、遅くとも二月末までに食べ終えてしまうことが多く、それ以後「暖かくなると、酸っぱすぎてまずくなる」とされる。このことばは、これらのスシに「食べどき」すなわち適度な発酵具合があり、それを過ぎると食品としての価値が低下することを示しているが、ふなずしには、こうした評価はほとんどない。なお、和歌山県新宮市内で三〇年前に漬けたサンマやアユの発酵ズシを販売している例があるが、周辺地域において一般的な習俗ではない。結果的に、もしくは恣意的に三〇年間発酵させたものを商品化しているものと思われる。

（35）小泉迂外は、この点をふなずしの特徴として特記している（小泉　前掲（5））。なお、ふなずしの飯は食べてはいけないのではなく、食べる例もあるにはある。しかし、フナとともに供された際に

食べ残しても不自然ではないし、「好きな人だけが食べる」という人もあるから、やはり飯は食用の主体ではないことがわかる。また、滋賀県中主町（現・野洲市）の宴席で出された「ふなずしのあえもの」は、こそぎ落とした飯を使い、ネギなどの煮野菜を「白あえ」のようにあえたもので、食事担当にあたった主婦が考案したものだという。これが「廃物利用」と表現されていたことからも、ふなずしにおける飯の評価が想像されよう。

（36）前掲（13）、（14）

（37）通常は、春に塩漬けしたフナはその年のうちにスシに漬けてしまうが、残った場合は翌年まで持ち越されることがある。また、意識的に一年以上塩漬けしたフナを使用する人もある。

（38）本稿では吉井始子の翻刻本を参照した（吉井始子（翻刻）「合類日用料理抄」『翻刻江戸時代料理本集成　第1巻』臨川書店、一九七八）。

（39）櫻井信也は寒を十二月とし（十一月のこともある）、「寒の内」から七〇日ほど漬けてよく馴れるのが翌年の二～三月、さらにいつまでももった後に「翌年」の夏冬が来る、すなわち「夏冬」は「寒の内」から翌々年であると推定している（櫻井　前掲（3）（二〇一二））。

（40）『実隆公記』は文明六年（一四七四）から天文五年（一五三六）にわたる公卿・三条西実隆の日記。篠田によれば、日記にみられる同家へのふなずしの到来は四～八月に多い。一方、『お湯殿の上の日記』は御所・清涼殿に伺候した女官の記録で、文明九（一四七七）年から幕末にいたるまでの分が伝存している。篠田が、このうち室町期（初期約一二〇年間）の記事から同所へのスシの到来時季を考証したところによれば、ふなずし（一部疑わしいものも含まれるが）の進物が最も多かったのは八月で、次いで四～七月、九～十月である。いずれの記録によっても、十一月や十二月のいわゆる「寒」の前はふなずしの記事は少ない（篠田　前掲（6））。

（41）櫻井信也は、『合類日用料理抄』にある「寒の内」に漬けたふなずしは秋冬の時期に獲れたフナ・「紅葉鮒」ではなかったかと推測している。また、寛永年間の尾花川、堅田（ともに現・大津市）の文書で春に獲れたフナを用いたふなずしを調製したことを示し、江戸時代前期には近江のフナを用いたふなずしは、秋から冬のほか春季にも漬けられていたことを示している（櫻井　前掲（3）（二〇一二））。前者は納得できる説であるが、それならばなぜ「紅葉鮒」が「紅葉鮒」ではなく、単なるフナとして『合類日用料理抄』に書き表されたのかが新たな疑問として生ずる。「紅葉鮒」はフナの中でも特筆すべき近江の名物であるにもかかわらず、「鮒（江州鮒）」としか書いていないのはおかしい気がする。後者は、文書は「寒の内」にスシに漬けたものではないとするが、その時期は「年が明けて最初に捕獲される鮒」と表現している。寒いうちに漬けたことには変わりない。

（42）ここでは『文化武鑑』によったが、その約一世紀前に記されたと思われる『諸国献上物集』にある近江ふなずしの献上の内容も、大溝藩分が欠落しているだけで大差ない。おそらく文化年間には、スシ献上に関する一定の制度がすでに確立していたと思われる。

（43）年代は不詳。『近州堅田漁業史料』所収。喜多村俊夫『江州堅田漁業史料』アチックミューゼアム、一九四二（後に、日本常民文化研究所編『日本常民生活資料叢書第18巻』三一書房、一九七三　所

収）
（44）小泉　前掲（5）
（45）櫻井の指摘による（櫻井　前掲（3）（二〇一二））。
（46）享和三年（一八〇三）刊の『本草綱目啓蒙』の中に、冬春のマルブナは美味で、スシにするとよいからスシブナとも呼ぶ由が記載されている。産卵期のフナを使う今日的な漬け方は、この頃成立していたのであろうか。
（47）本稿では吉井始子の翻刻本を参照した（吉井始子（翻刻）「古今料理集」前掲（38）。同「茶湯献立指南」『翻刻江戸時代料理本集成　第三巻』臨川書店、一九七九）。
（48）櫻井　前掲（3）（二〇一二）
（49）本稿では島田勇雄の訳注本を参照した（島田勇雄（訳注）『本朝食鑑（4）』平凡社（東洋文庫）、一九八〇。なお、このほか、筆者は未見であるが、貞享元年（一六八三）刊の黒川道祐の『雍州府志』にも塩魚のスシの紹介があるという（小泉　前掲（5））。
（50）日比野光敏「岐阜市におけるアユのなれずし」『風俗』26（2）、一九八七。「福井県敦賀市の疋田ずしについて」『風俗』29（2）、一九九〇
（51）中川眸「享保年間における越中国（富山）の鮎ずし―すしに関する食事史的研究―」『富山大学教育学部紀要』23、一九七五
（52）鵜匠家においては、秋の落ちアユを塩漬けにしておき、十二月上旬に、年末年始の贈答用としてス

シに漬ける。なお、江戸幕府への献上アユズシは長良川畔の「御鮨所」なる機関で調製されたが、幕末に廃止された。その後数年の時間的ブランクがあって、鵜匠家から有栖川宮家へのアユズシ献上が文献に上るようになる。この間にアユズシの調製法に変化があった可能性もあり、今日みられる鵜匠家のアユズシがそのまま江戸時代の献上アユズシと同じであるとは断言できないが、献上アユズシは鵜アユ（鵜飼によって獲ったアユ）を使う決まりがあり、鵜匠家とアユズシとの関係が江戸時代以来の歴史を有することは否定できない（日比野　前掲（50）（一九八七））。

（53）前掲（13）、（14）

（54）『斉民要術』が平安時代、すでにわが国に紹介されていたことは確認されている。すなわち陸奥守兼上野権介・藤原佐世の撰修した漢籍目録『日本国見在書目録』にその名がみえる。藤原佐世が陸奥守に任命されたのは寛平三年（八九一）のことで、同書の編纂はその前後と思われる。これは『延喜式』の編集と同時期もしくはそれ以前である。

（55）『合類日用料理抄』にあるふなずしや江戸幕府への献上ズシがコ持ちでなかったことは推論の域を脱し得ないが、かつて、コのないフナのみを漬けたスシが存在したことは事実である。すなわち、ふなずしの中でも紅葉の時期に獲れるフナ（したがってコは持っていない）を使ったものを「紅葉鮒ずし」といい、これは江戸時代、十月に彦根藩から、十一月に膳所藩から、それぞれ将軍家に献上された。ただし、膳所藩については『諸国献上物集』（十八世紀前期の成立か）に記載があるものの、文化年間（一八〇四～一八一八）の『武鑑』には記載がないから、その時点で献上の習慣は廃絶していたと解される。彦根藩の方はその後も存続したらしく、また、「紅葉鮒」は高島あたりの産が名高い旨を膳所藩記録『近江国輿地志略』や大溝藩地誌『鴻溝録』などが伝えているので、今日、これらの周辺で聞き取りをしてみたが、秋獲れのフナをスシにすることも、秋にふなずしを漬けることも聞かれなかった。なお、明治末期に小泉が、このスシの製法を、秋獲れのゲンゴロウブナ（塩漬け処理をほどこしたもの）を先に熟成させておいた「古い飯」に漬けて冬を越させ、翌年の土用に飯を取り替えて漬け直したと書き記している（小泉　前掲（5））から、当時はまだあったのかもしれない。

（56）魚を塩漬けにすると、蛋白質が分解して「うま味」の素であるグルタミン酸などが生成される。しかしこれに飯も一緒に漬ければ、糖分の乳酸発酵によって酸味が加わる。つまり発酵ズシは塩漬け魚に比べて、より複雑な味わいの構造を有する。この点が「嗜好品化」した一因であろう。

（57）美濃のアユズシに関する文献は、『延喜式』以後は乏しく、室町時代になって贈答品として記されたものが再び多くあらわれる。この間、その伝統が途絶えていたとは考えられないが、現段階でわかっている史料についてのみいえば、ここにひとつの空白期間がある。また、室町末期のアユズシが江戸時代の献上ズシにつながると思われるが、それを今日の鵜匠家のアユズシに直接置き換えることはできない。結局、平安期から現在までの美濃のアユズシを語るとき、その伝承には最低二点の不整合箇所を認めざるを得ない（日比野　前掲（50）（一九八七））。しかしながら、美濃のアユズシという銘柄は一〇〇〇年も前から現実に存在していたわけであるし、ここに記したような不整合性が滋賀県のふなずしに関してもいえることはすでにみてきたとおりである。歴史の長さという点で滋賀県のふなずしのみを特殊視することは適当でない。

室町時代の「ふなずし」

――山科家と蜷川親元の日記から

橋本　道範

はじめに

日本語に関する世界で最も詳しい辞典といえば『日本国語大辞典　第二版』（小学館、二〇〇一年）であるが、そこには「ふなずし」について次のようにある。

【史料1】

腹びらきにして内臓をだした鮒を塩づけにして自然発酵させたなれずし。こうじを加えたご飯の中に漬けて作る早ずしもある。大津名産。〈季・夏〉

滋賀県民であれば、この説明にだれしも隔靴掻痒の感を抱くことについては、櫻井信也も憤る通りであるが、[1] 滋賀県民は『広辞苑　第六版』（岩波書店、二〇〇八年）によってかろうじて救われている。

【史料2】

馴鮨〈なれずし〉の一種。ニゴロブナの鱗〈うろこ〉・鰓〈えら〉・臓物を取り去って塩漬にしたものを、飯と交互に重ねて漬け込み自然発酵させたもの。酸味と臭味が強い。近江の名産。〈季・夏〉

しかし、この日本を代表する国語辞典、『日本国語大辞典　第二版』の「ふなずし」の説明が極めて不十分であるという事態は、単に編者に責めを負わすべきではなく、「ふなずし」とはなにかについて、まだ十分な国民的理解が進んでいないことを示しているのではないだろうか。そして、それは、「ふなずし」に関わる研究者が、「ふなずし」とはいったいなにかという問題を、当然すでに解決されている問題として、十分に議論してこなかったことにも責任があるのではないだろうか。本論は、それを歴史学的に追究してみたいのである(2)。

では、「ふなずし」はどう定義すればよいであろうか。この点で最初に参考とするべきは、当サンライズ出版より一九九五年に刊行された滋賀の食事文化研究会編『ふなずしの謎』である。その冒頭に次のようにある。

【史料3】

このふなずしは、魚と飯からできていて、すっぱみがある。しかし、飯の形は崩れている。また、フナは切り身にせず、頭からしっぽまで丸ごと漬けてあり、食べるときに骨ごとスライスして供する。

ふなずしはすしというよりは魚の漬け物というべきで、新鮮なフナを数ケ月塩漬けにした後、飯と一緒に漬け込んで、半年から一年間、桶に入れて自然発酵させてできる。飯のでんぷん質と一緒に発酵するので、独特のすっぱみが出るのだ。発酵にはいろんな微生物が関与しており、主役は乳酸菌で、飯が発酵を促進する。飯が多いほど発酵は早まり、また、気温の高い夏は発酵が早く、冬は遅くなる。（後略）

ここに「滋賀県の現在のふなずし」の要点、すなわち、まず、フナ属[3]を一匹丸ごと塩漬けにする、次に、飯と一緒に漬け込んで乳酸発酵させる、という要点は記されている。ただ、この説明はあまりに簡単すぎるきらいがあるので、次に二〇〇一年刊行の滋賀県教育委員会編『滋賀の食文化財』でこれを補っておこう。

その際、確認しておく必要があるのは、「ふなずし」の製法は、現在でも地域によって、職業によって、家庭によって異なることである（本書篠原論文参照）。このこと自体が、おわりにでも触れるように、本論の重大な論点となるのではあるが、論を進める都合上、「滋賀県の現在のふなずし」の製法の理念型を提示しておく必要がある。そこで、湖西（滋賀県西部）において漬けられている「ふなずし」の製法に関する高橋静子の詳細な事例報告を基点としてこの点を考えてみたい[4]。

高橋によると、「ふなずし」の工程は、塩切りと飯漬けとに区別することができる。これは『ふなずしの謎』も指摘しており、「滋賀県の現在のふなずし」の一般的な製法であると認めてよいだろう。なお、高橋は取り出し方と切り方も報告しているが、本論では捨象しておく。

塩切りは、①エラ・内臓取り、②血抜き、③水切り、④塩詰め、⑤漬け桶の準備、⑥塩漬け、⑦袋の口を合わせる、⑧蓋と重石をのせる、⑨塩水を注ぐ、という工程よりなり、およそ三〜五ケ月漬けるという。一方、飯漬けは、①塩抜き、②フナを干す、③コメを炊く、④手水を使う、⑤アゴ詰め、⑥ご飯と漬ける、⑦ご飯を敷き詰めて、フナを並べていく、⑧空気抜き、⑨大きいフナを上の方に置く、⑩蓋をして重石をのせる、⑪桶に水を張る、という工程となる。いずれも一匹丸ごと漬け込むことを前提とした理解となっている。

以上の製法を「滋賀県の現在のふなずし」の製法の理念型とするが、次の問題は、この塩切りと飯漬けがどの季節に行われるかである。この点で興味深いのは、高橋が飯漬けについては「梅雨明けから秋口」としている一方で、塩切りについては時期を特定していないことである。「寒ブナを扱う岩崎さん」が登場し、また、「春になっての内臓とりは魚がなまりやすいので、陸揚げされた魚はその日のうちに処理しなければならない」とされていることから、一般には冬から春にかけて漁獲されたフナ属が塩切りされていたと措定しておく。

さらに、以後の論点となる部分を確認しておくと、「昔は何処の家でも漬け込み桶は木製の桶であった」とあり、「重石は魚の同量よりも重くする」とあるように、桶に漬けて重石をのせるのが一般的とされている（図1参照）。また、「発酵の状態を重石の沈み加減ではかり、漬けてから三〜四ケ月ほどして漬かり加減を見る」とされていて、数ケ月漬け込むことを前提とした理解となっている。

以上を確認した上で、本論では、まず日本列島（以後「列島」とする）における「ふなずし」の歴史的展開をテーマとした研究史を整理し、次に室町時代のフナ属の旬についての私見を再論する。そ

図１　『滋賀県管下近江国六郡物産図説一　滋賀郡・栗太郡』（滋賀県立琵琶湖博物館所蔵）

の上で、室町時代の「ふなずし」の首都における消費実態、とりわけ運搬容器とそこから推測できる製法、漬け込みと消費の季節性（抱卵の有無）について検討して、新しい「ふなずし」史の仮説を築くための論点を提示してみたい。なお、本論では、議論を単純化するために、「進上」を広義の貢納と捉え、贈答と貢納とを「消費」として扱うことにする。

一　「ふなずし」研究の新展開

列島における「ふなずし」の歴史的な展開に関する研究で、画期となったのは、一九九三年の日比野光敏の論考である。[5]

篠田統が『すしの本』（初出は一九七〇年）で、滋賀県のナレズシを「ほかのすべてのすし類のいわば出発点」と位置付けて以来、[6]「古代のナレズ

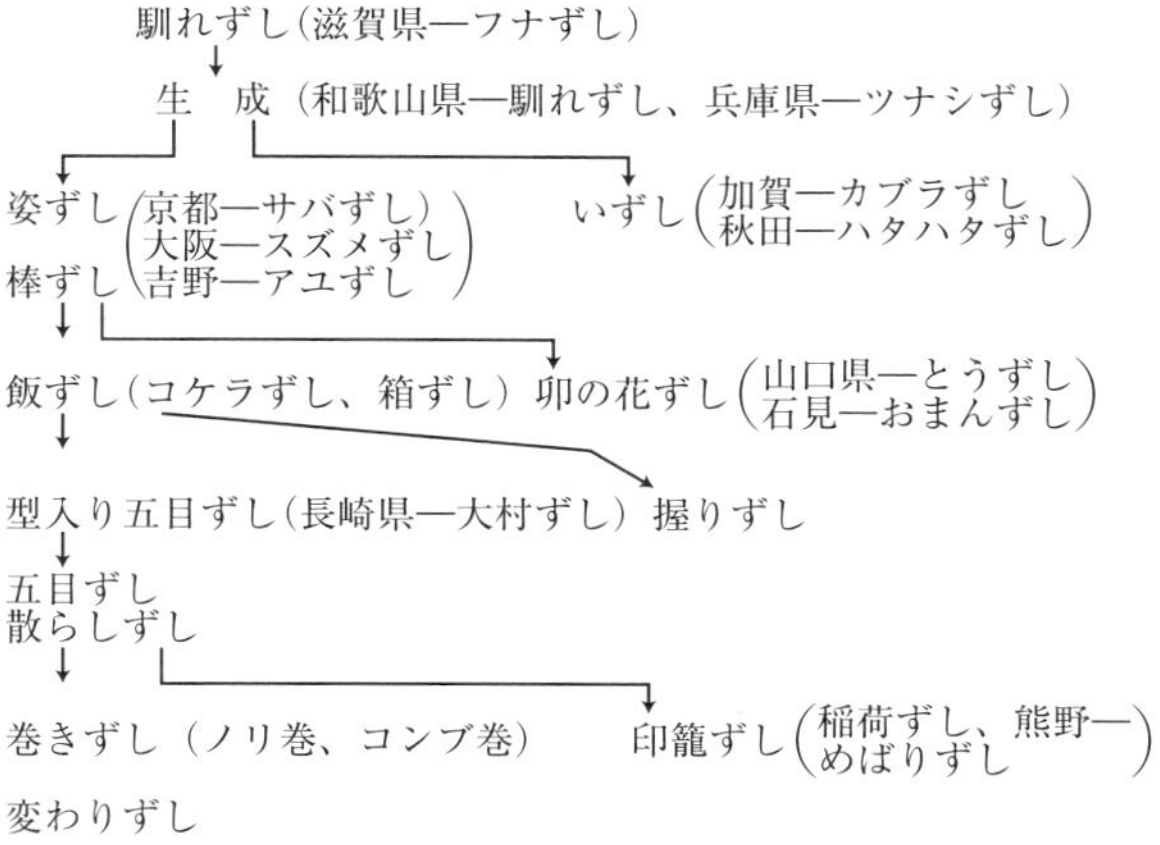

図2　すしの系譜（篠田 2002）

シのつくりかたが現代にまで伝承されている例としては、琵琶湖のフナズシをあげるのが常道となっている」と理解されてきた。[7] 篠田は、スシに関する文献資料の徹底的な収集と、民俗事例の徹底的な収集によって、「すしの系譜」図を完成させたが（図2）、論者の理解ではそれは、列島各地に分布する多様なスシを、文献資料の出現時期と照合させて、時系列に並べたものである。「生成」は室町時代が文献資料上の初見である。したがって、ナレズシから「生成」が派生する。したがって、「生成」と評価できる和歌山県のナレズシや兵庫県のツナシズシの方がより新しく、ナレズシである滋賀県の「ふなずし」がスシの最も古い形態である、という論法である。

　しかし、一九九三年、日比野がその通説に疑問を呈した。[8] 日比野の結論は、「滋賀県の現在のふなずし」は決して「原初的」とはいえず、日本最古のスシではない。「フナズシは変化しながら現代に到った」もので、「滋賀県の現在のふなずし」は「高度に完成された調理技術」であるというものである。この結論は現時点に至るまで研究史上覆っていないと論者は考えている。

日比野がこの結論の根拠にしたのは、次の二つの史料である。一つは、中国大陸（以下、「大陸」とする）の六世紀、北魏の『斉民要術』という農書である。本論では、カメで切り身を漬けること、漬け込みは冬季と夏季が嫌われ、春と秋がよいとされていることだけを紹介しておく。もう一つは、一七世紀、元禄二年（一六八九）の『合類日用料理抄』という料理書である。本論では、切り身にせず、重石を置いて、「江州鮒の鮨、一、寒の内ニ漬申候」といわれているように冬季に（したがって卵巣が未発達のフナ属が）漬け込まれるとされていることを確認しておく。いずれの史料も篠田は当然把握していたのであるが、日比野は「滋賀県の現在のふなずし」の製法と両史料とを比較することによって、「ふなずし」史の新たな道筋を提示したのである。

その後、日比野はスシに関わる論考を次々と公表し、室町時代におけるホンナレからナマナレへの変化（この本質を日比野はスシが「魚と飯との食べ物」になったとする）、江戸時代初期から中期のハヤズシの誕生、明治時代末から昭和初期の握りずしの台頭という列島におけるスシ展開の三つの画期（これを日比野は「革命」とする）を主張している。[9] 日比野はこの動向を「わがままと手抜きの積み重ね」と総括しているが、これが現時点での列島におけるスシ史最新の通史である。[10]

日比野のこの画期的な研究を受けて、奈良時代・平安時代の「ふなずし」、室町時代の「ふなずし」、そして江戸時代の「ふなずし」の研究が急速に進むことになる。まず、二〇〇二年に、六世紀の大陸の文献である『斉民要術』（日本でいえば古墳時代の史料）によって日本古代のスシを論ずるべきではなく、あくまで列島の古代史料から論ずるべきであるとする櫻井信也が、奈良時代・平安時代の「ふなずし」について、『延喜式』や木簡などを対象に詳細な検討を加えた。[11] 櫻井の指摘は多岐にわたるが、本論において最も重要な点は、スシが貢納にあわせて、季節を限らず漬けられていた可能性が指摘された点である。これは主にはアユのスシの事例から立論が試みられたものであるが、[12]『延喜内膳司式』の美濃国の事例に「鮨鮒隔月三缶」とある。櫻井によれば、「食材名＋鮨（鮓）」も「鮨（鮓）＋食材名」も、ともに食材をスシに加工したものと考えてよいとのことであるので、「鮨鮒」は「ふなずし」とすることができる。とすれば、「ふなずし」が美濃国より隔月に貢納されていたことになる。これを櫻井は、「その生産も季節を限らずに、貢進の期日に合わせて行われている」と推定した。

そして、二〇一二年から、櫻井の論考は室町時代・安土桃山時代から江戸時代へと進む。[13] 櫻井の特徴は、史料の博捜による多様な論点の提示にあり、櫻井の論点を論者なりに論者の用語で整理すると①漁期、②塩切りの期間と飯漬けの時期、③漬け込み期間に大きく分類することができる。[14]

まず、①漁期については、「紅葉鮒」の史料を紹介し、「ふなずし」研究史上に載せたことが決定的に重要である。「紅葉鮒」の初見史料は『天王寺屋会記』（宗及茶湯日記）で、天正九年（一五八一）十月十一日朝の仕立に見える。「紅葉鮒」とは、元禄八年（一六九五）の『本朝食鑑』によれば、「近世歌人」が称したもので、その由来は諸説あって定かではないが、秋から初冬のフナ属であることは疑いない[15]。正保二年（一六四五）の『毛吹草』に「舟木大溝紅葉鮒　同骨抜鮓」とあるように、その「紅葉鮒」がスシにされていたのである。

一方、旧暦二月や旧暦正月に漁獲されたフナ属が、幕府に献上されるスシ用のフナとして尾花川や堅田から調達されていたことも確認され、春季から初夏にかけてもフナ属が漁獲されていたことも明確になった。例えば、「源五郎鮒」について永享十九年（一七四三）の『本朝世事談綺』には、「初鮒は正月の末よりとり、三月のすえさかんにして、四月夏に入るころ、この鮒多く取るなり」とある。論者は、これはフナ属の産卵期の漁撈であると理解している[16]。

次に、②塩切りの期間と飯漬けの時期については、後述する『山科家礼記』の記事に今宮町・六角町から貢納されたフナ属がすぐに「すしにさせ候」とあることなどを挙げつつ、長期間の塩切りが史料的に確認できないことを指摘している。とすれば、飯漬けの時期も、「滋賀県の現在のふなずし」とは異なり、漁期とほぼ重なることになる[17]。

そして、③漬け込み期間については、司馬江漢が日野（滋賀県日野町）で「三年漬たる鮓し」を振舞われていることなどを紹介する一方で、「滋賀県の現在のふなずし」に比較して極めて短期間の事例を検出したことが重要である。その最も重要な史料が西洞院時慶の日記、『時慶記』である。慶長七年（一六〇二）五月一日、「鮓ノ口」が明けられているが、この「鮓」は同年四月十四日条に「鮒鮓申付候」とある「鮒鮓」と考えるのが妥当であろう[18]。とすれば、漬け込み期間は、僅か半月ということになる。

また、『合類日用料理抄』やそれ以外の料理書も紹介し、「早鮨」、「早鮓」とされる製法を確認している。これは、二、三日、あるいは、四、五日とか五、六日の漬け込みで消費されるものである。その上で、櫻井は、料理書で紹介されているスシ一般の中で、『合類日用料理抄』の「七十日程」も漬けるとする「近江鮒の鮨」の漬け込み期間は異例であることを明らかにしたのである[19]。

以上のように、櫻井は、特に江戸時代における「ふなずし」の史料を幅広く検出した。その結果、「現在の滋賀県のふなずし」とは合致しない事例が多くあり、ストレートにその製法を遡らせて考えることができないことが研究史上確定した。そして、塩切りの期間が短く、飯漬けも短期間で、漁期がそのまま消費時期となっている事例があることが明らかになったことが本論にとって重要である。つまり、「ふなずし」の製法は、一様ではなかったのである。そこで、以上の櫻井の成果を踏まえて、本論では、室町時代の「ふなずし」の実態に迫りたいのであるが、そのさいに出発点とするのは、日比野説を継承した二〇〇五年の春田直紀の論考である。

春田は、室町時代の貴族の家の日記、『山科家礼記』を対象として、「ふなずし」の記事と「ふなずし」以外のフナ属の記事の出現回数を月別に検出した。その結果、「ふなずし」については、旧暦一月から出現し始めて旧暦五月にピークを迎え、旧暦十一月と十二月は「ふなずし」が出現しない季節であったとした。一方、「ふなずし」以外のフナ属については、旧暦十二月から旧暦五月頃まで記事が出現し、旧暦十月と十一月に記事が出現しない季節とした。そして、旧暦十一月から十二月に「ふなずし」の記事が出現しないのは寒鮒が漬け込まれていたためと解釈したのである。春田は、「旧暦の六月前後に産卵期を迎える子持ちのフナが多く出まわっていれば、フナ出現ピークは初夏に、「ふなずし」出現のピークは秋冬にくることが予想される」筈として、「子持ちフナの価値づけは中世においては未成立」と結論付けたのである。

もし、「子持ちフナ」、すなわち、抱卵した雌のフナ属の価値付けが未成立で、寒鮒が漬け込まれていたのだとすれば、日比野が注視した十七世紀の「寒の内」の漬け込みが十五世紀まで遡ることになり、極めて注目される事実である。しかし、琵琶湖のフナ属は、その産卵期、おおよそグレゴリオ暦四月から六月にかけて湖辺に大量に押し寄せ、産卵のために遡上する（後述）。そうした産卵期のフナ属の価値付けが未成立であったということが、ほんとうにあり得るのであろうか。次節では、この点について追究した論者の前稿[20]に基づいて、再度検討してみたい。

二　室町時代のフナ属の旬

「ふなずし」を理解するためには、まずはフナ属の生態を理解する必要がある。これが論者の主張である。フナ属の分類は難しい。その上、二〇一〇年、フナ属のミトコンドリアＤＮＡの遺伝子解析などを行った高田未来美によって、およそ四〇〇万年以上前に種が分岐したゲンゴロウブナを除くと、本州のフナ属は明確な種の違いを確認することができないことが明らかになった[21]。しかし、琵琶湖のフナ属に限れば、ギンブナ、ゲンゴロウブナ、ニゴロブナという三分類は有効であろう。なぜなら、形態的な違いが明確であり、沖合に生息しているという明らかな生態的な違いがあるからである[22]。

ここで問題としたいのは、沖合に生息しているゲンゴロウブナとニゴロブナである。前稿で整理したように、琵琶湖のフナ属三種はいずれもが四月から六月にかけて湖辺に近づき、雨による増水の際に一斉に遡上して水草や浮遊物に産卵する。ゲンゴロウブナの産卵は三月下旬から七月中旬頃まで行われ、六月が盛期とされている。また、ニゴロブナは四月中旬から七月中旬頃まで行われ、五月が盛期とされている。さらに、ギンブナも三月下旬から六月下旬頃まで産卵し、四月上中旬が盛期とされるので、本論では、グレゴリオ暦「四月から六月」を琵琶湖のフナ属の「産卵期」として論を進める。

では、室町時代の人々はこの産卵期のフナ属を消費していなかったのであろうか。春田が分析を行った山科家の日記をもう一度分析してみよう。山科家は、教行より内蔵頭を世襲し、御厨子所別当を兼帯していた。わかりやすく言えば、天皇の食事担当の貴族である。今回分析の対象とするのは、教行―教言―教興―家豊―顕言＝言国と続く山科家当主のうち、教言と言国の日記と家司の日記『山科家礼記』である（以下、『日記類』と称する）。表1の期間の日記が残されている。そこで、滋賀県立琵琶湖博物館の研究プロジェクト、総合研究「東アジアの中の琵琶湖：コイ科魚類の展開を軸とした環境史に関する研究」（代表中島経夫）では、これらの日記から魚介類に関するすべての記事を抜き出し、データベースを構築した[23]。

その結果、三二件の「ふなずし」以外のフナ属の贈答記事を確認したのであるが、まず、その産地

表1　山科家の日記類

	開始年	最終年	残存年数
教言卿記	応永12年（1409）	応永17年（1420）	6年分
言国卿記	文明6年（1474）	文亀2年（1502）	11年分
山科家礼記	応永19年（1412）	明応元年（1492）	16年分
康正三年記	康正3年（1457）	康正3年（1457）	1年分

の推定をしてみたい。その方法であるが、例えば『言国卿記』文亀元年（一五〇一）十月二三日条を例にとると、次のようである。

【史料4】

「東庄ヨリ彦兵衛尉・筑後、勢州・藤江方へ先礼上云々、然間此方へ樽一・両種〈アラマキ一〈フナ〉、コフ〉、兵衛尉礼持来、目出々々、」

（山科の東庄から彦兵衛尉と筑後が伊勢（伊勢貞陸）の所の藤江さんにお礼のため上洛してきたということである。そこで、山科家にもお酒と「あらまき」のフナとコブを兵衛尉が持ってきた。めっちゃ、うれしかった）

この記事にみえる贈与者の彦兵衛尉は山城国山科東庄の住人であることから、このフナは山城産である蓋然性が最も高い、と仮定するのである。

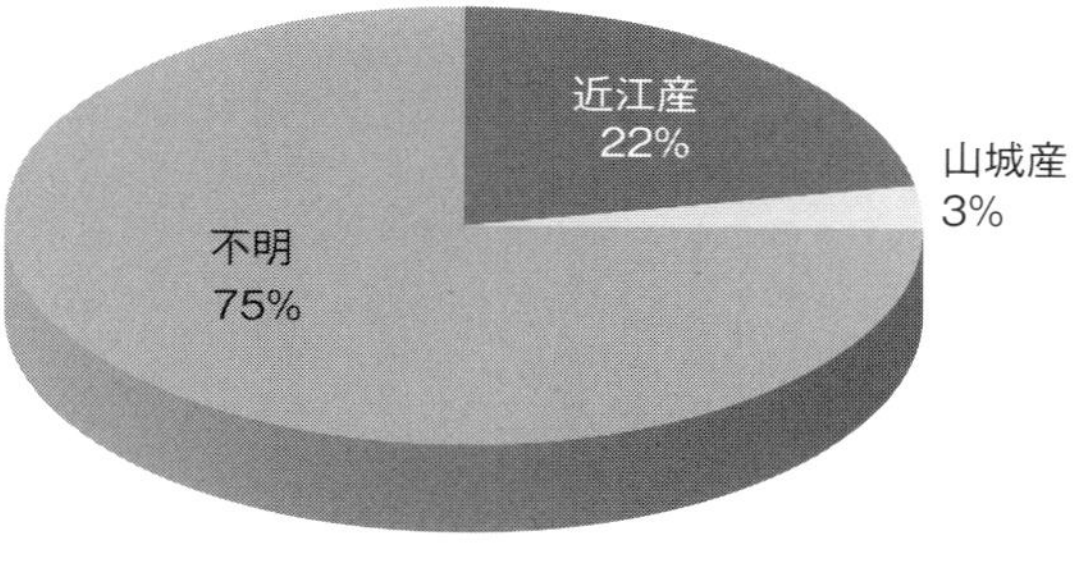

図３　贈答された「ふなずし」以外のフナ属の推定産地

もちろん、「コフ（昆布）」が山科産である筈がない。これはあくまで「仮定」である。

もう一例検討しよう。

【史料5】『言国卿記』明応三年（一四九四）二月二十日条

「坂本寺家侍従ヨリ書状在之、鮒三上賜、喜入了」（坂本（大津市）の偉いお坊さんの家来のお坊さんからお手紙が来た。フナを三つもらった。うれしかった）

すでに下坂守が明らかにしたように、「寺家」とは延暦寺の事務機関で、その「執当」は近江坂本に拠点を構えていた[24]。「寺家侍従」はその従者と考えられる。とすれば、このフナ属は近江産と断定してよかろう。

このようにして、仮定と断定を進めた結果、図

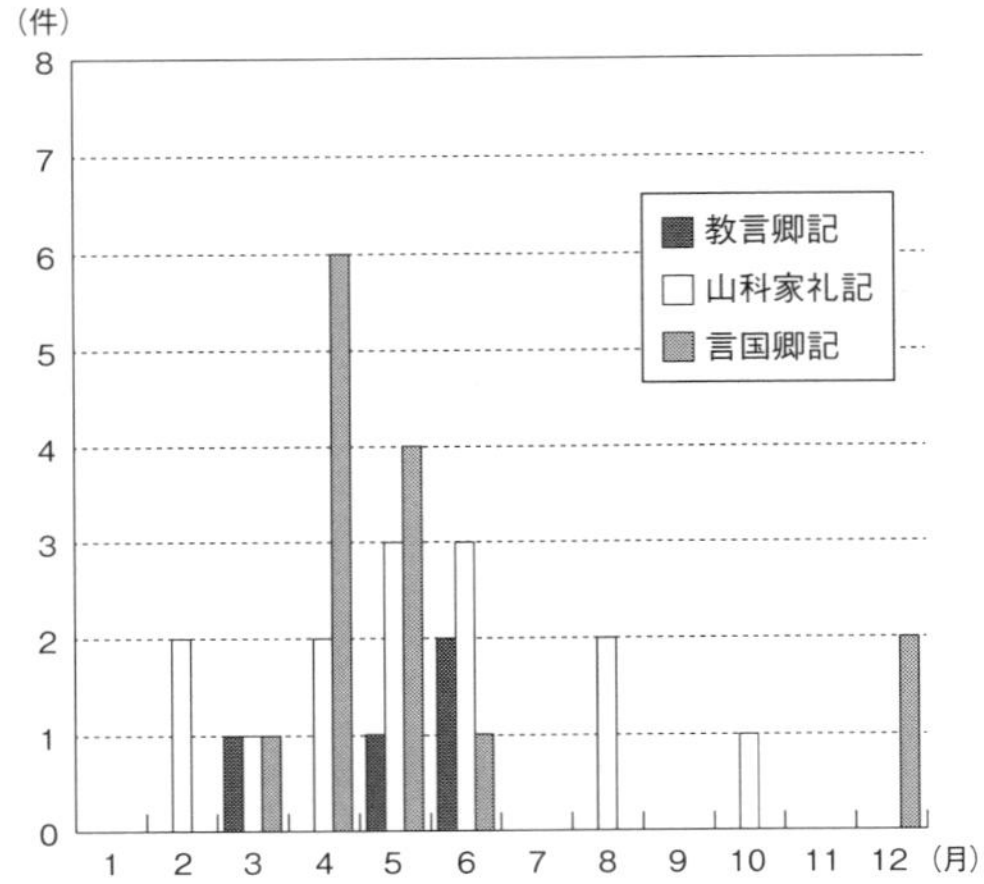

図4　「ふなずし」以外のフナ属の月別贈答記事数（橋本 2015）

3のような成果が得られた。つまり、贈答が検出できた全三二件の内、七五%は産地を仮定することができなかったが、残る七件、全体の二二%は、近江産であると仮定ないしは断定できたのである。

では、いつの季節に贈答されていたであろうか。例えば、『言国卿記』文明八年三月二十九日条には、

【史料6】

「宮内卿江州ヨリ上来、ミヤケトテフナ持参也」（宮内卿というお坊さんが近江から来た。お土産にフナを持ってきてくれたよ）

とある。これは近江産のフナ属であると断定してよいが、文明八年三月二十九日をグレゴリオ暦に換算すると一四七五年四月二十八日となる。[25] 四月のフナ属の贈答なのである。こうして、同じ作業

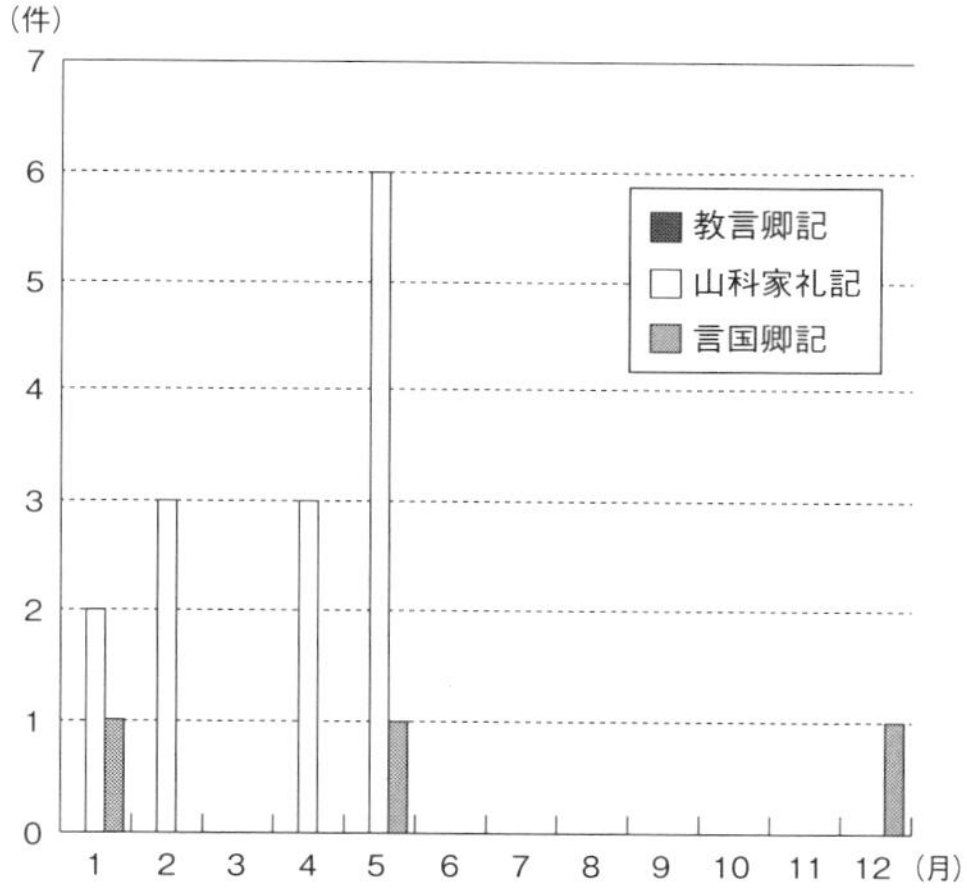

図5　「ふなずし」以外のフナ属の月別貢納・上納記事数（橋本 2015）

を行った結果が、図4である。言国の日記に規定された数値であるが、「四月から六月」に贈答が多いといってよいだろう。ただ、明確に「四月から六月」がピークと断定することもできない。

そこで、念のため「ふなずし」以外のフナ属の貢納時期についても調べてみた。『山科家礼記』文明十二年二月二十日条には次のようにある。

【史料7】

「下のまちのふな十二こん（喉）、一間二こん宛、上廿三こん、一間ニ二こん宛、高橋も此かす此分とる、今日出之、」

下町とは六角町のことで、上町は今町である。これをグレゴリオ暦に換算すると一四八〇年四月九日となり、「四月から六月」の貢納であった。これをグラフにしてみたのが図5である。前稿で

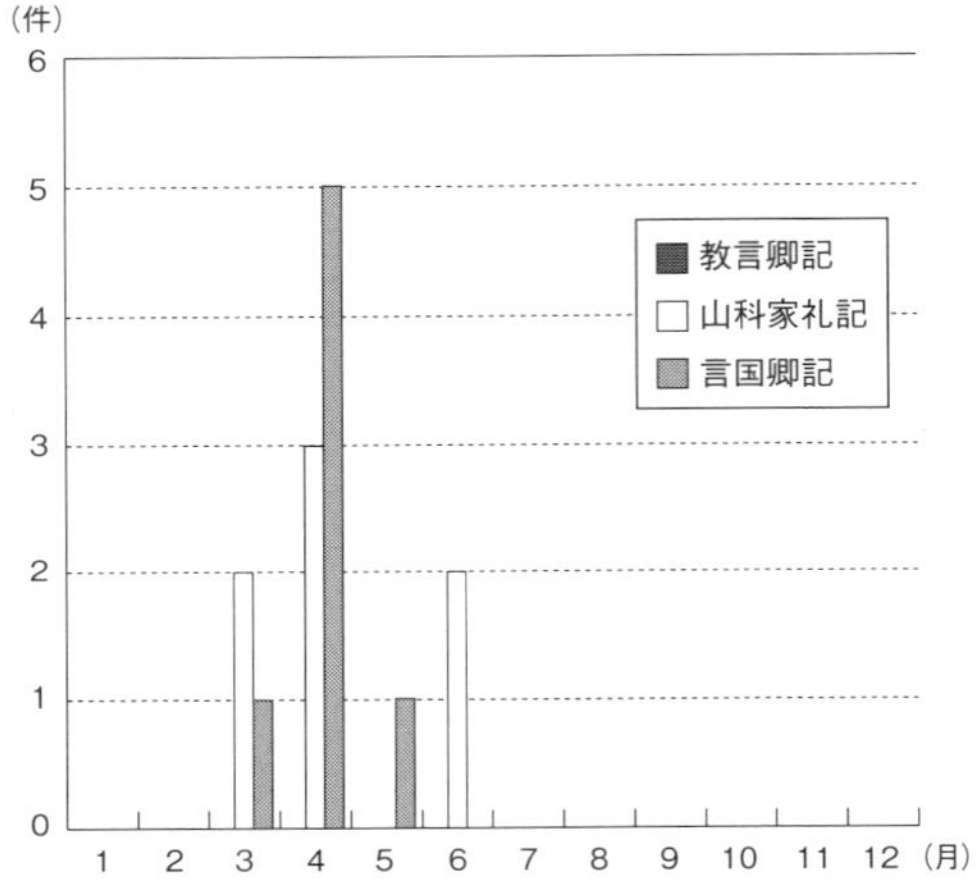

図6　「ふなのしる」の月別記事数（橋本 2015）

述べたように、これは「十二月から二月」の貢納と、「四月から六月」の貢納とに整理できると考える。

最後に、とどめを刺したい。『山科家礼記』延徳四年二月十四日条には、「セイハン鮒二喉被上候、則汁沙汰候、賞翫候也」（セイハンという人がフナを二喉もってきた。すぐに汁にした。おいしかった）とあり、これを換算すると一四九二年三月二十一日となる。また、『言国卿記』明応二年四月十四日条には、「夕飯鮒寄合ヲ兵衛尉興行畢、中酒同之、」（夕飯にフナパーティを兵衛尉がした。お酒もでた）とあり、これを換算すると一四九三年五月八日になる。これもまたグラフにしよう（図6）。これは、議論の余地はない。室町時代の山科家周辺では、グレゴリオ暦三月から六月のフナ属に限ってシルにされており、これは産卵期の抱卵した雌のフナ属を含むとしか考えられない。

以上をまとめると、室地時代の首都京都の山科家周辺では実際に近江産フナ属が消費されており、その消費は他の地域産のフナ属より優位していたと推定される。フナ属の消費のピークは、冬季の貢納を除いて、産卵期にあった。したがって、室町時代の山科家周辺では「フナ属は近江産で、春から初夏にかけての、抱卵した雌がよい」とする旬が成立していた。「子持ちフナの価値付けは中世においては未成立であった」とする春田説は成り立たない、というのが結論である。

では、室町時代の「ふなずし」についてはどうであろうか。また、それはどのような製法のもので、フナ属と同じように旬があり、やはり抱卵した雌の「ふなずし」が好まれていたのであろうか。

三　室町時代の「ふなずし」

「ふなずし」の運搬容器

表2は、室町時代の山科家の日記類に登場する「ふなずし」の記事一覧である。全部で三九件の記事が確認できた。そのうち、三四件が贈答に関わる記事であったが、備考欄に「仮定加工地」を示したように、前稿では、産地の仮定ができた一九件のうち、一六件が近江で加工されたと仮定した。そして、この点から論者は、近江産の「ふなずし」こそが室町時代の首都京都の貴族周辺で最も珍重された「ふなずし」であったと考えたのである。

グレゴリオ暦	行為別分類	当事者１（贈与者）	当事者２（受贈者）	仮定産地	刊本	頁
14720307	贈答	江州宮内卿	大沢久守	近江	山科家礼記２巻	199
14720330	贈答	江州宮内卿	大沢久守	近江	山科家礼記２巻	206
14720512	贈答	御坊大和坊	大沢久守	近江	山科家礼記２巻	217
14720801	贈答	津田宮内卿	大沢久守	近江	山科家礼記２巻	245
14721017	贈答	御坊（真全）	広橋殿・庭田殿・伯民部卿・飛鳥井殿	近江	山科家礼記２巻	275
14770713	贈答	朽木いはかミ中将女	大沢久守	近江	山科家礼記３巻	62
14770719	飲食	彦兵衛	俊蔵主・佐渡守・岩崎・掃部助	山城	山科家礼記３巻	63
14770819	贈答	松井方	山科家	不明	山科家礼記３巻	72
14770820	贈答	大沢久守	飯尾加賀守	近江	山科家礼記３巻	72
14800409	貢納・加工	上町・下町	山科家	近江	山科家礼記３巻	164
14800612	贈答	三位坊	大沢久守	近江	山科家礼記３巻	188
14810609	贈答	一宮	大沢久守	阿波	山科家礼記４巻	29
14860531	贈答	坂田方女中	大沢久守	不明	山科家礼記４巻	97
14860620	贈答	三郎兵衛	大沢久守	山城	山科家礼記４巻	105
14860901	贈答	朽木中将	大沢久守	近江	山科家礼記４巻	126
14880516	貢納・加工	上町	山科家	不明	山科家礼記４巻	169
14880611	贈答	窪田藤兵衛	大沢久守	不明	山科家礼記４巻	176
14880615	贈答	桜井方	大沢久守	不明	山科家礼記４巻	178
14880628	贈答	辻方	大沢久守	美濃	山科家礼記４巻	183
14890611	贈答	鯰江	山科家	近江	山科家礼記５巻	13
14910323	贈答	山科言国	長橋	不明	山科家礼記５巻	87
14910501	贈答	斯波義敏	大沢久守	不明	山科家礼記５巻	99
14910709	飲食	山科家	大沢久守他	不明	山科家礼記５巻	121
14910819	贈答	白川忠富王	大沢久守	不明	山科家礼記５巻	136
14911002	贈答	鯰江	山科家	近江	山科家礼記５巻	158
14920213	贈答	大沢久守	しろかねや	不明	山科家礼記５巻	226
14630811	贈答	あやのかた	大沢久守	不明	山科家礼記１巻	168
14920429	贈答	寺家殿（真全）	大沢久守	近江	山科家礼記５巻	256
14920502	飲食	しやうしち・安祥寺しんかく・伊賀・西山了道	大沢久守	不明	山科家礼記５巻	257
14921017	贈答	桜井方	大沢久守	不明	山科家礼記５巻	311
14921125	贈答	大沢久守	音羽了徳	山城	山科家礼記５巻	325
14950525	贈答	山科言国	高倉家女中	不明	言国卿記５巻	195
14980426	贈答	坂本寺家新中納言	山科家	近江	言国卿記６巻	51
15010215	贈答	坂本執当（真全）	山科言国	近江	言国卿記７巻	13
15010301	贈答・飲食	高倉入道殿（永継）・同女中	山科言国	不明	言国卿記７巻	20
15010701	贈答	津田孫右衛門尉	山科言国	近江	言国卿記７巻	84
15020805	贈答	野洲弾正	禁裏・長橋局・三条西・長橋局	近江	言国卿記８巻	102
15021029	贈答	不明	山科言国	不明	言国卿記８巻	169
15030108	贈答・飲食	薬師寺次郎	山科言国	不明	言国卿記８巻	213

表２　15世紀の山科家の日記類にあらわれる「ふなずし」の記事

史料	年号	月	日	内　容
1	文明４	1	19	一、江州宮内卿樽（たる）壱・氷魚一合・鮒鮨〈ニンニク〉給也
2	文明４	2	12	一、江州宮内卿柳一荷・鮒スシ三・小折一合被持候間、御童子二人よひうとんニて大酒在之
3	文明４	3	25	一、御坊大和坊桶壱・ふなのすし三持来候也
4	文明４	6	18	一、津田宮内卿方よりふなのすしのあらまき五、飯賀州■■明日可上候也
5	文明４	9	6	一、御坊・広橋殿ふなのすし五、庭田殿松茸十本、伯民部卿■■■桶壱被持候、飛鳥井殿へも御礼被参候也、賀州松若飯有汁之
6	文明９	5	24	一、朽木いはかミ中将女方よりふなのすし三給也
7	文明９	5	30	一、彦兵衛ふなのすし・中酒ふるまう、俊蔵主・佐渡守・岩崎・掃部助
8	文明９	7	2	一、松井方ふなのすし三給也
9	文明９	7	3	一、予坂本より御構へ上（中略）飯賀ニ鮒鮨三遣之、うちへもも一つつミ進候也、本所へ酒まいらせ候也
10	文明12	2	20	一、下のまちのふな十二こん、一間二こん宛、上廿三こん、一間ニ二こん宛、高橋も此かす此分とる、今日出之（中略）ふな十すしニさせ候也
11	文明12	4	25	一、予坂本寺家殿参、物忩（そう）之由申之間罷向也、仍大津たる一か三百文・かさめ十はい、寺家殿女中へ茶十袋・栗一籠、宮内卿へ茶十袋、刑部卿へ茶十袋・十疋、弁殿古茶二袋、大和法橋ニ茶五袋、かかニ三袋・扇一本、中納言、三位坊ニ長命丸十丸、寺家ニ廿丸、濱彦次郎ニ茶五袋とらせ候也、寺家殿ニてゆつけ夕飯、刑部卿殿参候、明日朝飯之由也、三位坊ふなのすし五給也、ゆつけ夕飯寺家殿にて
12	文明13	5	3	一、五貫文一宮納、請取行、桶ふなすし十くれ候也
13	文明18	4	19	一、坂田方女中鮒スシ三給之
14	文明18	5	10	一、三郎兵衛上、鮒スシ五持来也
15	文明18	7	24	一、朽木中将殿ふなのすし五給候也
16	長享２	3	26	一、上まちふな廿こん出之、すしにさせ候也
17	長享２	4	22	一、窪田藤兵衛方鮒スシ三給候也
18	長享２	4	26	一、桜井方ふなのすしのあらまき二給候也
19	長享２	5	10	一、今日多芸之御引替銭百貫文納、是へモ辻方柳一荷・白ウリ卅・フナノスシ五持来候也、長橋へ千疋、申次百疋、酒各々ニのませ候也、スシニテ
20	長享３	5	4	一、鯰江ヨリ樽（たる）一・フナノスシ五、又三ハ、中間十疋、人夫五疋今日下候也
21	延徳３	2	4	一、本所より長橋殿桶一・ふなのすしのあらまき一被進候、禁裏被申候也
22	延徳３	3	14	一、武衛参候、鮒スシ三給也
23	延徳３	5	24	一、禁裏退出之後、又イワイトテ餅・酒・コフ・鮒スシ候也、本所御方・若御料人各酒のミ候也
24	延徳３	7	5	一、伯殿フナノスシ十コン給候也、三コン女中へ進候也
25	延徳３	8	20	一、鯰江上候、餅カヘ一袋、フナノスシ二、代五十疋
26	延徳４	1	6	一、衛府太刀つはつめさせ候、しろかねやへふなのすしのあらまき一遣之
27	寛正４	6.5	17	一、あやのかたより、ふなのすし三、又こなたより代二百文やり候
28	延徳４	3	24	一、寺家殿御出候、代三十疋、荒巻一・ふなのすし也、被持候也
29	延徳４	3	27	一、七郷おとな四人上候、しやうしち・〈安祥寺〉しんかく・伊賀・〈西山〉了道是也、ムシ麦・ふなのすしニて酒ニテ帰候也
30	明応元	9	17	一、桜井方荒巻一〈フナノスシ〉、竹阿今夕上候也、
31	明応元	10	26	一、音羽了徳ゑふなすし・こふ・樽（たる）一持来候、礼候也
32	明応４	4	22	一、今日高倉女中へ柳一荷・両種〈鮒ノスシ・コフ〉以文遣之■（分カ）、当年就兵衛大夫不沙汰、不音信之間如此、返事可来之由也、
33	明応７	3	26	一、坂本寺家ヨリ新中納言、先日下為礼被来、杉原一束・短尺〈三十マイ〉・樽一・両種〈アラマキ、フナノスシ三・ハイ八十〉、被持上、則対面之、ヒヤムキ其外色々ニテ、酒ヲス丶ムル也、執当・同侍従ヨリ書状在之、ヤカテ被下畢、
34	明応10	1	18	一、坂本執当ヨリ為恒例樽一・荒巻二〈メスシ・鮒スシ〉送賜畢、使ニ酒ヲノマせ畢、
35	明応10	2	2	一、朝飯ニ高倉入道殿・同女中来臨〔コシ也〕、入道殿一桶、〈山吹ノスシ、アラマキ〉同女中柳一荷・両種〈鱈アラマキ・クシカキ〉被持了、
36	文亀元	6	6	一、江州ヨリ津田孫右衛門尉上トテ、昨日此方へ柳一荷・両種〈フナノスシ十、ヒタイ三マイ〉此方へ持来由之間、昨日ハ留寸之間、只今召、サウメン色々ニテ対面酒ヲノマせ了、色々雑談了、
37	文亀２	6	22	一、今日早々野洲弾正　禁裏御礼参、三郎右衛門尉相具参也、禁裏柳三荷・三色〈ヒ鯛廿一折・ウリ一折・鮒スシ一折〉進上云々、長橋局一荷両種〈ヒタイ・ウリ〉・三条西一荷二色〈同・同〉、長橋局ニテ色々ニテ御酒給之云々、御扇被下祝着由申之、新大典侍殿ニテ酒在之也、目出々々、
38	文亀２	9	19	一、御儀法講依聴聞上洛トテ、此方荒巻一〈フナノスシ〉・鯇二、以使者賜、音信在之、
39	文亀２	11	30	一、薬師子（寺）梅松元服〈次郎卜申〉トテ礼ニ来、太刀〈金〉・柳一荷・両種〈海老一折十五・鮒スシ一折五〉持来、予参　内由申、不見参也、目出々々、然間彼酒各召出ノマせ畢、

本表は、『教言卿記』、『言国卿記』、『山科家礼記』、『康正三年記』から「ふなずし」に関する記事を抜き出したものである。尾下成敏と澁谷一成によって作成された「中世魚介類データベース」（橋本道範編『琵琶湖博物館研究調査報告　二五号　日本中世魚介類消費の研究―一五世紀山科家の日記から―』滋賀県立琵琶湖博物館、2010年所収）より作成した。但し、一部修正しているところがある。

「朽木いはかミ中将」は、西島太郎「室町中・後期における朽木氏の系譜と動向」（『戦国期室町幕府と在地領主』八木書店、2006年）によって近江の朽木氏かどうか不明とされてるが、本論では近江の関係者としてカウントした。

	スシ	生成	献上者	備考
	○		江州速水	武庫御被官
	○		静住坊	御被官
			公方	伏見どのへ
	○		讃岐殿	
	○		貴殿	宝鏡寺とのへ
	○		大蓮坊	
	○		坐禅院	
			佐々木六郎	公方さまへ
			佐々木六郎	御方御所様へ
			佐々木六郎	御私へ
			多賀兵衛四郎	貴殿
		○	伊庭	
		○	（元親ヵ）	御進上
			（伊勢ヵ、元親ヵ）	御進上
		○	伊勢当主	御進上（御方御所ヵ）
	○		横山三郎左衛門尉〈宗延〉	
		○	光泉房	
		○	佐々木田中四郎五郎	
	○		赤松	
	○		細川兵部大輔	
	○		（元親ヵ）	御一献方へ
	○		佐々木田中（貞信）	
			伊勢当主	御進上
			多賀兵衛四郎〈宗至〉	
			佐々木六郎	公方さまへ
			佐々木六郎	御方御所様へ
			佐々木六郎	御私へ
	○		六角〈四郎／高頼〉	御方御所さま
	○		六角〈四郎／高頼〉	上さま
	○		六角	公方様　御方御所様　上様各百〈各入桶ニ〉 御私へ五十〈一桶〉
	○		御被官横山三郎左衛門尉	
			兵庫	
			兵庫	
	○		兵庫	
	○		六角	三御方各百　白河へ五十
	○		兵庫	東山殿
	○		佐々木田中	御私へ（八朔）「朽木いはかミ中将」は、 西島太郎「室町中・後期における朽木氏の 系譜と動向」

表３　『親元日記』にみえるフナ属と「ふなずし」

史料	旧暦			グレゴリオ暦年			献上品
	年	月	日	年	月	日	
1	寛正６	5	4	1465	6	6	鮒鮨荒巻十
2	寛正６	7	28	1465	8	28	鮒鮨一折
3	文明５	12	28	1474	1	25	鮒十
4	文明９	4	26	1477	6	16	鮒鮨一折〈廿〉
5	文明９	4	26	1477	6	16	ふなのすし廿
6	文明９	5	5	1477	6	24	鮒鮨
7	文明９	6	2	1477	7	21	鮒鮓廿
8	文明 13	1	13	1481	2	20	初鮒廿
9	文明 13	1	13	1481	2	20	鮒廿
10	文明 13	1	13	1481	2	20	鮒十
11	文明 13	1	13	1481	2	20	鮒十
12	文明 13	1	27	1481	3	6	鮒生成十
13	文明 13	1	27	1481	3	6	生成
14	文明 13	2	9	1481	3	18	鮒十
15	文明 13	2	27	1481	4	5	鮒生成一折
16	文明 13	4	18	1481	5	25	鮒鮓荒巻十
17	文明 13	4	18	1481	5	25	生成廿
18	文明 13	4	22	1481	5	29	鮒生成卅
19	文明 13	4	25	1481	6	1	鮒鮓廿
20	文明 13	4	25	1481	6	1	鮒鮓十
21	文明 13	4	25	1481	6	1	鮒鮓五十
22	文明 13	7	28	1481	9	1	鮒鮓〈廿〉
23	文明 13	12	1	1481	12	30	鮒一折〈十〉
24	文明 15	1	12	1483	2	28	鮒十
25	文明 15	1	12	1483	2	28	鮒廿
26	文明 15	1	12	1483	2	28	鮒廿
27	文明 15	1	12	1483	2	28	鮒十
28	文明 15	1	21	1483	3	9	鮒鮓荒巻十
29	文明 15	1	21	1483	3	9	ふなのすし荒巻十
30	文明 15	4	19	1483	6	3	鮒鮓
31	文明 15	4	24	1483	6	8	鮒鮓十
32	文明 17	3	9	1485	4	3	鮒十
33	文明 17	3.5	9	1485	5	2	鮒一折
34	文明 17	3.5	25	1485	5	18	鮒鮓一折
35	文明 17	5	2	1485	6	23	鮒鮓
36	文明 17	6	1	1485	7	21	鮒鮓一折
37	文明 17	8	1	1485	9	18	鮒鮓

本表は、『親元日記』のなかからフナ属と「ふなずし」に関する記事を抜き出したものである。

参考とするため、「生成」の記事も加えた。

本表作成にあたって、盛本昌広『贈答と宴会の中世』（吉川弘文館、2008 年）表７「『親元日記』にみる近江産の魚の献上」を参照した。

分析のために、グレゴリオ暦換算した年月日も記載した。

換算は、「換暦」http://maechan.net/kanreki/（まえちゃんねっと製作）を用いた。

一方、表3は、幕府政所代蜷川親元の日記、『親元日記』に登場するフナ属及び「ふなずし」の記事一覧である。親元は、政所執事伊勢貞親及び貞宗の代官で、[26]日記には将軍に披露された進上物が記されている。[27]これにより、「ふなずし」一九件と「鮒生成」三件の記事が確認できた。なお、単に「生成」とあるものも参考として表に加えてある。これらのうち、七件（表3—史料1、22、28～30、35、37）は近江産と仮定してよいものである。

では、これらの日記類に登場する「ふなずし」（恐らく室町時代の人々は「ふなのすし」と呼んでいたであろう）はどういった製法の「ふなずし」であったのであろうか。そのヒントとして本論が注目したいのは、「ふなずし」の運搬容器である。実は、今回分析の対象とした史料のなかには、荒巻（以下、「あらまき」で統一する）、折、桶が登場する。

表2—史料4、18、21、26、30、33、34、35、38はいずれも「あらまき」での運搬を示す史料である。また、表3—史料1、15、29も「あらまき」での運搬を示す。「あらまき」とは、『日本国語大辞典　第二版』によれば、「主として魚を、あし、わら、竹の皮などで巻いたもの」のことである。櫻井も触れているように『日葡辞書』に記載があり、[28]「物を藁で巻いたり、包んだりする仕方。また、そのような包みそのもの、すなわち、藁苞」とある。『日記類』で運搬容器が確認できる一三件中九件が、『親元日記』では七件中三件が「あらまき」とあることから、室町時代の「ふなずし」は「あらまき」で運搬されることが一般的であった。

また、「折」で運搬された事例も五件見られる。表2—史料37、39は「折」の史料である。また、

表3では、史料2、4、14が「折」で進上されている。「折」とは「折櫃」のことで、「薄い板で作った容器」のことである（『日本国語大辞典　第二版』）。「折」については盛本昌広が詳細な分析を加え、贈答先の身分によって折のサイズが使い分けられていたことなどが明らかにされている。[29] 表3―史料4によれば、「一折〈廿〉」とあり、折のサイズを検討する上で参考となる。

一方、それらに対して表2―史料12に「桶ふなすし」が登場する。また、表3―30でも近江守護六角氏よりの「鮒鮓」が「桶」で進上されている。[30] ここで注目したいのは、「桶」の事例がこの二件しかなく、しかも、わざわざ「桶ふなすし」と記述されている点である。これは、桶で漬けられた「ふなずし」と理解できるが、桶での飯漬けはまだ例外的であったのではないだろうか。

桶には、剥物（丸太材を刳り抜いたもの）、曲物（ヒノキなど針葉樹を薄く剥いだ板を丸めてサクラの樹皮などで綴じたもの）、結物（短冊状の板（榑板）を並べて箍で締めることによって固定したもの）の三種がある。[31] このうち、結物については、宋代より大陸に存在したものであるが、考古資料の分析によれば、十一世紀・平安時代にまず北部九州で利用された結物が、瀬戸内以東で受容されるのは十三世紀から十四世紀・鎌倉時代～南北朝時代で、十五世紀・室町時代には関東甲信越地方まで普及したという。[32]『山科家礼記』文明十二年（一四八〇）五月十日条に「ゆいおけゆい」が登場することなどから、十五世紀・室町時代には首都京都でも生産されていたことは確実である。[33] 毛塚真理は、『福富草子』の貧乏な福富家の情景のなかに結桶が描きこまれていることなどから、十五世紀・室町時代の洛中では結桶が一般庶民の日常生活用具として広く普及し、極貧の家庭で所持しても不思議ではなかったと述べている。[34] 論者はこの毛塚の理解を支持したい。とすれば、表2—史料12の「桶ふなすし」の「桶」も、表3—30の「桶」も曲物の桶ではなく、結桶と考えるのが妥当であろう。[35]

よく知られているように、『今昔物語集』巻第三十一第三十二「人、酒に酔ひたる販婦《ひさめ》の所行《しわざ》を見し語」には、アユのスシが登場する。そのスシが入れられていたのは「桶」であった。これにより、十二世紀初め・平安時代に、アユのスシが「桶」で漬け込まれていた可能性が高いことが推測される。しかし、「桶」に関する研究史から考えて、これは曲物の桶としか考えられない。[36] 曲物は結桶と違って器壁が薄い。[37] したがって、重石を載せて数ケ月以上の長期にわたり飯漬けするという「滋賀県の現在のふなずし」の製法は無理である、と現時点では判断する。一方、「曲物桶に比較して結桶樽は、強度、機密性、耐久性などの点で格段にすぐれており、大きさの点でも相当な大きさまで製作が可能である」。[38] したがって、結桶であれば、重石を載せて圧力をかけ続けることもできる。曲物の桶で発酵させる段階とは異質の技術的段階と捉えることができよう。しかしながら、結桶による「ふなずし」の飯漬けは、十五世紀・室町時代にはまだ珍しかった、と判断したい。

では、結桶が普及する以前には、どのように飯漬けが行われていたのであろうか。この問題を考える上で重要となってくるのが、「あらまき」での運搬という事実をどう理解するかということなのである。論者はこの点から二つの可能性しか思い浮かばない。

①カメなどの土器ないしは結物・曲物などの桶で漬けられた「ふなずし」を「あらまき」で運搬した。

②「あらまき」で飯漬けしてそのまま運搬した。

「ふなずし」は「折」でも運搬されているが、「折」は蓋をつけたとしても密閉して飯漬けすることは難しいと考えるし、「あらまき」もまた重石をして飯漬けすることはできないと考えるのが自然であろう。したがって、「折」でも「あらまき」でも飯漬けはできないだろうという論者の常識からすれば、②の可能性はないと考えていた。ところが、盛本昌広は「荒巻の中に飯と鮒を漬け込んで鮓にすることも行われていた」と述べている。[39] そうした視点から史料を見直すと、江戸時代・寛永二十年（一六四三）刊行とされる『料理物語』にアユの「一夜ずし」が紹介されており、それは無塩のアユに塩飯を抱かせ、藁などのツトで包んで火であぶったものであるという。[40] そうなると「あらまき」で飯漬けされた可能性も一概には排除できなくなる。「あらまき」で「ふなずし」を長期間保存し、遠方から運搬したとは考えにくい。とすれば、「一夜ずし」と同様に、藁などに包み、極めて短期間発酵しただけでそのまま贈答、貢納された可能性も捨て去ることができないのである。

奈良時代においては土器で飯漬けされて運搬され、[41] 江戸時代においては結桶で飯漬けされて運搬される「ふなずし」が、[42] なぜ室町時代に限って「あらまき」で運搬されたのか。この答えはまだ見えないが、いずれにせよ、甕など土器による飯漬けから結桶による飯漬への転換までの過渡期的形態が存在し、室町時代においては結桶による飯漬けはまだ少数であり、重石を置いて結桶で漬け込む「滋賀県の現在のふなずし」の製法は未確立であったと推定しておきたい。[43]

「ふなずし」に旬はあるか

では、その上で、室町時代にはいつの季節に「ふなずし」の飯漬けが行われたのであろうか。すでに櫻井が指摘するように、(44)『日記類』には、漬け込み時期が判明する記事が二件のみ残されている。原文は表2に掲載しているので、現代語訳を掲載したい。

【史料8：表2—10】『山科家礼記』文明十二年二月二十日条

一つ、下町（六角町）のフナ十二喉（匹）、一軒二喉ずつ、上町（今宮町）二三喉、一軒二喉ずつ献上した。山科家の家来の高橋もこの数をこの分だけ取得した。今日これを献上した。（中略）フナ十を「スシ」にさせた。

【史料9：表2—16】『山科家礼記』長享二年三月二十六日条

一つ、上町（今町）がフナを二十喉献上した。「すし」にさせた。

史料8はグレゴリオ暦一四八〇年四月九日、史料九は一四八八年五月十六日に相当する。いずれもフナ属の産卵期である。漁獲されて程ない無塩もしくは塩蔵のフナ属が粟津供御人等によって六角町まで届けられ、或は、今町供御人等によって今町まで届けられ、(45)山科家に貢納されて、そのまま飯漬けされたと解釈したい。

では、冬季には飯漬けはなかったといえるであろうか。すでに述べたように冬期もフナ属の貢納期

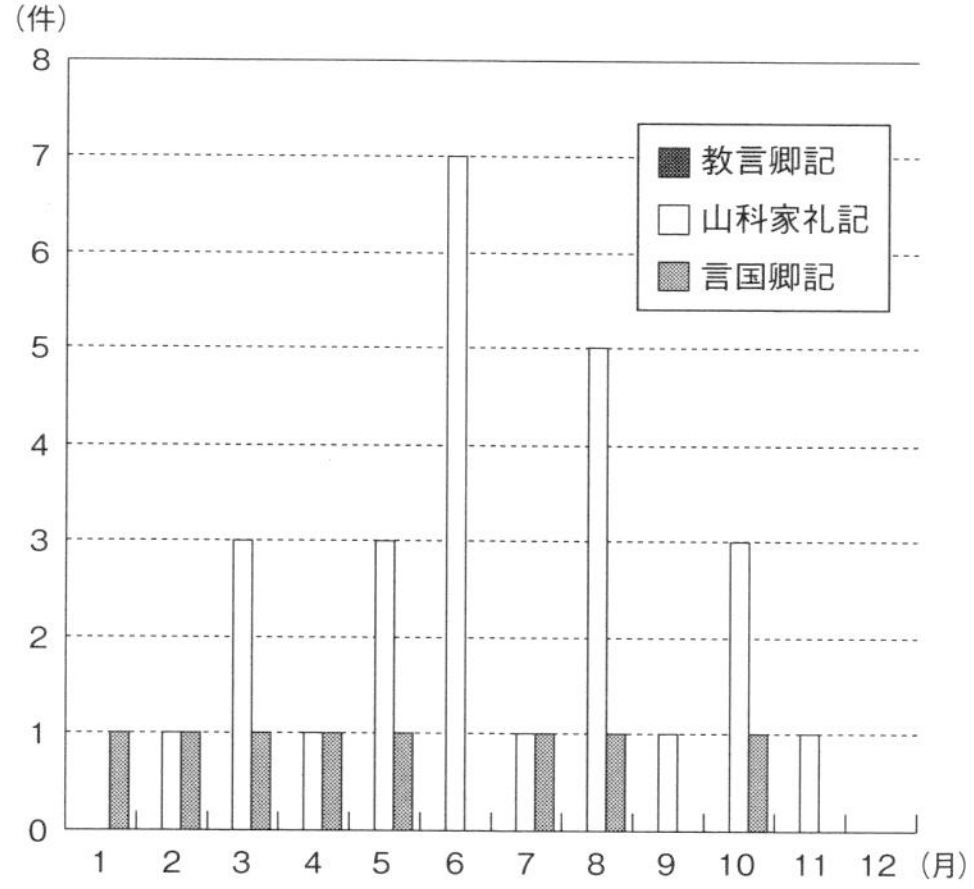

図7　「ふなずし」の月別贈答記事数（橋本 2015）

である。史料がないからといって飯漬けが行われなかったとはいえない。ここで本論が注目したいのは、『親元日記』に登場する「鮒生成」と「生成」である。

表3によって「生成」が献上された時期を見ると、旧暦では一月が二件、二月が一件、四月が二件となる。これをグレゴリオ暦に換算すると三月が二件、四月が一件、五月が二件となる。「生成」の発酵期間をどの程度に想定するべきか課題は残すものの、極めて短期の漬け込みであるといってよいだろう。とすれば、これらのフナ属を寒鮒と評価することに躊躇を覚える。「生成」もやはり、産卵期の抱卵したフナ属を漬けたものと結論づけるしかないであろう。

以上、限られた史料から飯漬けが産卵期に行われたことを見てきた。もちろん、前稿で触れたとおり、フナ属の貢納期は、産卵期と冬季であるので、産卵期に「スシにする」記事が登場するのは当然ともいえる。これだけでは他の季節に飯漬けが行われなかったとはいえない。しかも、これはあくまで首都京都の天皇家・山科家周辺や将軍家周辺の事例であり、民衆世界の事例ではない。しかし、他の季節には貢納が行われないのであり、少なくとも首都京都の山科家周辺、室町将軍家周辺では「ふなずし」の飯漬けは産卵期に行われていたと結論づけてもよいと考える。

一方、消費の季節についてはどうであろうか。これについては『日記類』によって前稿で指摘したように（図7）、年間を通じてほぼまんべんなく贈答が行われている一方で、グレゴリオ暦の六月と八月に贈答のピークが確認できた。そこで、この点を『親元日記』で確認してみたい。但し、『親元日記』の記事には、親元個人への贈答の記事も含まれるが、政所代であるが故の親元への贈答であり、広義の貢納の記事と理解している。

表3によれば、「ふなずし」は一九件確認できる。旧暦では一月が二件、閏三月が一件、四月が八件、五月が三件、六月が二件、七月が二件、八月が一件と、極めて偏りがある。特に、四月が突出していることが特徴である。なお、八月の記事は、八朔における贈答の記事である。

では、これをグレゴリオ暦に換算するとどうであろうか。その結果、三月が二件、五月が二件、そして六月が十件、七月が二件、八月が一件、九月が二件であった。驚くべきことにやはり六月が突出しているのである。これにより室町将軍家周辺では、グレゴリオ暦五月と六月に「ふなずし」消費のピークがあったと結論付けたい。山科家周辺の事例と併せて考えるのであれば、室町時代には「ふなずし」の旬があったのである。

では、なぜ山科家周辺でも室町将軍家周辺でも、グレゴリオ暦六月に消費のピークが来るのであろうか。この謎にいま直ちに答えることは難しい。ただ、本論の（一）室町時代・十五世紀の「ふなずし」は一般的に「あらまき」で運搬されており、飯漬けが結桶で行われることはまだ少数であった（したがって重石を載せ長期間にわたって発酵させる方法はとれない技術的段階であった）、（二）室町時代には「ふなずし」の飯漬けは産卵期に行われるのが一般的であった、という二つの推論を前提とすれば、室町時代の「ふなずし」の多くは、飯漬け期間が極めて短く、漁獲した産卵期に漬け込んで、その産卵期の間に消費されたと考えるのが最も蓋然性が高いのではないだろうか。

むすびに代えて—現代も多様な「ふなずし」

以上、本論において、室町時代の貴族、内蔵頭兼御厨子所別当山科家の日記類と幕府政所代蜷川親元の日記に現れる「ふなずし」の運搬容器に注目して分析した結果、どうやら室町時代には結桶で飯漬けするのはまだ少数である可能性がでてきた。「滋賀県の現在のふなずし」は、結桶の普及によってはじめて可能となるものであり、少なくとも、結桶が普及する以前の「ふなずし」の製法を「滋賀県の現在のふなずし」の製法と同一視することはできない。

また、日記類に現れる「ふなずし」の飯漬けも「生成」の将軍家への貢納も産卵期になされていることから、飯漬けが産卵期にもなされたことは確実である。贈答は年間を通してみられるものの、いずれもグレゴリオ暦で六月にそのピークがあることから、産卵期のフナ属が飯漬けされて短期間で食べられた可能性が高い。室町時代における首都京都の貴族社会、武家社会では、「フナ属は近江産で、春から初夏にかけての、抱卵した雌がよい」というフナ属の旬に対応した「ふなずし」の旬が成立していたと考える。江戸時代における「ふなずし」の季語は夏であり、これは荒唐無稽な説ではないと考えている。とすれば、一匹丸ごと夏に重石を載せてぐいぐいと飯漬けする「滋賀県の現在のふなずし」の製法は、室町時代に萌芽的に存在したかもしれないが、江戸時代以降に確立されたものではないであろうか。これが本論の結論である。

では、こうした結桶普及直前の室町時代的「ふなずし」の製法は駆逐され、まったく影も形も残されていないといえるであろうか。結桶を利用しないフナ属の飯漬けの事例はまだ確認していないが、論者は次の指摘に注目している。本論にとってとても重要なので、全文を引用する。

【史料10】フナずし（近江）（傍線は橋本）

室町時代に錦織源五郎という人が、琵琶湖の漁猟の元締めで、毎朝大きいフナを京都御所へ献上したことから、源五郎鮒という名がでたという。その時代は判然としないが『本朝食鑑《ほんちょうしょくかん》』という元禄年間（一六八八～一七〇四）に出た本の巻之七に「以江州琵琶湖之鮒為第一」と書いている。このフナずしも「なれずし」の進展していった一種のものである。

さてその製り方はフナを布巾に包んで、俎板の上にのせ、庖丁で叩いて両面のウロコを取る。つぎに頭部を切りさって、腹をひらいて腸を除く。このとき肝をつぶさぬように注意する。肝をつぶすと、そのくさみが全体にしみこんで、くさすぎる。これこそ食べてまずいので、肝をつぶすことになる。それから水洗いをして、水気をよく拭きとって今度は三枚におろして腹骨をとる。さらに皮目の方を下向きにして、薄刃の庖丁で皮に達するまで一分おきぐらいに切込みを入れる。このとき皮を切り放さぬようにする。これを俗にフナの骨きりという。こうしないと魚の小骨が多くていけない。これができると片身を五切ずつぐらいに切って、水三六〇mℓ（二合）、塩同量、調味料三・七五g（一匁）、酢一八〇mℓ（一合）をまぜた中に浸して、一時間半ほど置く。

この間に御飯をたく。五尾のフナ三・七五kg（一貫目）ぐらいですしを作るには、米は三・六ℓ（二升）たけばよい。まだ飯の温かいうちに、鮓桶に飯と前の深鉢の中のフナとを、代るがわる漬ける。このとき一番下と、各層の間へ竹の皮をしいて塩を薄くまいておくと、あげるときに形が崩れないので便利である。こうして漬け終ったならば、上から押しぶたをして、一貫目ぐらいの重石をしておく。夏ならば三日目ぐらいが美味しい。

フナは三〇cm（一尺）のがなければ、適宜でよい。御飯にはとくに酢をふりまぜないが、時日が経過するにしたがって、自然と酸味が醱酵して美味しくなる。

このフナは源五郎鮒と一般にいっているが、土地の人はニゴロとかイオという。三七五g（一〇〇匁）以内の小型のものは、ガンゾというものだという。それでは、これ等は源五郎鮒と同一種かときいても、サーといって、はっきりしたことはいわない。同一種類といわない方がよさそうだ。ガンゾは土用中に漬けておくと、正月ごろには骨まで軟らかくなり、よく馴れて食べられる。七五〇g（二〇〇匁）から一・一二五kg（三〇〇匁）ぐらいの大物になると、本当の味は丸二年漬けないと、うまくないといわれている。長く漬けても、さしつかえないので十年間ぐらい塩切したものを、食べても味に変化はないのが、フナずしの馴れ鮓の特徴とされている。「塩切」というのは、うろこを取り、あごを取って、そこから針金を腹に入れてワタを抜いて、その腹の中へ塩をできるだけ詰め込んで、鮓桶に塩と魚を交互に漬けて押しをする。魚三・七五kg（一貫目）に対してだいたい塩が、一・八七五kg（五〇〇匁）ぐらいが適当。この漬ける期間は、十日から一ケ月でも十分だという人と、一年ぐらいの方が、よく締まっておいしいという人と、いろいろある。これは長くおいてもさしつかえない。

「本漬」という漬方もある。これは、塩漬を水につけて塩出しをする。一五分から二時間ぐらい、この加減に呼吸がいる。長ければ塩気が少なくなるから早く漬かる。一五分ぐらいだとその逆になる。笊に上げて水を切っておく。鮓桶に飯を敷きフナを並べる。その上に飯、これをくりかえして最上部に竹の皮を敷く。藁の帯を巻いて堅く蓋をはめて、重石をのせる。飯はこわ目炊き、フナと米の分量は初めに記したぐらい。飯の量の多い方がよい。一日たったら桶に張り水をする。飯は塩味の方がよい。七月、土用中がよいとされている。

これは、宮尾しげお『すし物語』の一節である。[46] 驚くべきことに、近江の「ふなずし」の製法として、頭部を切り取る、三枚におろす、片身を切るという製法がまず紹介され、三日目ぐらいが美味しいとされているのである。「滋賀県の現在のふなずし」の製法と考えてよい「本漬」は、その他扱いである。しかも、注意したいのは、この本の初出がなんと一九六〇年であることである。東京の方とはいえ、研究者が書いているこの文章を軽く受け流してしまってよいだろうか。

こうした視点から、二〇〇一年の『滋賀の食文化財』を読み直してみると、例えば小島朝子は、草津市志那町のコブナのなれずしを紹介しているが、その季節は、塩切りは十二月、飯漬けは四月二十日頃で、取り出しが五月三日であった。僅か十三日程度の飯漬けである。[47] これは消費日（祭礼の日）から逆算した計画的な飯漬けである。こうしたコブナの「ふなずし」については、高島市今津町出身の橋本鉄男も、寸足らずの小鮒のナマナレを食べた体験を紹介しているが、これも「春先に漬けて一週間ほどで食べるもの」であった。[48] これらはコブナの事例ではあるが、短期間の飯漬けの「ふなずし」も現存しているのである。もしかすると「フナズシとは頭から尾まで一匹丸ごと漬けられるものだという現在の常識から自由になって」調査してみると、[49] 実はいろんな製法の「ふなずし」が現在も存在しているのではないだろうか。

以上、室町時代の「ふなずし」を検討した本論から、「滋賀県の現在のふなずし」はスシの最も古い形態をそのまま伝えたのではなく、恐らく江戸時代以降に琵琶湖地域で独特に展開した多様な「ふなずし」の形態の一つであったとの見通しが得られたが、ここからいえることは、発酵を自由に、自在にコントロールした琵琶湖地域の人々のフナズシ文化の多様性である。そうした多様な文化を地域博物館として県民の皆さんと一緒に調査することを次の課題とし、稿を終えたい。

（付記）

本論は琵琶湖博物館の篠原徹氏との議論の中から生まれたものです。琵琶湖博物館総合研究「前近代を中心とした琵琶湖周辺地域における自然および自然観の通時的変遷に関する研究」（研究代表者橋本道範）及び科学研究費補助金基盤研究（Ｂ）「琵琶湖地域を対象とした地域環境史モデルの構築」（研究代表者橋本道範）の資金を利用して作成しました。また、旧稿の誤りを今田知花氏、ＮＨＫの吉岡大輔氏よりご指摘いただき、原稿の作成に当たっては、夏原浩子氏、下高理恵氏、坂井麻紀氏、森みさと氏の補助をいただきました。

（１）櫻井信也「江戸時代における近江国の「ふなずし」（補遺）」『栗東歴史民俗博物館紀要』二〇、二〇一四年

（２）ちなみに、百科事典では、『日本大百科全書　20　第二版』（小学館、一九九四年）が「（前略）フナの腹わたを抜き、独特の塩漬けにしたものを別の桶に塩と酒粕を敷き、その上に飯と酒粕、またその上にフナの腹に飯、頭に酒粕を詰めて並べる。その上に飯と酒粕、またその上にフナを置くというぐあいに数段重ね、焼酎をふりかけて重石をかけ自然発酵させる（後略）」とする。

（３）後述するように、琵琶湖には三種のフナが生息しており、本論においては、これらを総称して「フ

ナ属」とする。

（4）高橋静子「湖西」、文化財保護課編『滋賀県選択無形民俗文化財記録作成　滋賀の食文化財（湖魚のなれずし、湖魚の佃煮、日野菜漬、丁稚羊羹、アメノイオ御飯）』滋賀県教育委員会、二〇〇一年

（5）日比野光敏「近江のフナズシの「原初性」—わが国におけるナレズシのプロトタイプをめぐって—」『国立民族学博物館研究報告』一八—一、一九九三年

（6）篠田統『すしの本』岩波書店、二〇〇二年（初出は一九七〇年）

（7）石毛直道・ケネス・ラドル『魚醤とナレズシの研究』岩波書店、一九九〇年

（8）前掲（5）日比野光敏「近江のフナズシの「原初性」」

（9）日比野光敏『すしの貌—時代が求めた味の革命—』大巧社、一九九七年

（10）日比野光敏『すしの歴史を訪ねる』（岩波書店、一九九九年）も参照。

（11）櫻井信也「日本古代の鮨（鮓）」（『續日本紀研究』三三九、二〇〇二年

（12）アユのスシについては、櫻井信也「日本古代の鮎の鮨（鮓）」『續日本紀研究』四〇八、二〇一四年において再び論じられているが、本論においては捨象する。

（13）櫻井信也「江戸時代における近江国の「ふなずし」」『栗東歴史民俗博物館紀要』一八、二〇一二年。同「室町時代から織豊時代の鮨（鮓）」『栗東歴史民俗博物館紀要』一九、二〇一三年。同「江戸時代における近江国の「ふなずし」（補遺）」（前掲（1））

（14）なお、櫻井は、漬け床とする飯を食するのかどうかという問題にも触れているが、本論では捨象し

た。また、玄米が用いられた場合があることを述べている。

(15)「紅葉鮒」については、齊藤慶一「近世における紅葉鮒」『野洲市歴史民俗博物館研究紀要』一七、二〇一三年、佐野静代「琵琶湖の自然環境からみた中世堅田の漁撈活動」『史林』九六—五、二〇一三年を参照。

(16)「初鮒」はグレゴリオ暦ではおおよそ三月頃となるので、これを寒鮒(論者の聞き取りでは二月まで)と位置付けるかどうかについて論者はいまだ保留しているが、いまの時点では寒鮒とはせず、産卵期直前として一括してよいと考えた。

(17)なお、実は篠田も、『実隆卿記』、『お湯殿の上日記』の記事から「当時フナずしの漬け込みは今日のように夏の土用ではなく、むしろ寒中が主で、場合によれば時を選ばなかったのだろうか」と述べていた(前掲(6)二〇二頁)。

(18)この点については、本書櫻井論文参照。

(19)また、彦根藩から十一月に「紅葉鮒鮓」が献上され、大溝藩から正月に「春鮒」が献上されていることをもって、フナズシの漬け込みが極めて短期であったことが指摘された。但し、膳所藩から八月に「紅葉鮒鮨」が献上されている事例も紹介されており、さらなる検討が必要であろう。

(20)橋本道範「年中行事と生業の構造—琵琶湖のフナ属の生態を基軸として—」。同「一五世紀における魚類の首都消費と漁撈—琵琶湖のフナ属の旬をめぐって—」『日本中世の環境と村落』思文閣出版、二〇一五年(前者の初出は二〇一三年)

（21）Mikumi Takada, Biogeography and evolution of the *Carassius auratus*-complex in East Asia, BMC Evolutionary Biology 2010, 10: 7. この文献については琵琶湖博物館の大塚泰介氏のご教示により知り、近藤志津子氏に翻訳いただいた。

（22）この点については、中坊徹次氏のご教示を得た。なお、この点に関する文献としては、大塚泰介編『ニゴローの大冒険―フナから見た田んぼの生き物のにぎわい―』滋賀県立琵琶湖博物館、二〇一二年が分かりやすい。

（23）橋本道範編『琵琶湖博物館研究調査報告　第25号　日本中世魚介類消費の研究―一五世紀山科家の日記から―』滋賀県立琵琶湖博物館、二〇一〇年

（24）下坂守「坂本の「寺家御坊」と山科家」『中世寺院社会の研究』思文閣出版、二〇〇一年（初出は一九九五年）

（25）グレゴリオ暦への換算にあたっては、インターネット上のページ「換暦」（http://maechan.net/kanreki/）：まえちゃんねっと制作）を利用した。

（26）親元については、設楽薫「応仁の乱勃発前後における蜷川親元の動向」『日本歴史』五四二、一九九三年を参照。

（27）春田直紀「モノからみた一五世紀の社会」『日本史研究』五四六、二〇〇八年など。

（28）前掲（13）櫻井信也「室町時代から織豊時代の鮨（鮓）」

（29）盛本昌広「室町期における食品の贈答と容器」『民具マンスリー』四一―六、二〇〇八年

（30）進上が一桶で「五十」なされており、室町時代の桶のサイズ、「ふなずし」のサイズを今後検討していく基準史料となるであろう。
（31）鈴木康之「桶・樽の発展と中世社会」『戦国時代の考古学』高志書院、二〇〇三年
（32）鈴木正貴「出土遺物からみた結物」『桶と樽―脇役の日本史―』法政大学出版局、二〇〇〇年
（33）毛塚万里「描かれた桶樽、記された桶樽」『桶と樽―脇役の日本史―』法政大学出版会、二〇〇〇年
（34）前掲（33）毛塚万里「描かれた桶樽、記された桶樽」
（35）前稿でも触れたとおり、贈答者一宮は阿波の一宮であるので、密閉性の高い結桶に入れて運搬して贈答されたということは、阿波産の「ふなずし」であった蓋然性が少し高くなるであろう。
（36）「桶」に関する研究史については、鈴木康之「桶・樽の発展と中世社会」『戦国時代の考古学』高志書院、二〇〇三年を参照されたい。
（37）河野通明「結桶前夜―縦板補強曲物の史的位置―」『経済貿易研究』研究所年報二二、一九九六年
（38）小泉和子「桶・樽」『講座・日本技術の社会史　第七巻　建築』日本評論社、一九八三年
（39）前掲（29）盛本昌広「室町期における食品の贈答と容器」。盛本氏のご教示によれば、史料の表現から類推したとのことである。
（40）日比野光敏「発酵ズシの形態変遷―さまざまな変容結末―」『民具マンスリー』二七―六、一九九四年など。

(41) 日比野光敏「日本のすしのルーツ」『月刊考古学ジャーナル』四〇九、一九九六年
(42) 前掲（13）櫻井信也「江戸時代における近江国の「ふなずし」」
(43) ここで、甕など土器から結桶への転換がなぜ起こったのか、甕など土器による飯漬けと結桶による飯漬けとどこが異なるのかなど課題は多いが、今後の課題としておきたい。
(44) 前掲（11）櫻井信也「日本古代の鮨（鮓）」
(45) 今町供御人等については、さしあたり西山剛「今町供御人の特質と図像―初期洛中洛外図の魚棚描写をめぐって―」『歴史研究の最前線　Vol.8　史料の新しい可能性をさぐる』（総研大　日本歴史研究専攻・国立歴史民俗博物館、二〇〇七年参照。
(46) 宮尾しげを『すし物語』講談社、二〇一四年（初出は一九六〇年）
(47) なお、小島によれば、コブナは、かつては平湖という内湖の四月と十月の池浚いで漁獲したという。この点について志那町誌編纂委員会編『志那町誌』（志那町町内会、二〇一五年）は、塩切りした「がんぞう」（一〇cmから二〇cm程度のコブナのこと）を飯漬けして一週間程度で食べられるとしている。
(48) 橋本鉄男『琵琶湖の民俗誌』文化出版局、一九八四年
(49) 前掲（20）橋本道範「一五世紀における魚類の首都消費と漁撈」

幸津川すし切り神事

祭りのなかのふなずし

　滋賀県の湖南地方には、ナレズシにしたフナを神前で切り分けて神饌とする、ユニークな「すし切り」儀礼を伝える村がある。ここで取りあげる守山市幸津川《さづかわ》地区の場合、すし切りの舞台となるのは、五月五日の下新川《しもにいかわ》神社の春の例大祭である。

　幸津川のすし切りでは、神前に正座した袴姿の若者二人が、直接手で触れることなく、まな板の上のふなずしを巧みに切り分けていく。この日のために研ぎに出された大型の包丁を、背後に大きく振りかぶる独特の儀礼的所作は、五月晴れの空によく映えて美しい。

　ところで今日の滋賀県のふなずし事情からすれば、五月という時期は、ふなずしを消費する季節として異例に映るかもしれない。逆にいえば、祭りにおけるふなずしの姿をみることは、ふなずしをめぐる食文化の多様さを考えるヒントにもなる。

すし切りの歴史と現在

　祭礼の当番である「渡し番」は、一番から六番まである組が一年交替で務める。ふなずし作りを含む祭りの準備一切を担当するのはこの渡し番である。大型の子持ちニゴロブナの調達は容易なことではなく、現在では前年から専門の漁師さんに頼むようになっている。

　すし切りでは各十尾のフナをまな板に並べ、このうち三尾を決まった順で切り分けていく。事前の稽古はビワの葉で代用するが、直前に

表１　渡シ番による淡水魚消費（文政12年六番組）

日　付	費　目	支出先	金　額
３月４日	大八ツ代	小右衛門	677文
３月４日	がんぞ代	小右衛門	25文
３月４日	大三ツ代	儀右衛門	253文
３月４日	大廿代	彦左衛門	１貫700文
３月４日	中魚廿代	彦左衛門	850文
３月24日	もろこ弐百拾代	佐太郎	220文
３月26日	ゑび弐升余代	弥助	250文
３月29日	海老小升三升位	弥助	150文
４月１日	諸子百五拾	佐太郎	310文
４月３日	海老弐升	彦左衛門	100文
４月４日	かんそ三拾四・弐拾九代	彦左衛門	143文
４月４日	海老壱升五合	弥助	100文

はやはり本物が必要だ。組の集まりの酒の肴にもふなずしは欠かせない。二〇一六年の渡し番でも計三〇尾以上が準備された。

歴史的には、フナはどう調達されてきたのであろうか。すし切りに関する近世期の文書はあまり知られてこなかったが、幸いなことに筆者は最近、近世後期の入用帳をみる機会を得た。六番組で引き継がれてきた、渡し番の年の買い物の記録である。

当時の祭日は旧暦四月五日で、その一ケ月前から記帳が始まっている。目をひくのは神饌や酒の肴に用いられる淡水魚の豊富さである。試しに文政十二年（一八二九）の魚類の購入記録を抜き出してみよう（表１）。

フナ消費の季節と環境

購入された魚類の消費形態はすぐに想像が

つく。幸津川では祭りの酒の肴として、えびの塩茹で・大豆の塩茹で・漬け物の三点セット（通称「三種」）が振る舞われる。断続的に購入された海老は、この「三種」用のスジエビである。

あるいは四月一日付の「諸子」には、「是ハ夜宮ノ御とぎ肴ニ当テ」の付記がある。現在でもホンモロコの煮物を重箱に詰めたものが用意される（これは非常に美味しい）。四月四日付のガンゾは、宵宮の接待で出される味噌汁の材料である（この味の評価は分かれる）。

ガンゾやモロコが具体的な魚名で記載されているのに対して、フナのことは単に「大」「中」とか「魚」とある。「魚」といえばフナを意味したわけである。ここですこし気になるのは、三月四日付で一斉購入されている「大」のフナの入手方法である。

湖岸に面した幸津川には「三十三川」と通称される複雑な水環境があった。ただ文政十二年の三月四日（新暦四月初め）といえば、まだフナにとっては、産卵を控えて接岸する段階である。水田や用水路に大挙遡上してくるには、旧暦五月の田植えの時期を待たなくてはならない。

漁獲のピークにはまだ早いこの季節に、型の良いフナを多数揃えることは、けっして簡単ではなかったであろう。具体的な調達ルートは明らかではないが、幸津川の祭りの準備は、この（時期的には）貴重なフナを買い集めるところから始まったようである。

塩切りのフナの意味

さらに注目されるのは、当時の幸津川のす

⑤　胴部を 90°左回転させ、手前側に裏返す

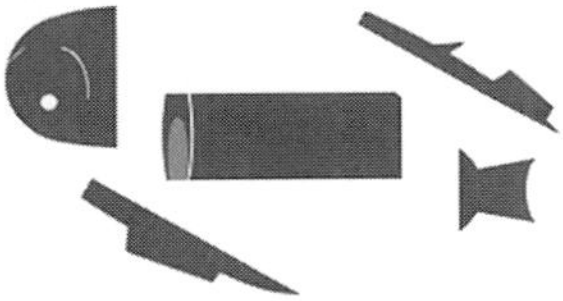

⑥　頭部を手前に裏返し、元の位置に戻す

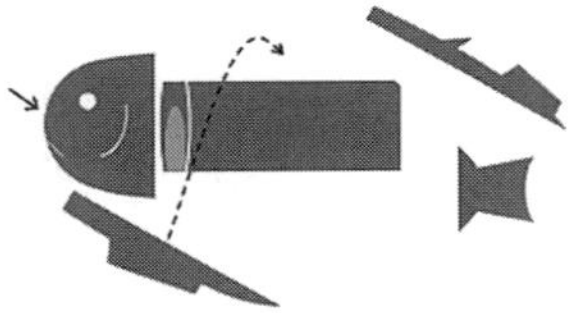

⑦　背側、腹側、尾部の順に裏返し、元の位置に戻す

⑧　再び各部を引き離し、中央を３等分する

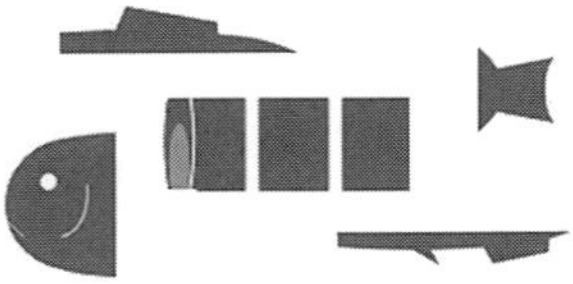

写真は、練習時のふなずしとビワの葉の配置（2016 年５月２日撮影）。
すし切りの開始前のため、ふなずしの向きは図とは一致しない。

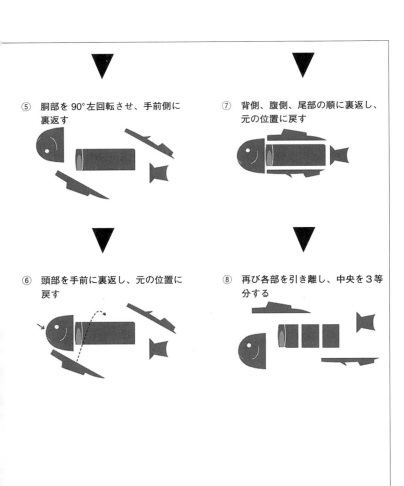

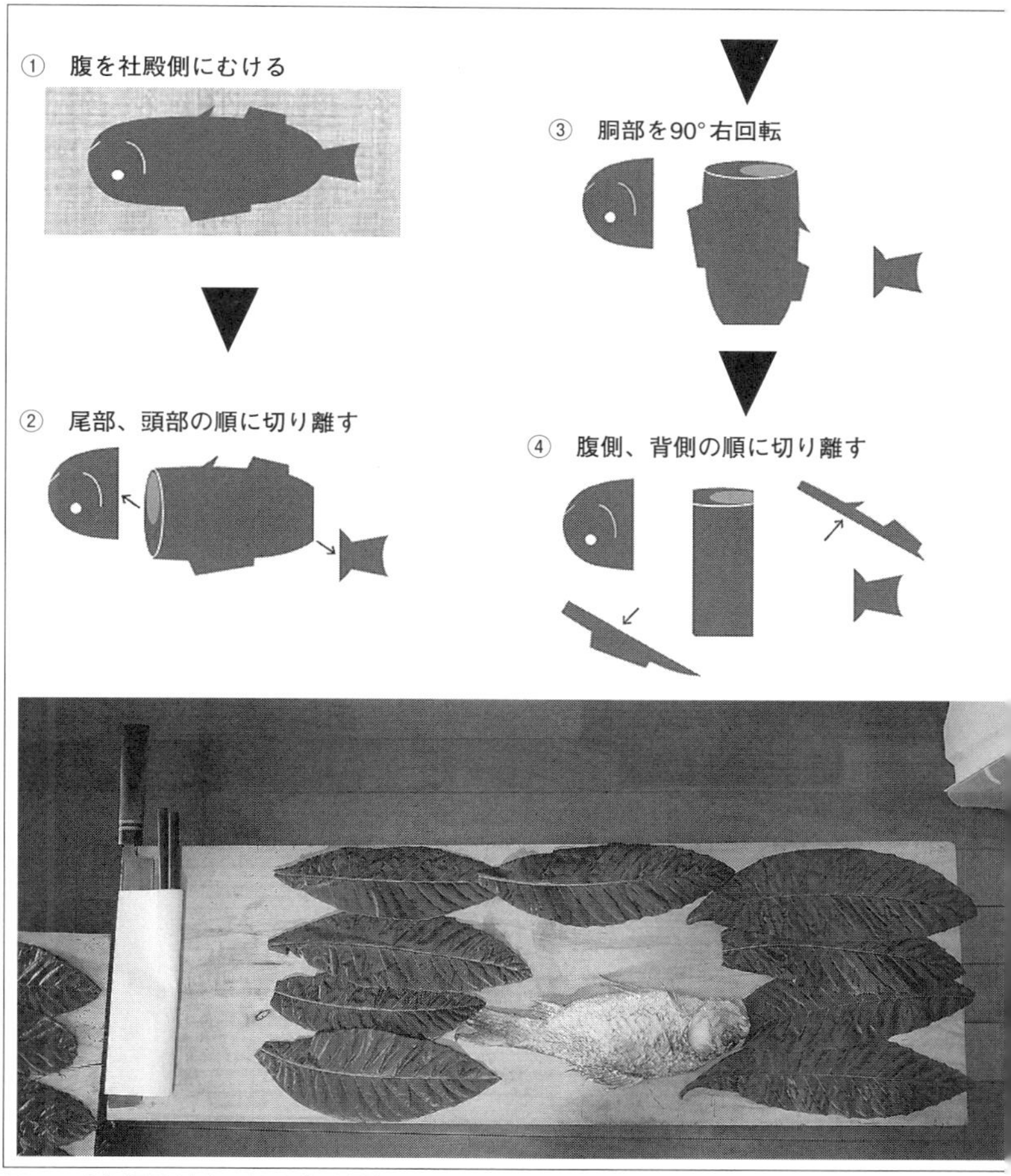

図1　すし切り神事の切り分け過程

2016 年 4 ～ 5 月調査により筆者作成。下新川神社のすし切り神事のうち、1 匹目の切断箇所を模式的に示す。①～⑧の段階は便宜的に付したものである。なお実際には④⑤⑥の背側・腹側の部位は、まな板の長辺に垂直に置かれる。

し切りのフナはふなずしではなかったことである。文政十二年の記録には、初めに「是より諸入用付、御神事四月五日、三拾壱日前ニ魚買調」とあるが、これによると漬け込み期間はわずか一ケ月にすぎないのである。

この六年後の天保六年の記録をみても、最初の支出は三月五日付の「大魚」や塩の購入である。しかもその冒頭には「すし魚之覚、三月五日塩切始ル」とある。近世後期のすし切りの材料は、あきらかに短期間の塩切り（塩漬け）状態のフナであった。

じつは今の幸津川でも、すし切りのフナが塩切りであったことを記憶している人がいる。戦後の話だが、「自分ら青年団の時分は塩漬けで、食べられへんだな、生臭うて」などという（中島慶一さん談（昭和八年生まれ））。遅くとも近世後期から昭和戦後期までは、一貫して塩漬けであったとみてよい。

処理期間の短さや、さきに述べた漁獲時期の季節的な早さを加味して考えると、この時期の幸津川のすし切りは、いわゆる「初物」の献饌という性格を帯びていたのではないか。また今日ではふなずし作りの行程の一段階にすぎないと思われがちな塩切りのフナも、前近代においてはある程度独立して意味をもった可能性がある。

いずれにしても、眠っているすし切り資料の掘り起しは始まったばかりである。すし切り儀礼がたどってきた歩みの全貌も、そもそも塩切りのフナのことを当時から「すし」と呼んでいる理由も、まだ定かではない。すし切りの歴史を紐解いていけば、フナとすしのますます多様な関係がみえてくるに違いない。

（渡部　圭一）

江戸時代の「ふなずし」

櫻井　信也

はじめに

滋賀県の名産に掲げられる「ふなずし」[1]は、鮒を米飯に漬けて乳酸発酵をさせた熟れ鮨（鮓）であり、従来は、これが日本列島における古代以来の鮨（鮓）[2]の製法を伝えるものであると説明されてきた[3]。そして、この理解に基づいて、古代以来の熟れ鮨（鮓）は、時代の変遷と共に発酵期間が短縮されて漬け床の米飯も食する「生成」となり、さらには、発酵に依らずに酢を用いて酸味を加える早鮨（早鮓）へと繋がるという鮨（鮓）の歴史的変遷の大枠が篠田統の研究[4]により組み立てられたところである。

このような理解については、別稿[5]で批判を加えているところであるが、現在の滋賀県の「ふなずし」を古代の熟れ鮨（鮓）の姿を伝えるものとする見解については、先に日比野光敏[6]が検討を加え、その製法は原初的とはいえず、「寒の内」に漬けるという江戸時代の製法とも異なるものであり、「むしろ高度に完成された調理技術として改善された結果」であると結論付けている。日比野の主張するように、時代の推移と共に嗜好の変化、或いは流通や消費の状況などにより、製法が改められることに異論はないが、その論証には問題がある。

すなわち、日比野光敏による日本列島の古代の鮨（鮓）の製法の理解は、中国大陸の北魏時代、六世紀に成立した農書である賈思勰『斉民要術』の「魚鮓」の製法によるものであり、日本古代の史料による検討はほとんどなされておらず、これに対しては、すでに日本古代の史料に基づいて批判を加えたところである。[7]また、江戸時代の製法についても、元禄二年（一六八九）に刊行された料理書である無名子『合類日用料理抄』の「江州鮒の鮨」の製法に依拠するものであり、近江国内の諸大名から将軍家への「時献上」にみえる「鮒鮓」についても、同書の記述を前提として、飯に漬ける時季を「寒の内」であると理解しているのである。

現在の滋賀県の「ふなずし」は、春に捕獲した鮒を塩漬けにして、夏に改めて飯に漬けるという方法が一般的で、ニゴロブナを用いるのが良品とされるが、[8]江戸時代に「ふなずし」を「寒の内」に漬けていたことは、足立勇「近世日本食物史」[9]が『合類日用料理抄』とほぼ同文の『当流節用料理大全』（正徳四年〈一七一四〉刊）により説明しており、篠田統は、現在の「ふなずし」が夏の土用に漬けることを説明するなかで、『当流節用料理大全』に「寒の内に漬申候」とあることを指摘し、また、これとは別に『合類日用料理指南抄』（『合類日用料理抄』の別書名）[10]を引用しているが、詳しい論及はしていない。日比野がこれに着目して、再検討を加えようとしたことについては評価できるが、料理書の記載だけではなく、ほかの史料にも目を配り検討を加えることが必要であろう。

小論では、これまではほとんど注意を向けられてこなかった公家の日記や誹諧書などの料理書以外の史料にみえる「ふなずし」に関わる記載を取り上げることにより、江戸時代の「ふなずし」の実態について考えることとしたい。[11]

一　鮒の時季

江戸時代には、多くの料理書が刊行されており、[12]このなかには「ふなずし」の製法を記すものがある。よく知られているものは、先に掲げた無名子により元禄二年（一六八九）に著された『合類日用料理抄』である。この『合類日用料理抄』巻四、魚類鮓之部、[13]「江州鮒の鮨」には、「寒《かん》の内ニ漬申候」とあり、二十四節気の小寒と大寒の時季である「寒の内」に黒米（玄米）の飯に漬けるとするのである。同書の記載は、具体的な製法を記していることで、「ふなずし」を論じる際に取り上げられてきたわけであるが、製造の時季に関していえば、延宝二年（一六七四）に刊行された『江戸料理集』と同一板木を用いている『古今料理集』[14]に以下のようにある。

【史料1】『古今料理集』巻之四、四季献立。[15]

四季の料理の事

春三月

（中略）

○鮓の分　▲ふな子持　▲たい切つけ　▲さけ同　▲おほこ　▲小あゆ　▲子篭　▲粕つけ等

（中略）

夏三月

（中略）
○すしの分　▲あゆ　▲おほこ　▲小あし　▲さしさは　▲たい　▲飯すし
（中略）
秋三月
（中略）
○すしの分　▲あゆ　▲ふな　▲さけ　▲たい　▲かすつけたくひ
（中略）
冬三月
（中略）
○すしの分　▲ふな　▲さけ　▲切つけ　▲いせゑひ　▲たい切つけ　▲かすつけたくひ

このように、同書では、「ふな」の鮨（鮓）を料理する時季、すなわち、鮨（鮓）として漬ける時季は、春、秋、冬であるとしている。これが鮨（鮓）を食する時季ではなく、鮨（鮓）を製する時季を記していることは、春の三ケ月に「小あゆ」とあるものが、夏と秋の三ケ月に「あゆ」とあり、冬には記されていないことからも明らかである。なお、日比野光敏[16]は、この記載を「早ずしの材料（取り合せ）」であるとするが、同書にそのような記載はみられない。

すなわち、『古今料理集』では、『合類日用料理抄』が「寒の内」とする冬だけでなく、春と秋も「ふな」の鮨（鮓）を料理する時季であるとしているのである。同書と同じ板木を用いた『江戸料理集』が、『合類日用料理抄』（『合類日用料理指南抄』）とともに、すでに『校註料理大鑑』のうちの一冊として翻刻出版されており[17]、新出の史料というわけではないが、『合類日用料理抄』の記載が具体的であることから、多くの料理書のなかで、同書のみが注目されてきたということなのであろう。

これを踏まえて鮒の時季についてみてみると、まず、元禄十年（一六九七）に刊行された人見必大『本朝食鑑』巻之七、鱗部之一、鮒[18]によれば、秋の後から冬の初にかけて、霜林紅染の時季には、肉厚で子が多く、美味であるとして、これを紅葉鮒と名付けるとする。そして、江州琵琶湖産の鮒が第一であり、信州諏訪湖の鮒もこれに近いとしている。享和三年（一八〇三）から文化三年（一八〇六）にかけて刊行された小野蘭山『本草綱目啓蒙』巻之四十、鱗之三[19]は、鯽魚は「近江鮒ヲ上品」とし、秋冬に捕るものを「モミヂブナ」と称するとしている。いずれも、近江国、或いは琵琶湖産の鮒を良品としているのである。

そこで、近江国の鮒についてもう少し詳しくみてみると、寛文九年（一六六九）に刊行された奥村久正『料理食道記』十六、国々の名物[20]には、近江の鮒をあげて、三月に多く出るとあり、黒川道祐『日次紀事』[21]は、延宝四年（一六七六）の林鵞峰の序があり、京を中心とする年中行事の解説書であるが、正月から三月までが近江鯽魚を賞翫する時季であるとしている。また、享保十五年（一七三〇）の嘯夕軒宗堅『料理綱目調味抄』第四巻、分類魚之部[22]には、鮒は、京では冬には小倉辺りのものを用いるが、春には湖のものが良く、衆類は多いが、秋には「もみぢ鮒」と云うとする。享保十九年（一七四三）に刊行された菊岡沾凉の『本朝世事談綺』飲食部[23]は、源五郎鮒について、近江の産であり、初鮒は正月の末から捕り、三月の末に盛んとなり、四月の夏に入るころに多く捕るとする。
さらに、年代は降るが、文化三年（一八〇六）序の小林義兄『湖魚考』上[24]には、真鮒は「二月末のつかた梅の花の散過る頃陽気の夜雨にさそハれて沖より川之汀に寄て泥水をのミて子をうまんとす、二月の末、三四月乃比まで味甚よく五月迄子あり」とあり、文化十二年（一八一五）の藤居重啓撰『湖中産物図証』第一上[25]の「モミヂ鮒」では、「上秋ヨリ出ル、鯽魚ノ肉肥ヘ血気内ニ満盛ナル、鮮魚、漁者ノ手ニ入テ後其血鱗ノ次間ヘ溢レ出見ハレ紅色斑雑シテ美ハシ、時ニ秋ナリ、其美色樹間ノ紅葉ヲ遠望スルカ如シ、故ニモミチノ雅称アリ、寒中ニ至リテ更ニ佳ナリトス」としている。安政戊午（安政五年〈一八五八〉）序の奥野純撰『湖魚譜』[26]は、鯽について、「自二首春一至二胎子充実一（中略）及二五六月一胎鮇散尽、則脂味従二減大一不レ如二前時之好一也、秋秒有レ称二紅葉鯽一（中略）多肥大者脆美倍」としている。春の初めより胎卵は充実するが、五、六月には産卵し、秋の紅葉鯽は、やわらかく美味であるというのである。

現在の琵琶湖に棲息する鮒（コイ科フナ属）には、ギンブナ、ニゴロブナ、ゲンゴロウブナの三種がある[27]。それぞれが棲息場所を異にするが、ギンブナが内湖や内湾にみられるのに対し、ニゴロブナは琵琶湖の底層近く、ゲンゴロウブナは表層ないし中層にあり、この二種は四月から七月の産卵期には琵琶湖岸の浅所や内湖に入り産卵する。江戸時代においても、ニゴロブナとゲンゴロウブナの区別はみられ、黒川道祐『日次紀事』や同『雍州府志』[28]（貞享三年〈一六八六〉刊記）には、源五郎は膾、煮古呂は鮓に用いるとしている。ただし、近江国の名産として源五郎鮒の名が拡まると、「ふなずし」

にも源五郎鮒を用いると理解されるようになる。

これらから推察されることは、『古今料理集』の「鮓の分（すしの分）」のなかで、春に「ふな子持」とあるのは、産卵前の卵を孕んだ鮒であり、秋と冬の「ふな」は、脂肪が増えた「脂の乗った」鮒なのであり、これらが好まれたことを意味するもので、その時季にこれらを鮨（鮓）に漬けているということである。『湖魚譜』によれば、五、六月の産卵後は味が減じるということであるが、そのような鮒は鮨（鮓）にはしないということであり、また、『古今料理集』の「すしの分」は夏に「ふな」を記さないが、産卵前の「子持」であれば、夏に鮨（鮓）に漬けたことも考えられるであろう。橋本道範は、十五世紀において、産卵期に「ふなずし」が漬け込まれていたことを明らかにしている。(29)

ここで、実際に鮒を食した時季を知るために、山科言経の『言経卿記』(30)から、鮒の記載をみてみることにする。これらの多くは贈答に関わる記載であるが、到来物を自ら消費することなく、同日もしくは翌日に他所への進物に回していると考えられる場合があり、これは一回として数えている。また、到来した鮒を鮒汁に調理している場合は、「鮒（汁）」と表記した（表一）。これによれば、鮒とあるもののほかは、その料理として、鮒汁、鮒膾（鮒ナマス）、鮒鮓（鮒之鮓、鮒スシ）があげられるのであるが、鮒鮓を除く、鮒、鮒汁、鮒膾の記載は、正月から六月にあり、そのなかでも三月と四月が多いということである。そして、これらとは別に十一月と十二月にも記載がみられるのである。なお、鮒鮓については、四月から七月、及び閏九月と十一月にみえている。すなわち、『言経卿記』から判明する鮒の賞翫の時季は、先にみた春から初夏の「子持」鮒、及び秋から冬の「紅葉鮒」にほぼ合致

表一　『言経卿記』にみえる鮒（鯽）の時季（丸数字は回数。空欄月は記載の無い月）

	正月	二月	三月	四月	五月	六月	七月	八月	九月	十月	十一月	十二月	閏月
天正四年										（部分）	（部分）		
天正七年			（部分）	（部分）			（欠）	（欠）	（欠）	（欠）	（欠）	（欠）	
天正十年	鮒①		鮒④				（後欠）	（部分）			（欠）	（欠）	
天正十一年	（欠）	（欠）	（欠）	（欠）	（欠）	（欠）	（欠）				（後欠）	（欠）	正月（欠）
天正十二年	（欠）	（欠）	（欠）	（欠）	（欠）	（欠）	（欠）	（欠）	（欠）				
天正十三年			（後欠）	（欠）	（欠）	（部分）	（部分）	（部分）	（部分）	（部分）	（欠）	（欠）	八月（部分）
天正十四年	小鮒①	（部分）	（部分）				鮓①						
天正十五年													
天正十六年	小鮒①			鮒①								小鮒①	五月
天正十七年						鮒①							
天正十八年						鮓①							
天正十九年	鮒①												正月
文禄元年		鮒①	鮒①	鮓①							中鮒① 小鮒①		
文禄二年			鮒②							鮓①			九月 鮓①
文禄三年					鮒①		鮓①						
文禄四年						鮓①	鮓①						

	正月	二月	三月	四月	五月	六月	七月	八月	九月	十月	十一月	十二月	閏月
慶長元年				鮒①		汁① 鱠① 鮓①							七月
慶長二年			鮒（汁）①	鮒①	鮓①		鮓①						
慶長三年			鮒② 汁③ 鱠①	鮒① 鮓②								鮒①	
慶長四年				鮓①	鮒①	（後欠）							三月
慶長五年			鮒① 汁①	鮒①								（後欠）	
慶長六年		（後欠）	（部分）	汁① 鮒（鱠カ）①						（後欠）			十一月
慶長七年								（後欠）	（欠）	（欠）			
慶長八年			（後欠）	汁①									
慶長九年				鮒①			（後欠）						八月
慶長十年				鮒（汁）①									
慶長十一年				鮒①									
慶長十二年				（後欠）			（後欠）			（後欠）	（欠）	（欠）	四月（部分）
慶長十三年	（欠）	（欠）	（欠）	（欠）	（前欠）	（後欠）	（欠）	（部分）	（欠）	（欠）	（欠）	（欠）	

するといえるのである。

二　製造の時季

先にみたように、鮒が好まれる時季に鮒の鮨（鮓）も作られていることが判明するのであるが、実際に、「ふなずし」を製造した時季が判明する記載をみてみよう。十五世紀後半の事例として、『山科家礼記』文明十二年（一四八〇）二月廿日条[31]や長享二年（一四八八）三月廿六日条[32]が確認できる早い例であるが、江戸時代直前、十六世紀末のものとして以下の史料がある。

【史料2】『北野社家日記』文禄四年（一五九五）三月廿四日条[33]

（上略）今日、鮒すしする也、

さらに、西洞院時慶の日記である『時慶記』[34]には、「鮒鮓申付」という表現がみえる。これは、鮒鮓を漬けることを命じたということである。以下にこれらを掲げてみよう。

【史料3】西洞院時慶『時慶記』慶長七年（一六〇二）四月十四日条[35]。

一鮒鮓申付候、四十二、

【史料4】西洞院時慶『時慶記』慶長八年（一六〇三）四月二日条[36]

一鮒鮓又申付候、

【史料5】西洞院時慶『時慶記』慶長九年（一六〇四）五月二日条[37]

一鮒ノ鮓卅〻〔四〕五申付候、

【史料6】西洞院時慶『時慶記』慶長十年（一六〇五）二月廿九日条[38]

一鮒看得、鮓申付候、

【史料7】西洞院時慶『時慶記』慶長十四年（一六〇九）五月廿四日条[39]

一鯽感得メ鮓申付候、

なお、このうちの史料7の「感得」とは、「思いがけず手に入れること」[40]であり、史料6の「看得」は、その宛字であろう。これらによれば、年に一度、二月から五月の間に「鮒鮓」を漬けていることがわかるのである。これは、『合類日用料理抄』が「寒の内」とするのとは、時季が大いに異なるということになる。『時慶記』には、鮒（鯽）は、鮒鮓のほかに、鮒汁や焼鮒、鮒膾として食されていることがみえるが、調理の文言が無く、「鮒」とみえるものも併せて掲げると表のようになる（表二）。

なお、これらのうち、文禄二年（一五九三）六月については、以下のようである。

【史料8】西洞院時慶『時慶記』文禄二年（一五九三）六月十九日条[41]

（上略）沙弥カヽ江州ヨリ上テ土産鮓・久喜ヲ献候、

このように、近江国の土産の鮓とあり、鮨（鮓）の種類を記してはいないが、鮒の鮨（鮓）と考えて大過ないと思われるので、ここに含めている。

これによれば、正月から六月ごろまでが鮒を食する時季であり、なかでも、二月と三月が多いことがわかる。また、鮒鮓は、二月から五月に漬けられているということである。なお、鮒鮓が食されて

表二 『時慶記』にみえる鮒（鯽）と製造の時期（丸数字は回数。空欄月は記載の無い月）

	正月	二月	三月	四月	五月	六月	七月	八月	九月	十月	十一月	十二月	閏月
天正十五年		汁②				鮓①	（後欠）	（欠）					
天正十九年	（前欠）	鮒① 汁①			（後欠）				（後欠）	（欠）	（欠）	（欠）	正月
文禄二年	鮓①		鯽③ 膾①		鮓①	鮓①							九月
慶長五年		鯽③	鯽④ 鮓②		鮓①		鮓①		鮓①				
慶長七年	鯽①	鮒①		**鮓申付**	**鮓口開** 鮓①								
慶長八年			鮒①	鮒① **鮓申付**									
慶長九年		汁①			**鮓申付**								八月
慶長十年		鮒① **鮓申付**	焼①	汁① 鮓①	汁①								
慶長十四年					鯽① **鮓申付**	鮒① 鮒（汁）①	鮓①						

いるのは、正月、三月から七月、及び九月である。

　これらにみえる鮒については、それぞれが何処で捕獲されたものであるかは明らかではないが、近江国内、おそらく琵琶湖産と考えられる鮒がもたらされていたことがわかる記載がある。


【史料9】山科言経『言経卿記』天正十年（一五八二）三月十一日条[42]

　一大津者鮒五、持来了、

【史料10】西洞院時慶『時慶記』慶長十年（一六〇五）二月廿七日条[43]

　一大津へ人足遣、鮒取ニ遣、鴛鴦遣候、

　このうち、史料10は、鮒を得るために大津へ人足を遣わしたということであるが、これは、先にみた史料6に「鮒看得、鮓申付候」とある二日前の記載にあたる。つまり、西洞院時慶は、鮒鮓を漬けるにあたり、その材料となる鮒を近江国大津まで取りに行かせているということであり、京内における「ふなずし」の製造に近江国内、琵琶湖産の鮒が用いられていることが判明する事例として興味深いものがある。

　このような『時慶記』にみえる二月から五月に漬けられる「ふなずし」には、先に『古今料理集』でみたように、「子持」の鮒が好まれて用いられたものと推察される。元禄九年（一六九六）刊行の遠藤元閑『茶湯献立指南』巻之四[44]、「十月廿三日之朝口切献立」には、「一鯽《フナ》の鮓子籠《スシコゴモリ》を上とす切重ね皿にもるべし」とあり、茶湯の献立に「子籠」、すなわち「子持」の「ふなずし」があり、これが良品とされていることがわかる。年代は降るが、近江国蒲生郡寺村の角信筆の日記[45]には、文化十二年

（一八一五）五月二十一日に「二十一日制㆓鮒鮓ヲ㆒」とあり、「ふなずし」を漬けたことが記されている。

また、「紅葉鮒」については、正保二年（一六四五）に刊行された松江重頼『毛吹草』巻第四[46]に近江国の名物として「源五郎鯽」の「鮨」をあげるほかに、「舟木大溝紅葉鮒《フナキオホミゾノモミヂブナ》　同骨抜鮓《ホネヌキノスシ》」とある。これについては、寛文九年（一六六九）の奥村久正『料理食道記』十七、鮨の分に、「近江骨抜鮒鮨《ふなのすし》」とあるものにあたるであろう。

さらに、近江国滋賀郡の尾花川や堅田からは、大津代官の命により、江戸の御本丸御台所に進上するための「御鮓魚御用」として、正月下旬もしくは二月初に鮒が大津に届けられている。以下に掲げてみよう。

【史料11】寅二月一日「覚[47]」

覚

一鮒百枚

右、是者上様へ上り候御鮓魚御用に候、右之分取候而大津へ相届け、谷口六兵衛に相渡可レ被レ申候、油断有間敷候、以上、

寅二月一日　堀　藤兵衛（印）

四　了　味（印）

尾花川あみ衆

【史料12】卯二月四日「覚[48]」

覚
一鮒五拾枚
〆
右是は、上様へ上り候御鮓魚之御用に候、右分取候て大津へ相届け、谷口六兵衛に相渡し可
レ被レ申候、由断有間敷候、以上、
卯二月四日　　堀　藤兵衛（印）
　　　　　　　向　了　味（印）
堅田東立庭
猟師

【史料13】酉正月廿一日「覚」(49)

覚
一鮒七拾枚
右是は、上様へ上り候御すし魚之御用に候、右之分取候て大津へ相届、谷口六兵衛に相渡可
レ被レ申候、ゆたん有ましく候、恐々謹云、
酉
正月廿一日　　堀　藤兵衛（印）
堅田東立庭
猟師中

まず、史料11について、伊賀敏郎編『滋賀県漁業史』上（概説）[50]は、「堀藤兵衛とあるのは当時の大津町奉行小野宗左衛門の下にあつた代官で寛永元年から寛永十七年迄代官を務めてゐたらしいから此の文書はその間の寅年即ち寛永三年か又は同十五年のものと推定せられる」としているが、小野宗左衛門は大津町奉行ではなく、大津代官であり[51]、堀藤兵衛は配下の一人ではないかと考えられる。史料12についても「堀藤兵衛」の名があるが、上記の見解に従うならば、「卯年」は寛永四年（一六二七）もしくは寛永十六年（一六三九）ということになる。また、史料11の「四了味」と史料12の「向了味」とは同じ人物なのであろうが、いずれかの翻刻もしくは植字の誤りかと思われる。史料13についても、「酉年」ということから寛永十年（一六三三）ということになる。これらからすれば、「御鮓魚之御用」の鮒は、正月下旬から二月初にかけて大津に届けられていることになる。

これらの「御鮓魚之御用」に関わるものとして、元禄三年（一六九〇）四月に堅田村猟師から小野半之助に宛てた鮓鮒の運上願[52]には、「自二前々一　御本丸御台所え毎年御鮒鮓為二御用一鮒百五十枚、又は年により百三拾枚差上け来候処、五年以前寅ノ春例年之通御鮓御江戸え上り申候へは、向後者先無用に可レ仕旨御勘定所より被二仰下一候間」とあり、同年十一月十六日「取替せ申一札之事」[53]には、「此上御運上被レ為二仰付一候はば前々より差上来り申候初鮒、員数之通割付上納可レ仕筈に申合候」とある。

つまり、これらから推測されることは、尾花川や堅田から進上される鮒は、初鮒であり、毎年の初物を献上するという儀礼に基づくものであることがわかるのである。

また、江戸時代の大名武鑑に記される「時献上」をみても、「鮒鮓」を献上しているのは、近江国の彦根の井伊家、膳所の本多家、大溝の分部家、仁正寺の市橋家のほかは、山城国淀の稲葉家と信濃国高島の諏訪家のみであり、その時季は、井伊家が四月と十一月、本多家が四月と六月、分部家が正月、市橋家が三四月もしくは四五月、稲葉家と諏訪家が共に三月であるが、分部家からの正月の献上は「春鮒鮨」、井伊家からの十一月の献上は「紅葉鮒鮓」とある。[54]これらの「時献上」の時季は、同じく、春から夏にかけての鮒が産卵を終える前の「子持」の時季と、「紅葉鮒」の時季にあたるということになる。

このように、江戸時代の前期においては、春から初夏にかけての「子持」の鮒や、秋から冬にかけての「紅葉鮒」が「ふなずし」に用いられていたことがわかるのである。ここで注意をしておかなければならないのは、現在の滋賀県の「ふなずし」の「飯漬け」は気温の高い夏季、それも夏の土用前後の真夏に行われているが、これに比べると、いずれも気温が低い時季にあたるということである。

三　発酵の期間

先にみたように、「ふなずし」が食されている時季は、『時慶記』では、正月と三月から七月、及び九月であり、『言経卿記』によれば、四月から七月、及び閏九月と十一月ということになるが、「ふなずし」が漬けられる発酵の期間についてみてみよう。最初に取り上げるのは、誹諧書の季詞である。

【史料14】松江重頼『毛吹草』巻第二、誹諧四季之詞

四月

（中略）

鮒鮓なまなりハ春ニ用之　飯鮓すしと斗も

【史料15】溝口竹亭『をだまき』四季之詞(51)

夏、四月

（中略）

鮓《スシ》いひすしすゝめすしふなすし生なれハ春也

ここにみえる「なまなり」「生なれ」は「鮒鮓の生成」の意であり、別稿(56)で論じているところであるが、いずれも、「鮒鮓（ふなすし）」を始めとする鮓（すし）の季節を夏四月としていることにまず注意したい。また、「飯鮓」は、江戸時代には、西本願寺や東本願寺から藤の花の時季、実際には三月から四月に禁裏院中へ献上されているほか、夏季に食されていることがわかる。(57)

【史料16】松江重頼『毛吹草追加』下(58)

一夏之発句

（中略）

江州へまかりし時湖水の舟にてはしめてあひしれる人をもとめ酒なとたうへけるに所の景物なりとて鮒のすしをてうしけれは是を題にて云捨をし侍る、

まれ人になるゝ肴や鮒のすし

ここでは、近江国に赴いた時に琵琶湖の舟で初めて逢った人物と飲食を共にしたところ、その所の景物、つまり、この時節の近江国の料理として、「鮒のすし」を調えたことから、即興で「まれ人になる、肴や鮒のすし」と詠んだというのである。同書の刊行は正保四年（一六四七）であるが、近江国の名物である「鮒のすし」は、夏の景物とされていたことがわかる。

【史料17】田中千梅『篗纑輪』上、巻之二、四月(59)

一鮒鮓　活法ノ書ニ生熟《ナマナレ》ハ春也ト記セリ是生《ナマ》熟トコトハラストモ鮒鮓ハ勿論春也、諸国鮒有トイヘトモ江湖ノ鮒本朝ニテノ名産也、然ルニ中春ヲ江湖ノ鮒ノ盛リトス鮓ヲ公《オヽヤケ》ニ献スル則春也、凡俳諧ハ書籍ノウヘノ沙汰ニアラス、其物当用ニテ究ムル事蕉門ノ口決也、

田中千梅は、近江国栗太郡辻村の出身で、松尾芭蕉門下の三上千那に師事した人物である。ここでは、誹諧書に「鮒鮓」の季詞を四月、その「生熟《ナマナレ》」は春であると記していることに対して批判を加えており、琵琶湖の鮒の盛期は中春であるから、「鮒鮓」の季節は夏四月ではなく、春であるというのである。ここでの「生熟《ナマナレ》」とは、『毛吹草』の「（鮒鮓の）なまなり」、『をだまき』の「（ふなすし）生なれ」にあたるわけであるが、ともあれ、「鮒鮓」及び「（鮒鮓の）生熟」を製するための原材料となる鮒の捕獲時季が春であることを意味している。また、この記載からは、同書が著された江戸時代中期においても、「ふなずし」は、中春の時季の鮒を用いて製造が行われていたことがわかる。

つまり、これらの記載から明らかになることは、春に製造された「ふなずし」は、夏四月には食されているということになるが、現在の滋賀県の「ふなずし」の製法と比較すれば、その発酵期間が短

いことが注意されるのである。

これを裏付けるものとして、まず、先にみた西洞院時慶『時慶記』の記載が参考となる。

【史料18】西洞院時慶『時慶記』慶長七年（一六〇二）五月一日条[60]

一日　天晴、晩ニ夕立、一内府御参　内、如レ例也、政宗《（伊達）》ニ逢、長岡越中《（忠興）》等参会、道阿弥《（山岡景友）》参会候、
女御殿《（近衛前子）》・女院《（勧修寺晴子）》へ参上、御礼申入、親王《（政仁）》御方同、御袋《（近衛信尹母）》ニテ御盃給、二宮《（承快）》御方ニテ同、一酒壺ノ口明
桶樽一取出、孝与来儀也、則雇、夕食申付候、宗慶同、与衛門尉来、鮓ノ口ヲ明也、一新内侍《（西洞院時子）》へ
行盃ヲ取、御賦ノ小袖三アリ、一明日御能ノ由也、盃台・御樽進上候、新内侍同、少納言《（西洞院時直）》ハ不二
進上一候、一御着到詠草上候、一雷鳴一二声、一作内来仕、一平野へ奉行五郎衛門尉ヲ遣候、
一津軽宮内《（信建）》ヨリ薬取ニ上、意安《（吉田宗恂）》へ申遣、御返事以下遣候、一同越中守へ装束ノ為ニ真木ヲ被雇間
遣候、一棒庵《（下津）》へ鮓《鮒ノ》五・薬酒双瓶遣候、

ここには、「鮓ノ口ヲ明也」とあり、鮓桶の口を開けたことを記しているが、後文の「棒庵へ鮓五・薬酒双瓶遣候」とある箇所に「鮒ノ」とあるように、これは、「鮒ノ鮓」であると考えられる。そして、先に記したように、『時慶記』では、毎年に一度、「ふなずし」を漬けているのであるが、この慶長七年（一六〇二）には、史料3でみたように、四月十四日に「鮒鮓申付候」とあることから、その発酵の期間は半月間ということになる。

現在の滋賀県の「ふなずし」が、真夏に「飯漬け」を行い、早くても三箇月、一般的には半年間を経て食することができると説明されているのと比べると、驚くほどの短期間である。現在の「ふなず

し」を知る読者からすれば、俄には信じられず、じぇじぇじぇのびっくりぽんというところであろう。

それでは、これを傍証するものとして、つぎに曲直瀬玄朔『医学天正記』をみてみよう。これは、曲直瀬玄朔が治療した症例を慶長十二年（一六〇七）に書き記したもので、寛永四年（一六二七）に刊行されている。

【史料19】曲直瀬玄朔『医学天正記』巻之下、骨鯁五十一[61]

一五朔堀伊賀守　食《テ》二鮒鮓《ヲ》一而骨鯁在《テ》二乳辺《ニ》一而不レ下《ス》、痛《ミ》甚《シ》諸薬《ニテ》不レ効《アラ》、立効散宿甘等分絹包含レ之睡裏ニ下《テ》而痛《ミ》止《ム》、

これとほぼ同じ記載は、曲直瀬玄朔『延寿配剤記』巻之三、損傷[62]にもあり、「宿甘等分」の語はみえないが、ともあれ、某年の五月朔日の症例として、堀伊賀守が「鮒鮓」を食したところ、その骨が乳、すなわち胸のあたりに引掛かり、その痛みが甚だしく、諸薬を施したが効が無く、立効散などを処方したところ治癒したとするものである。堀伊賀守の症例から推測されることは、まず、骨が付いたままで鮨（鮓）にしているが、骨までは軟らかくはなっていないということである。さらに、骨が胸のあたりに引掛かるということは、焼魚や煮魚のように、骨を残して魚肉のみを食していたということである。この症例の日付は、某年の五月朔日なのであるが、憶測すれば、この時代の夏に食する「ふなずし」は、上記のような特徴を有するものであったということになる。

これについても、現在の「ふなずし」からみれば、有り得ないということになるが、同じ鮒の鮨（鮓）でも、現在の「ふなずし」とは異なるものであるということなのである。我々は、ここのとこ

ろを理解しておかなければならないのである。

さらに、貞享四年（一六八七）の自序の板本があり、天保四年（一八三三）補刻された蘆桂洲『食用簡便』[63]には、鯽の鮓は塩圧をして飯に漬けてから三十日の内に食すべきであるとしており、現在と比べれば、短い期間で食用に供されていたことが窺えるのである。ただし、先に掲げた『言経卿記』では、正月、三月から七月、九月、『時慶記』では、四月から七月、閏九月、十一月に「ふなずし」は食されているのであり、この『時慶記』には、七月の景物のなかに「鮒鮓」を記すものがある。

【史料20】西洞院時慶『時慶記』慶長五年（一六〇〇）七月四日条[64]

孝蔵主《(川添氏女)》へ目出事御城へ遣候、金法師相添候、赤飯・同麦飯・汁・コマ〳〵・炙鮎・鮒鮓・青豆等ノ景物、両瓶黒白《(カ)》也、白藤・款冬相添候、（下略）

つまり、実際には賞翫の時季は夏に限るものではないのであり、先にみた『茶湯献立指南』巻之四に記される「十月廿三日之朝口切献立」の「鯽《フナ》の鮓子籠《スシコゴモリ》を上とす切重ね皿にもるべし」とあるのは、春から初夏にかけての「子持」の鮒を十月下旬まで「飯漬け」にしておいたものであろう。

このように、数ケ月以上の「飯漬け」が行われていることも確認できるのであるが、その一方で、さらに長期に亘り「飯漬け」を行うこともみられたようである。いくつかの史料を掲げてみよう。

【史料21】人見必大『本朝食鑑』巻之七、鱗部之一、鮒

鮓主治村撲損傷不レ問《ハ》二新旧《ヲ》一用《テ》二連年《ノ》陳鮓《ヲ》一細《ニ》切《リ》去《テ》レ飯《ヲ》入《レ》二瓦器《ニ》一炭火《ニ》煆黒《ノシ》存レ性《ヲ》研《ノ》末毎服五分温酒送《ニリ》下最《モ》奉《ス》二奇験《ヲ》一、

これによれば、柑撲損傷には、その新旧を問わず、「連年ノ陳鮓」、すなわち何年も経た古い鮒の鮓を細切りにして、飯を取り去り瓦器に入れ、炭火で黒く焼いたものを研末して、毎服五分を温酒で飲み下すと奇験があるとしているのであり、「連年ノ陳鮓」とあるように、数年に亘る「飯漬け」が確認できる。先に記したように、同書は元禄十年（一六九七）の刊行であるが、後に掲げるように、元禄二年（一六八九）刊行の『合類日用料理抄』からも一年半前後の「飯漬け」が行われていたことがわかり、元禄年間には一年以上の「飯漬け」をする製法も行われていたものと推測される。

また、享和二年（一八〇二）に刊行された杉野権兵衛『名飯部類』、丸すしの部[65]では、「もろこあふみ淡海《あふみ》ずし」や「淡海鮒ずし」は数年を経たものを食するとしているが、このような長期間のものが実際に食されていたことは、司馬江漢の旅日記である『江漢西遊日記』にみえる。

【史料22】司馬江漢『江漢西遊日記』天明八年（一七八八）八月十四日条[66]

（上略）夕飯には鯉のさしみ、何やら川魚焼《ヤキ》物、汁鮒、つぼ、平付にして、膳を出す、皆魚は湖中の産なり、爰よりは湖も爰よりは（ママ）路隔りてあり、亦三年漬《ツケ》たる酢《ス》しを出す、至て珍物なるよし、明日は出立せんとて仕度する、セン別とて金宝を贈る、

ここでの記載は、司馬江漢が江戸から長崎に向かう旅の途次に近江国蒲生郡日野町の中井源左衛門家に宿した際のものである。「三年漬けたる酢し」を「珍物」として食しているのであるが、これは、「ふなずし」のことであろうと思われる。

以上のように、江戸時代の誹諧書によれば、鮨（鮓）は、「ふなずし」を含めては夏季の食物とし

て認識されていることがわかるが、西洞院時慶の日記『時慶記』から判明する発酵の期間は、現在の製法からみれば極めて短い半月というものである。『時慶記』での製造の時季からみて、この発酵の期間は、決して特異な事例ではないものと考えられる。一方で、『合類日用料理抄』や『本朝食鑑』の記載によれば、すでに元禄年間には、一年以上、数年に亙る「飯漬け」が行われていたことも判明するのである。

四　製造の方法

現在とは異なる短期間の発酵で「ふなずし」が食されていたことについては、その製法から考察する必要があろう。まず、その製法を詳しく記している『合類日用料理抄』をみてみよう。

【史料23】無名子『合類日用料理抄』巻四、魚類鮓之部

◯江州鮒《ごうしうふな》の鮨

一寒《かん》の内ニ漬申候、ゑらを取ゑらより腸《はらわた》をぬき頭《かしら》を打ひしき折敷《おしき》に塩を沢山にため両方より鮒を塩の上へおし付、塩付候ほとつけ鮨に漬申候、黒米をこわめしに仕能さまし喰《くい》塩に塩をまぜ食沢山に漬申候、初《はじめ》成程おしつよく置廿日程過て、おしを常の鮨《すし》のかげんほどに弱《よはく》置申候、七十日程過て能なれ候いつ迄も持申候、翌《よく》年夏秋の時分も結句風味《けつくふうみ》能骨《ほね》も一段《たん》と和《やはらか》に成申候、是もおしをゆるめ申候時分に塩水を蓋《ふた》の上へため申候、取出候後内の魚食のかたおりに不レ成やうに直《なを》し押

をかけ右の塩水又ため置申候、

これまでも利用されてきた『合類日用料理抄』であるが、「頭を打ちひしき」とあるのは、「打ち拉ぎ」であり、鮒の頭を打ち叩いて押し潰すということである。これにより、鮒の頭は「拉《ひしゃ》げてしまう」のである。鮒の頭を潰すのは、硬い頭骨を砕いて細かくすることにより、発酵、熟成に要する時間を短縮させると共に、少しでも軟らかくして食べ易くするためと思われる。現代の鮒の料理では、最初に鮒の頭を叩き気絶をさせるという手順があるというが、そのようなこととは全く関係がない。ここでは、鰓から腸を抜いた後に頭を潰しているのである。勿論、食の歴史を考えるうえで、現在の料理法を知ることは、史料を理解する手助けになることはある。特に、史料の記すところが難解である場合はそうであろう。しかし、まずは、史料の内容を正確に読むことが必要である。なお、「寒の内」に漬けて「七十日程過て能なれ候」とあるのは、翌年の二月から三月ごろにあたることになり、「いつ迄も持申候、翌《よく》年夏秋の時分も結句風味《けつくふうみ》能骨《ほね》も一段《たん》と和《やはらか》に成申候」というのは、これからみて翌年の夏秋ということになる。一年半年前後の「飯漬け」ということになるが、先にみたように、長期の「飯漬け」が行われていたことも判明する。

　鮒の頭を押し潰すことは、同じく『合類日用料理抄』巻四、塩積《しをづけ》の類の「鮎甘漬《あゆのあまつけ》」の項に鮒の例をあげて、「鮒《ふな》は鱗をゑらを取頭《かしら》をかなづちにてひしき口へ塩を入漬《つけ》申候」とある。ここでの「甘漬」とは、米飯と粕と塩を合わせたものに魚を漬けたものであり、粕は酒粕であると思われる。また、寛永十三年（一六三三）刊の松江重頼編『狗猧集』巻第八[67]には「なまなりの頭鼓を打たゝき　すしのふなくひ味やほむらん」という句があり、「鮒の生成の鮨（鮓）」の製法でも、頭を潰すことが行われたようである。さらに、寛永十五年（一六三八）序、同十九年（一六四二）刊の西武撰『鷹筑波集』巻第四[68]には、「かしらをた、き人のよろこぶ　料理もや出来たりけん鮒なます」とあることから、鮒の頭を押し潰すことは、膾（鱠）を作る際にも行われていることがわかる。

　このようにみてみると、鮒の頭を潰すことは、「寒の内」に漬ける「ふなずし」の製法に限られるものではなく、先にみた春から初夏にかけての「子持」鮒の「ふなずし」においても行われていたことが推測される。これは、現在の「ふなずし」の製法とは大きく異なるところである。

　つぎに、『合類日用料理抄』の「江州鮒の鮨」の製法に「ゑらを取ゑらより腸をぬき」とあるのは、鮒の腸（内臓）を取り除くにあたり、腹を割くのではなく、鰓から引き抜き出すということであろう。腸を取り去るのは、苦味が生じないようにするためと考えられ、以下の史料が参考となる。

【史料24】『茶湯献立指南』巻之四

　十月廿一日朝口切献立

　（中略）

一鮒《フナ》の腹《ハラ》はあけず能うろこを取、尾《ヲ》の方より切て腹にて胃《イ》をはやく取べし、さなければ汁《シル》にに
がみが出る物なり、

これは、「汁」の「子籠の鮒輪切」についての説明なのであるが、鮒の腹を開かずに尾の方から切り、胃を取り出すというのであるが、苦味が出るというのであるから、これは、厳密には胃ではなく、

卵が腹の外に出てしまうと、腹を割いてしまうと、尾の方から取り出すというのは、腹を割いてしまうと、所謂「苦玉」、胆嚢のことであろう。また、尾の方から取り出すというのは、腹を割いてしまうと、卵が腹の外に出てしまうためであろう。先の『合類日用料理抄』に「ゑらより腸をぬき」とあるのも同じことであり、腸を抜くために腹を開いてしまうと、鮨（鮓）に漬けた際の圧力により、卵が腹の外に出てしまうことが危惧されるためであろう。さらに、先にみたように、『茶湯献立指南』巻之四に「一、鯽の鮓子籠を上とす切重ね皿にもるべし」とあるのは、「子持」の「ふなずし」を輪切にして皿に盛るということであるが、腹を開いて卵が崩れてしまうと、そのような盛り付けはできないことになる。

【史料25】橘川房常『料理集』(69)

鮒

（中略）

一鮒鮓　わたさゝめつぼぬきにして、二夜三日程木漬仕、飯へ糀をはら〳〵とふり、重りを打漬置申候、木漬仕候節つよき酢をわかし、鮒の頭を入漬候へば香無ㇾ之候、

橘川房常は仙台伊達家に仕えた人物で、同書は享保十七年（一七三二）に記されているが、ここでの「鮒鮓」の製法に、「わたさゝめつぼぬきにして」とある。この「わた」は腸、「さゝめ」は「鰓」であるが(70)、現在の滋賀県の「ふなずし」の製法でも、腹を割かずに鰓から胆嚢などを引き抜くことを「壺抜き」と称している。つまり、現在の「壺抜き」の製法は、『合類日用料理抄』が記された元禄二年（一六八九）にまで確実に溯るということになる。また、ここでの「木漬」は、同書の「いわし」

に「鮓には一日一夜き漬仕」、「鯛」には「粕漬　鯛おろし木漬一日一夜程は身のしまり候節　粕へもくい塩にして」とあることから、塩で締めることを意味するものと考えられる。

　このように、『合類日用料理抄』にみえる製法は、ほかの史料からも追認できるのであるが、さらに、現在の滋賀県の「ふなずし」にはみられない製法として、鮒の腹を開いて骨を取り去るというものがある。先に掲げたところであるが、松江重頼『毛吹草』巻第四に「舟木大溝紅葉鮒《フナキオホミゾノモミヂブナ》　同骨抜鮓《ホネヌキノスシ》」とあり、奥村久正『料理食道記』十七、鮨の分にも、「近江骨抜鮒鮨《ふなのすし》」とみえるものである。ここでの「紅葉鮒」は、すでにみたように、秋から冬にかけての脂肪の付いた鮒を意味するもので、「子持」ではない。そのため、腹を開いて骨を取り去るのであろう。もちろん、苦味の原因となる胆嚢などの内臓も取り除くのである。また、気温の低い秋、冬に漬けることから、発酵には時間を要する骨を取り去るものと思われる。

　しかしながら、江戸時代の料理書をみる限りでは、「ふなずし」の製法に「背開き」、もしくは「腹開き」を記すものはみられない。『合類日用料理抄』のほか、正徳四年（一七一四）に刊行された『当流節用料理大全』(71)や天明五年（一七八五）刊行の『万宝料理秘密箱』(72)にも記載はないのである。ただし、魚を切身ではなく一尾のままで鮨（鮓）に漬ける製法では、「開き」や「骨抜き」にすることのほうがむしろ多く、先の『合類日用料理抄』巻四、魚類鮓之部に記された鮨（鮓）の製法では、仙台流鮭之鮓は「三枚におろし」、美濃漬鮎の鮨は「腹あけ」、鰻の鮨は「三つ四つほどに短ク切」、久敷置鮭の鮨は「三枚におろし」、鮭子籠の鮨は「其儘」「瓦頭皮を去」、鯛の鮨は「三枚におろし」

などとある。また、延享三年（一七四六）序の『黒白精味集』中巻、[73]鮓には、「一大魚鮓　鯛　鱒　鰡　鯉　鮭　鯖の類也。おろし身にして一薄身を取（中略）鮒　まなかつをは一疋漬にする也」とあり、「大魚」のなかでは、鮒は「おろし身」や「腹開き」、「背開き」にはしない数少ない例であるということになる。

ともあれ、料理書には記載はないが、少なくとも近江国では「紅葉鮒」を開いて骨を取り除き、鮨（鮓）としていたことが判明する。

つぎに、「塩漬け」についてみてみよう。現在の滋賀県の「ふなずし」では、春に捕れた鮒を「塩漬け」にして、その後、この塩漬けの鮒を用いて夏に飯に漬け直すのであるが、先にみた無名子『合類日用料理抄』、薗川桂洲『食用簡便』、杉野権兵衛『名飯部類』のいずれにも「塩漬け」の記載はないところである。西洞院時慶『時慶記』では、鮒を感得（看得）して、鮒鮓を申し付けたという記載があり、これからみても、「塩漬け」の鮒を用いて鮨（鮓）にしたとは思われないのである。ただし、『食用簡便』には、塩圧ヲシテ飯ニ漬」とあるように、「飯漬け」の前に「塩押し」をしていることがわかり、『料理集』の「木漬」も塩で締めることを意味すると考えられる。

江戸時代において「塩漬け」の魚を用いて鮨（鮓）にする製法の例に、鮎鮨（鮎鮓）がある。寛文八年（一六八八）の『料理塩梅集』天、鮨部[74]には、鮎の鮨（鮓）の製法として、「岐阜鮎鮓方」と「塩鮎鮓仕やう」を説明するが、このうち、「岐阜鮎鮓方」は、鮎を一夜塩押して飯に漬けるものであるが、「塩鮎鮓仕やう」は塩鮎を用いて、これを「塩出し」して飯に漬ける製法である。[75]なお、このうち、「塩鮎鮓仕やう」では、飯に漬けた後に、「大方春の末夏秋の初は十日斗にて用ひよ　冬は卅日其上もかゝるべし」と説明している。やはり、気温の低い冬季は食用になるまでに日数を必要とするのである。また、享保十五年（一七三〇）に刊行された嘯夕軒宗堅『料理網目調味抄』第三巻、雑之部の「塩鮎」に、「戻にハ器物に水と小砂を入塩鮎を一夜埋置ハなま鮎のごとくなる　すしによし」とあることからも、多く行われていたことが窺えるが、この「塩鮎」は、鮨（鮓）を製するという目的のためだけ用いられたものではないことも確認しておく必要がある。

ともあれ、江戸時代の料理書をみる限りにおいては、「ふなずし」を製するにあたり、捕獲した鮒を予め長期間に亘り「塩漬け」にするというようなことはみられず、長くとも数日の「塩押し」に留まるものと考えられるのである。

また、無名子『合類日用料理抄』には、「黒米をこわめしに仕能さまし」とあり、「黒米」、すなわち玄米を用いるというのも、現在とは異なる製法である。『合類日用料理抄』巻四、魚類鮓之部に記されたそれぞれの鮨（鮓）の製法で用いられた米の種別をみてみると、仙台流鮭之鮓は「上白米」、美濃漬鮎の鮨は「上白米」、白魚の鮨は「上白の米」、江州鮒の鮨は「黒米」、久敷置鮭の鮨は「黒米」、鮭子籠の鮨は「中白米」、鯛の鮨は「黒米」とある。

以上のように、現在とは異なり、気温の低い時季に「飯漬け」を行い、発酵の期間も短い状態で食されていた江戸時代の「ふなずし」は、そのために、鮒の頭を打ち叩いて押し潰したり、鮒を開きにして骨を抜くという手法が採られていたことがわかるのである。また、料理書による限りでは、今日のような長期間の「塩漬け」の鮒を用いることは確認できないのである。先に「ふなずし」の製造の時季や発酵の期間を検討する際には、料理書だけでなく、誹諧書や公家の日記を用いたわけであるが、具体的な製造の方法については、これらの史料にはほとんど記載がない。今後の史料の増加を俟つしかないが、ともあれ、現在とは異なる製法が行われていたことを指摘しておきたい。

五　時季と製法の変化

これまでにみたように、江戸時代の「ふなずし」は、これを製造する時季や方法においても、現在とは異なることが明らかである。現在のような時季、製法が、いつごろから行われるようになったのかが問題となるが、これを明らかにする史料は多くはない。

先に、近江国内の諸大名家からの「時献上」に「鮒鮓」があり、その時季が春から夏にかけてと、冬であることをみたが、明治二十二年（一八八九）に滋賀県勧業協会が刊行した『勧業協会報告』第十五号[76]には、「勧業叢話　鮒鮓の事」として、大日本水産会が滋賀県農商課に依頼して調査した旧彦根藩と旧膳所藩から幕府への「鮒鮓」献上に関する回答が掲載されている。これによれば、「鮒鮓」に用いる鮒は、「真鮒」または「タリハラ」という卵を孕んで腹の垂れた春季の雌魚で陰暦二月末から三、四月ごろに捕獲し、真鮒の秋に捕るものは紅葉鮒と称して八月ごろより九月の末までに捕獲するとする。そして、藩の賄方で鱗や鰓、内臓を取り去り、塩漬けにしたものを江戸藩邸に送り、江戸藩邸で献上の際に飯に漬けるとしている。しかし、これでは食用にはならないとして、「附説」を記して説明を加え、塩漬けの後、四、五十日で飯に漬けると、六月の土用の炎熱で醸成して、冬に食用になるとしている。また、秋の「紅葉鮒」については、気温が低いことから、熟成を経た飯に漬けて、翌年の夏に更に飯に漬けるとしている。この記載は、「時献上」という儀礼の実態を検討するうえで興味深いものがあるが、「附説」での製法がいつごろに行われていたものかを確認する史料に恵まれない。

年代の明らかなものとしては、明治五年(一八七二)五月に滋賀郡本堅田村から滋賀県庁宛に提出された「近江国物産鰂鮓取調書」がある。一部を抜粋してみよう。

【史料26】明治五年(一八七二)五月「近江国物産鰂鮓取調書」[77]

鰂鮓ヲ漁スル手段時節之事

鰂魚ヲ捕漁スルノ術種々一ナラスト雖モ第一漁者ノ宗トスルモノ引網ト魞トノ二ツナリ(中略)凡ソ網ヲ下シ魞ヲ差シテ魚ヲ獲ルノ期節ハ毎歳春分前後ヨリ始ル(中略)魞ハ五月下旬六月朔日ヲ期トシテ抜キ払ヒ、網ハ八月下旬ニ引キ止ムルヲ定限トス、

(中略)

鰂魚塩蔵手段之事

鰂モ亦雌雄アリ、雌ハ大ニノ子アリ、雄ハ至テ小也、鮓ニ製スルニハ雌ヲ貴ンテ雄ハ用ヒス、子ナキ故ナリ、先ヅ鱗ヲ剃リ去リ胆腸其外ノ蔵物ヲ抜去リ(割書略)鰂一頭ニ(割書略)食塩二合

五勺ノ分量ヲ以テ桶ニ塩蔵ス但シ魚ノ腹中ヘモ塩多ク押シ入ル、ナリ勿論圧石ヲ置ナリ、

（中略）

鯽魚鮓ニ製スル手段之事

夏六月土用入ノ後五日比ヨリ追々ニ漬ケ始ム、右塩蔵ノ鯽ヲ取出シ清水ヲ以テ能々洗ヒ浄メ、竹器ニ上ゲ水気ヲ去ル、扨鯽一頭ニ（割書略）精米三合宛ノ割合ヲ以テ飯ニ炊キ（割書略）能ク涼シ適宜ノ冷飯ヲ以テ透間ナク次第ニ桶ニ漬込ムナリ（割書略）漬ケ終テ押シ覆ヲシテ圧石ヲ置ナリ（割書略）凡ソ製造ノ日ヨリ日数五十余日ニシテ漸ク食料ニ充ツヘシ、日ヲ歴ルニ随ヒ佳味ヲ生ス愈久シケレハ風味愈美ナリ、

（年月、差出、宛名略）

これによれば、「鯽鮓」に用いる鮒は、春分前後から引網漁と魞漁により捕漁するが、魞漁は五月下旬から六月朔日まで、引網漁は八月下旬までとしている。そして、まず、塩蔵は、卵を孕んだ雌鮒を用いて鱗や腸などの臓物を取り去り、魚の腹にも塩を詰めて重石を圧すというものである。そして鮓に製するには、六月の土用の五日後頃より塩蔵の鮒を洗い、冷飯に漬け込み重石を置くが、その後五十余日で食用となるとする。なお、さらに日を経ると佳味が生じるとしている。ここに記された製法は、現在の滋賀県の「ふなずし」の手順と方法と大きく変わるところはないが、「五十余日」で食用になるというのは、現在行われている「飯漬け」の期間と比較すると短いものである。また、ここで注意しておきたいのは、この取調書には「鯽鮓毎年分価表」が付され、明治元年（一八六八）以来

五年間の価格が記されているということである。これからすれば、この製法は遅くとも明治元年以前、すなわち江戸時代末年に溯るものと考えて良いであろう。「飯漬け」の期間は措くとしても、現在の「ふなずし」の製法と同じような手順は、江戸時代末までには成立していたということになる。

おわりに

　以上、江戸時代の「ふなずし」の製造の時季や方法について、数少ない史料から考察を加えてきたところである。すなわち、江戸時代前期においては、春から夏の「子持」の鮒、及び秋から冬の「紅葉鮒」を用いて、その時季に「ふなずし」の製造が行われており、食用に至るまでの「飯漬け」の期間は、現在と比べると短いものであるということである。もちろん、さらに長期間に亘る「飯漬け」も行われてはいたが、現在のように夏季とは異なり、気温の低い時季に製造するということもあり、発酵の度合いは、現在の「ふなずし」と比べると少ないものであったと考えられる。そのために、少しでも軟らかくなるように、鮒の頭骨を砕くという手法も採られているのであるが、一方で、『合類日用料理抄』に記されているように、月日を経ることで、「骨《ほね》も一段《たん》と和《やはらか》に成申候」とあり、発酵が進んだ状態でより軟らかい「ふなずし」が好まれたことも窺えるのである。

　現在の滋賀県の「ふなずし」の「飯漬け」が、春に捕獲して「塩漬け」にしておいた鮒を用いて、気温の高い夏に行われるのは、「子持」の鮒を上品とする意識と共に発酵を促進させるためであると考えられるが、江戸時代の末までに、そのような手法が採用されるようになったのは、より軟らかく美味となる「ふなずし」が求められるようになったためであると推測される。それは、人々の嗜好の変化や「ふなずし」の需要の拡大という問題とも関わることになるが、これについては、今後の課題としたい。

現在においても、「ふなずし」には、味の相違がある。「鮒鮨を食べたことある者より食べたことなきもののほうが臭い臭いと言う也。鮒鮨にもいろいろある也。其も知らず言うは愚かし」[78]とは至言であるが、現在のような製造の時季や方法が成立するまでには、さらに多様な「ふなずし」が存在したということになる。

（1）小稿では、史料の引用を除いて、鮒の鮨（鮓）については「ふなずし」と記すこととする。

（2）『貞観儀式』に践祚大嘗祭儀の阿波国からの由加物を「鰒鮨」とも「蚫鮓」とも記しており、日本古代においては、「鮨」と「鮓」は同義に用いられている（櫻井信也「日本古代の鮨（鮓）」『続日本紀研究』第三三九号掲載、二〇〇二年）。これは、大和国吉野の釣瓶鮨（釣瓶鮓）が『実隆公記』に「罐鮓」、『天文日記』に「瓶鮨」とあるように（櫻井信也「室町時代から織豊時代の鮨（鮓）」『栗東歴史民俗博物館紀要』第十九号掲載、二〇一三年）、中世以降も同じであると考えられる。煩わしくはあるが、以下「鮨（鮓）」と表記することとする。

（3）足立勇「古代・中世食物史」（櫻井秀・足立勇『日本食物史』所収、雄山閣）、一九三四年。関根真

隆『奈良朝食生活の研究』、吉川弘文館、一九六九年

（4）篠田統『すしの本』、柴田書店、一九六六年。同『すしの本（改版）』、柴田書店、一九七〇年。以下、篠田の見解は、これらによる。

（5）櫻井信也「室町時代から戦国時代の鮨（鮓）」（『栗東歴史民俗博物館紀要』第十九号掲載）、二〇一三年、同「「生成の鮨（鮓）」の再検討」（『みんなで語る「ふなずし」の歴史』所収、滋賀県ミュージアム活性化推進委員会）、二〇一五年

（6）日比野光敏「近江のフナズシの「原初性」」（『国立民族学博物館研究報告』十八巻一号掲載）、一九九三年

（7）櫻井信也「日本古代の鮨（鮓）」（前掲（2））。なお、日本列島の古代の鮨（鮓）については、その後に、櫻井信也「日本古代の鮎の鮨（鮓）」（『続日本紀研究』第四〇八号掲載、二〇一四年）がある。

（8）現在の滋賀県の「ふなずし」の事例報告は数が多いが、取り敢えずは、滋賀県教育委員会編集発行『滋賀県の伝統食文化』、一九九八年、及び同編集発行『滋賀の食文化財』、二〇〇一年が参考となる。以下、現在の事例は、これらによる。

（9）足立勇「近世日本食物史」（笹川臨風・足立勇『近世日本食物史』所収、雄山閣）、一九三五年

（10）吉川誠次「合類日用料理抄」（川上行蔵編『料理文献解題』〈日本料理技術選集〉所収、柴田書店）、一九八一年。吉井始子編『翻刻江戸時代料理本集成』別巻、臨川書店、一九八一年

（11）これについては、すでに私見を明らかにしたところもある。櫻井信也「江戸時代における近江国の

「ふなずし」」（『栗東歴史民俗博物館紀要』第十八号掲載）、二〇一二年、同「江戸時代における近江国の「ふなずし」（補遺）」（『栗東歴史民俗博物館紀要』第二十号掲載）、二〇一四年、同「江戸時代の「ふなずし」」（『みんなで語る「ふなずし」の歴史』所収、滋賀県ミュージアム活性化推進委員会）、二〇一五年

(12) 原田信男『江戸の料理史　料理本と料理文化』〈中公新書〉、中央公論社、一九八九年

(13) 吉井始子翻刻代表『翻刻江戸時代料理本集成』第一巻、臨川書店、一九七八年。以下、『合類日用料理抄』の記載は、これによる。

(14) 吉井始子編『翻刻江戸時代料理本集成』別巻（前掲（10））

(15) 吉井始子翻刻代表『翻刻江戸時代料理本集成』第二巻、臨川書店、一九七八年

(16) 日比野光敏「料理本にみる江戸時代のすし」（『岐阜市歴史博物館研究紀要』第六号掲載）、一九九二年

(17) 石井泰次郎・小泉迂外校訂『校註料理大鑑』第八輯、第十二輯、料理珍書刊行会、一九一五年、一九一六年

(18) 吉井始子編『食物本草本大成』第十巻、臨川書店、一九八〇年。以下、『本朝食鑑』の「鮒」の記載は、これによる。

(19) 小野蘭山『本草綱目啓蒙』三〈東洋文庫五四〇〉、平凡社、一九九一年。以下、『本草綱目啓蒙』の「鯽魚」の記載は、これによる。

(20)吉井始子編『食物本草本大成』第四巻、臨川書店、一九八〇年。以下、『料理食道記』の記載は、これによる。
(21)新修京都叢書刊行会編『新修京都叢書』第四巻、臨川書店、一九六八年。以下、『日次紀事』の記載は、これによる。
(22)吉井始子翻刻代表『翻刻江戸時代料理本集成』第四巻、臨川書店、一九七九年。以下、『料理網目調味抄』の記載は、これによる。
(23)日本随筆大成編輯部編『日本随筆大成』第二期、十二、吉川弘文館、一九七四年
(24)国立国会図書館デジタルコレクション、請求記号特一-三三八四
(25)安田健編『江戸後期諸国産物帳集成』第Ⅶ巻、科学書院、一九九九年
(26)伊賀敏郎『滋賀県漁業史』上(資料)、滋賀県漁業協同組合連合会、一九五四年
(27)現在の琵琶湖の鮒の生態については、中村守純『日本のコイ科魚類』(財団法人資源科学研究所、一九六九年)、滋賀県立琵琶湖文化館編『琵琶湖のさかな』(滋賀県文化体育振興事業団、一九七八年)、前畑政善「フナ類」(滋賀県教育委員会編集発行『びわ湖の漁撈活動』〈琵琶湖総合開発地域民俗文化財特別調査報告書Ⅰ〉、一九七九年)による。なお、佐野静代「湖の御厨の環境史」(『中近世の村落と水辺の環境史』所収、吉川弘文館、二〇〇八年)、橋本道範「一五世紀における魚類の首都消費と漁撈」(同『日本中世の環境と村落』所収、思文閣出版、二〇一五年)にも言及がある。
(28)新修京都叢書刊行会編『新修京都叢書』第十巻、臨川書店、一九六八年

(29)前掲(27)
(30)東京大学史料編纂所編『言経卿記』一～十四〈大日本古記録〉、岩波書店、一九五九～一九九一年
(31)豊田武・飯倉晴武校訂『山科家礼記』第三〈史料纂集〉、続群書類従完成会、一九七〇年
(32)豊田武・飯倉晴武校訂『山科家礼記』第四〈史料纂集〉、続群書類従完成会、一九七二年
(33)竹内秀雄・山田雄司校訂『北野社家日記』第五〈史料纂集〉、続群書類従完成会、一九七三年
(34)時慶記研究会翻刻校訂『時慶記』第一巻～第三巻、浄土真宗本願寺派出版事業局本願寺出版社、二〇〇一～二〇〇八年。時慶記研究会翻刻校訂『時慶記』第四巻、臨川書店、二〇一三年
(35)時慶記研究会翻刻校訂『時慶記』第二巻、(前掲(34))
(36)時慶記研究会翻刻校訂『時慶記』第三巻、(前掲(34))
(37)前掲(36)
(38)時慶記研究会翻刻校訂『時慶記』第四巻、(前掲(34))
(39)前掲(38)
(40)中村幸彦・岡見正雄・阪倉篤義編『角川古語大辞典』第一巻、角川書店、一九八二年
(41)時慶記研究会翻刻校訂『時慶記』第一巻、(前掲(34))
(42)東京大学史料編纂所編『言経卿記』一〈大日本古記録〉、岩波書店、一九五九年
(43)前掲(38)
(44)吉井始子翻刻代表『翻刻江戸時代料理本集成』第三巻、臨川書店、一九七九年。以下、『茶湯献立

指南』の記載は、これによる。

(45) 蒲生町史編纂委員会編『蒲生町史』第四巻、史料、蒲生町、二〇〇一年

(46) 竹内若校訂『毛吹草』〈岩波文庫〉、岩波書店、一九四三年。以下、『毛吹草』の記載は、これによる。

(47) 大津市役所『大津市史』下巻 資料篇、大津市役所、一九四二年(刊記は一九四二年であるが、これは上巻の刊記と同じであり、下巻の刊行は一九四五年であると考えられる)。その後、大津市史覆刻刊行会、一九七三年覆刻。村方、北部記録、尾花川共有文書

(48) 喜多村俊夫編『江州堅田漁業史料』、アチックミューゼアム、一九四二年。その後、日本常民文化研究所編『日本常民生活資料叢書』第十八巻、三一書房、一九七三年再録。釣猟師組(小番城)共有文書、一七九号

(49) 前掲(48)、釣猟師組(小番城)共有文書、一八一号

(50) 伊賀敏郎編『滋賀県漁業史』上(概説)、滋賀県漁業協同組合連合会、一九五四年

(51) 森谷尅久「大津代官の支配」(『新修大津市史』第三巻 近世前期、大津市役所)、一九八〇年

(52) 前掲(48)、釣猟師組(小番城)共有文書三六号

(53) 前掲(48)、釣猟師組(小番城)共有文書三七号

(54) 深井雅海・藤實久美子編『江戸幕府大名武鑑編年集成』第一巻〜第十八巻、東洋書林、一九九九年〜二〇〇〇年

(55) 尾形仂・小林祥次郎編『近世前期歳時記十三種本文集成並びに総合索引』、勉誠社、一九八一年
(56) 前掲(5)
(57) 櫻井信也「「飯鮨(飯鮓)」考」(『栗東歴史民俗博物館紀要』第二十一号掲載)、二〇一五年
(58) 前掲(46)
(59) 尾形仂・小林祥次郎編『近世後期歳時記本文集成並びに総合索引』、勉誠社、一九八四年
(60) 前掲(35)
(61) 大塚敬節・矢数道明編『近世漢方医学書集成』六、名著出版、一九七九年
(62) 安井廣迪編『近世漢方治験選集』二、名著出版、一九八五年
(63) 吉井始子編『食物本草本大成』第六巻、臨川書店、一九八〇年
(64) 前掲(35)
(65) 吉井始子翻刻代表『翻刻江戸時代料理本集成』第七巻、臨川書店、一九八〇年
(66) 芳賀徹・太田理恵子校注『司馬江漢西遊日記』〈東洋文庫〉、平凡社、一九八六年
(67) 森川昭・加藤定彦・乾裕幸校注『初期俳諧集』〈新日本古典文学大系〉、岩波書店、一九九一年
(68) 『貞門俳諧集』〈日本俳書大系第六巻〉、日本俳書大系刊行会、一九二六年
(69) 松下幸子・吉川誠次・川上行蔵「古典料理の研究(七)—橘川房常著・料理集について—」(『千葉大学教育学部研究紀要』第三十巻(第二部)、一九八一年。以下、『料理集』の記載は、これによる。
(70) 前掲(69)

(71) 前掲(44)
(72) 吉井始子翻刻代表『翻刻江戸時代料理本集成』第五巻、臨川書店、一九八〇年
(73) 松下幸子・吉川誠次・山下光雄「古典料理の研究(十四)――『黒白精味集』中・下巻について――」(『千葉大学教育学部研究紀要』第三十七巻(第二部)掲載)、一九八九年
(74) 松下幸子・吉川誠次「古典料理の研究」(二)(『千葉大学教育学部研究紀要』第二十五巻(第二部)掲載)、一九七六年
(75) 鮎鮨(鮎鮓)の製法については、櫻井信也「日本古代の鮎の鮨(鮓)」(前掲(7))を参照。
(76) 滋賀県勧業協会「勧業叢話　鮒鮓の事」(『勧業協会報告』第十五号掲載)、一八八九年
(77) 滋賀県立琵琶湖博物館所蔵
(78) 姫野カオルコ『ハルカ・エイティ』、文藝春秋、二〇〇五年。これほど端的に「ふなずし」への誤解を誡めた文章は他にみられない。「親戚にふなずし屋を持つ」という姫野の言葉は的確で説得力がある。『日本国語大辞典』第三版の「鮒鮨」の用例文に掲げて欲しいところである。

近世の「ふなずし」の句

齊藤　慶一

はじめに

「旬」とは、「魚介・果物・野菜など、季節の食物が出盛りの時期。物がよく熟し、最も味がよい季節」[1]とされており、「一つの地域で一つの作物が栽培・収穫・捕獲できる時期は限定されており、人々がその材料を手に入れることのできる時期の中でもっとも味がよいものを旬の材料と考えればよかった」[2]とあるように、産地・季節・取得によって、食物の旬が形成される。また、場合によっては調理方法にも限定して成立する。[3]

現在のふなずしの旬については、滋賀県の多くの人びとが「年末から正月にかけて桶を開けて食べはじめるものだと思っている」と、篠原徹が指摘するように、そのように捉える人々が多いように思われる。現に、冬の旬物としてふなずしを紹介する料理本がみられる。[4]これは、「土用のころに漬けておいたふなずし（ふなのなれずし）も十二月ごろには食べごろになる」[5]とあるように、土用に漬けたふなずしが、十二月には熟れて食べごろになるからであろう。

しかし、現在における歳時記では、スシの旬は夏とされている。例えば、稲畑汀子編『ホトトギス新歳時記』では「鮓」を夏の季語として紹介しており、早鮓、鮓圧す、鮓桶、鮎鮓、鯖鮓、そして鮒鮓などを列挙し、「鮓を季題とするのは、漬込鮓がもっとも早く熟れる季節ということであろう」としている。[6]

また、俳人、正岡子規（一八六七〜一九〇二）が著した『随問随答』では、「鮓」を夏の季語とする理由を、次のようにまとめている。[7]

昔の鮓は肴の腹へ飯を充てたる、鮒鮓鮎鮓などの如きものなりしなるべく、肴のとれる時、又其の肴の味の良き時も、夏に限られたるもの多かりし如き、其の多くは冷たきものを食翫したる如きも鮓の夏季となりたる一原因なるべし。其の上鮓は、つけて後直ぐに食ふものに非らず。多少なれ加減を待ちしものなれば、そのなる、ということも、自然夏の方適したるやう覚ゆ。鮓の句俳書に見えたるは、延宝の末頃よりなり。

右の文章から、「鮓」を夏の季語とする理由として、鮒鮓や鮎鮓などの肴の味の良い時が夏であること、また「鮓」の熟れる時期として夏が適していることなどをあげている。

さらに、滋賀県大津市にあるふなずし専門店の阪本屋には、俳人の水原秋櫻子（一八九二〜一九八一）から頂いた句として、次の作品が伝えられている。

鮒鮓や三たび水打つ石暮れて

右の句は、昭和三十五年（一九五五）七月の句として『水原秋櫻子全集』に収録されているもので、[8]

夏の季語である「水打つ」が含まれていることからも、ふなずしが夏の旬物として捉えられていることが明白である。つまり、現在の俳句では、ふなずしを夏の旬物として扱っているのである。

ではなぜ、現在において、ふなずしの旬を、冬とする場合と、夏と捉える場合があるのであろうか。この問題を解明するにあたっては、前近代、とりわけ近世における人々のふなずしの旬の認識を確認することが重要であると考える。詳細は後述するが、それは現在のふなずしの製法と、それ以前の製法が異なっていたことが明らかにされたからである。

日本歴史学において、商品と季節性の問題に言及した研究として、春田直紀の研究が注目される。[9]春田の研究は、人間と自然の関係を経済という次元から捉え、ふなずしを素材に、生産、流通、消費を一貫して捉える視点を明示した。とくに消費動向の解明を重視する視点を指摘したことは重要である。また、商品と物価の季節的変動に言及し、消費現場への出現に季節性があらわれていることを示し、商品の旬の変化が歴史学的考察となることを提示したことは重視しなければならない。また、この論点を踏まえ、橋本道範が取り組んだ中世における魚介類の消費の研究が注目される。[10]これらの研究から、商品と季節性、とりわけ旬の歴史学的考察の重要性が示された。

そこで、本稿では、人間と自然の関係を経済という次元から考察する一環として、近世における消費現場のふなずしの旬の認識について考察し、ふなずしの原材料である近江のフナと季節性について考察する。また、季節とフナの関係、さらにふなずしの献上の時季から、現在のふなずしの旬の認識の乖離について考察したい。

そのため、「一」では、旬の認識を考察するため、近世の人びとがスシ、ふなずしの旬をどのように捉えていたのかを探るため、俳諧書を通して、当時の人びとのふなずしに対する旬について考察する。

「二」では、ふなずしの旬を考察するうえで、ふなずしの原材料となる近江のフナと季節性の関係について考察する。

「三」では、近世に行われていた大名家から将軍家への時献上を中心に、儀礼における、ふなずしの旬について考察する。

なお、ふなずしについての先行研究は、篠田統の『すしの本』[11]などがあげられるが、近世におけるふなずしの研究としては、櫻井信也の研究が注目される。[12]櫻井の研究は、江戸時代における製造の方法や時季を追究したもので、これにより以下の事柄が明らかとなった。

まず、一点目は江戸時代前期には、春季と秋季、冬季にふなずしの製造が行われていたことである。現在、ふなずしの製造にあたっては、夏季の高温、とりわけ土用の日あたりに漬け込むことが重視されているが、[13]江戸時代前期には、春季、秋季、冬季にも漬け込んでいたことが明らかとなった。

二点目は、秋から冬の鮒を「紅葉鮒」と定義し、これを用い、さらに現在では「聞くことのない」[14]方法で、ふなずしを製造していたことを明らかにした点である。

三点目は、飯漬け期間が現在よりも短い場合があり、ふなずしの献上にあたっては、フナの捕獲から短期間で飯漬けが行われ、ふなずしが献上されていたのではないかということを指摘したことである。

よって、「現在の滋賀県のふなずし」の製法は、かつて行なわれていたふなずしの製法に、単純に遡ることができないことが明らかとなった。そこで、本稿では、先に述べたように、近世におけるふなずしの句の認識や季節性とフナについて考察していきたい。

一　近世俳諧書にみるスシ・ふなずしの句

近世の人びとがスシ、ふなずしの句をどのように捉えていたのかを探るため、ここでは俳諧書から読み取ってみたい。俳諧書を史料とするのは、俳諧においては、自然観察という視点で作句が行われているため、当時における自然の情景や社会認識を見出すことができると考えるからである。[15] さらに、俳文学では、「季」は美意識のうえで季節を意味する抽象概念と定義し、季を具体的に表す言葉を「季語」とするため、[16] 食物が季語として用いられている場合は、その食物の旬を表していると捉えることができると考えるからである。なお、櫻井の研究によれば、『毛吹草』をはじめとした俳諧書から、「鮓」は夏の季詞であり、近江国の「ふなずし」は夏季の料理とされていたことが窺えるとしている。[17] そこで、確認してみよう。

近世俳諧書において、江戸における俳書出版の嚆矢をなすものとして『俳諧初学抄』がある。[18] 同書は、斎藤徳元が著し、俳諧の式目を定めたものである。寛永十八年（一六四一）に刊行された同書には、ふなずしの記載はないが、「末春」の部において「鮎のすし」が登場する。[19] また、松江重頼（一六〇二～一六八〇）が著し、寛文十二年（一六七二）三月に成立した『時勢粧《いまようすがた》』[20] の「夏部」においては「鮨」が題としてあり、中島親宜の「をもしも巌と成てこけら鮨」などが例句としてあげられている。[21]

その他にも、「鮓」としては、享保元年（一七一六）の『通俗志』、天明三年（一七八三）の『線車大成』に、兼三夏とされている。[22] また、正徳三年（一七一三）から寛延三年（一七五〇）に成立したと考えられる其諺著の歳時記『滑稽雑談』[23] の「鮓」項には、「古来は「鮒鮓」或は生熟を夏に許用す、当世都て「鮓」と計は夏とするならし、所好にしたがふべし」とあり、[24] 俳諧書においてはスシ・ふなずしを夏の季語、つまり夏の旬物として認識していたことが明白である。

さらに、松尾靖秋編『俳句辞典　近世』では、「鮓」を夏の季語として定め、ふなずしを季語にして詠んだ与謝蕪村（一七一六～一七八四）の句「鮒ずしや彦根の城に雲かかる」を例句としてあげている。[25] 同句は、安永九年（一七八〇）の作とされ、ふなずしを食しながら、琵琶湖湖畔から彦根城の遠望を詠んだものとして解釈されている。[26] 同句は、蕪村が著した『新花摘』に収録されており、同本は寛政九年（一七九七）に刊行されている。

このように、俳諧書から、十七世紀にはスシが夏の旬物として認識されていたことを確認することができる。また、蕪村の句から、ふなずしが夏の旬物として十八世紀には認識されており、この認識は水原秋櫻子の句から確認できるように現代にいたるまで続いていることがわかる。さらに、『通俗志』などの俳諧書から、スシは兼三夏のものとして認識されていたことも確認できる。
しかし、正保二年（一六四五）に成立し、松江重頼編著とされる俳諧撰集・辞書『毛吹草』[27]には、四月の項目中に「鮒鮓なまなりハ春ニ用レ之」とある。[28]
したがって、近世の俳諧においては、スシ・ふなずしの句を夏としているが、ナマナレのふなずしは、春の旬物として認識されていたことがわかる。これは、その形態によってふなずしの旬が異なったことを示している。
また、次にかかげる句から、鮨の材料となる魚が、「盆仕舞」、つまり盂蘭盆会の前の決算にあわせて販売されていたことがわかるので、確認しよう。

盆《ぼん》じまひ一荷《いっか》で直《ね》ぎる鮨《すし》の魚《うお》　然

右の句は、元禄十一年（一六九八）五月に京都の井筒屋庄兵衛によって刊行された俳諧撰集『続猿蓑』上巻に所収されている歌仙の句で、俳諧師の惟然が詠んだものである。[29]『続猿蓑』は、元禄七年（一六九四）九月初旬頃に、松尾芭蕉が伊賀国において弟子の支考の助力を得て選定したものとされており、[30]同書に所収された本歌仙は、弟子の惟然や支考を従えて、九月八日に伊賀から大坂へ向かう直前に成立したとされる。[31]芭蕉は同七年五月十一日に江戸を出立し、閏五月から六月にかけて湖南と京都に滞在し、七月に伊賀に向かい、同地において選定していたとされていることから、[32]同句は上方の情景を詠んだものだと考えられる。この句は、盂蘭盆会前の決算時期を控えて、かつぎ売りにきた魚屋に、客が一荷（天秤棒の両端にかけて一人の肩に担える分量）分の鮨用の魚をまとめ買いするので、値引きさせるという情景を詠んだものと解されている[33]。

したがって、鮨の種類は判然としないが、十七世紀の上方では、盂蘭盆会前の決算時期に鮨用の魚を販売する経済活動が確立していたことがわかる。また、この活動から、庶民の間では鮨を作るのに適した時期が、盂蘭盆会の前後とする一般的な認識があったことが確認できる。

では、次にふなずしの原材料となる近江のフナについて考察しよう。

二　季節性と近江のフナ

現在、琵琶湖に生息するフナは、ギンブナ、ゲンゴロウブナ、ニゴロブナの三種があり、ゲンゴロウブナとニゴロブナは琵琶湖の固有種と固有亜種であることが確認されている[34]。また、ふなずしの製造にあたっては、ニゴロブナを用いることが良いとされており、この理解は江戸時代には成立していたのではないかとされている[35]。

しかし、これらの魚種とは別に、秋から冬にかけて琵琶湖で捕れたフナ、「紅葉鮒」が中近世には存在していたことから[36]、季節性とフナという観点を踏まえ、季節性によって名称が変わり、流通していたフナについて確認してみよう。

寛文十二年（一六七二）三月に成立した『時勢粧』の「時世粧　詩歌文」では春部において「近江鮒」が次のとおり紹介されている。[37]

近江鮒　　　　　貞方保之
腹ふくるゝわざや子の有あふみ鮒

右の句から「近江鮒」は、子持ちブナであったことがわかる。また、春部において紹介されていることから、子持ちブナが春の旬物として認識されていたことがわかる。つまり、この史料は、「近江鮒」とは近江産の子持ちブナとする認識が十七世紀には広まっていたことを示すもので、「近江鮒」が季節性を有した商品として価値づけられていたことが確認できる。

また、春のフナとして、文献では「初鮒」と「春鮒」が登場する。「初鮒」は、「年が明けて最初に捕獲される鮒」とされており、[38]『日本国語大辞典』では「春、初めて漁獲して市場に出た鮒」[39]とある。つまり、「初鮒」は初物という性格を有する商品であった。

享保十九年（一七三四）に刊行された菊岡沾涼『本朝世事談綺』の巻一には、「初鮒は正月の末よりとり、三月のすゑさかんにして、四月夏《げ》に入るころ、この鮒多く取るなり」とあり、[40]正月から四月に捕獲されたフナであったことがわかる。なお、本史料によれば、寒中に獲れたフナである「寒鮒」も「初鮒」に含まれることとなる。また、詳細は後述するが、「春鮒」は儀礼における献上品「春鮒鮨」として文献上で散見することができる。
つぎに、「紅葉鮒」について考察しよう。櫻井信也の研究によると、『天王寺屋会記（宗及茶湯日記他会記）』の天正九年（一五八一）十月十一日条の朝の「仕立」にみえるのが早い例とされ、十六世紀には大坂近傍において「紅葉鮒」が知られていたとされている。[41]
俳諧最初の季寄を収録したとされ、寛永十三年（一六三六）に刊行された「はなび草」には、「四季之詞」において九月の題として「紅葉鮒」が記されている。[42] したがって、十七世紀には秋の旬物として認識されていたことがわかる。また、井原西鶴（一六四二〜一六九三）によって著され、元禄二年（一六八九）正月に刊行された『本朝桜陰比事』巻二の「鯛鮹すずき釣目安」項には、「むかし都の町を春は桜鯛、秋は紅葉鮒とて、魚売の利発者、にしきの棚に住けるが」とあることから、紅葉鮒は十七世紀の京都錦市場では、秋の旬物として流通していたと考えられる。[43]
このように、「紅葉鮒」は秋の旬物として認識・流通していたことが確認できたが、琵琶湖のフナは、秋から冬にかけては沖合で生息している。[44] そのため、捕獲には、深水域まで使用することができる刺網漁が用いられていたと考えられる。[45] 滋賀県水産試験場長・琵琶湖博物館上席総括研究員を歴任した藤岡康弘によると、秋から冬にかけて、琵琶湖において刺網漁でフナを捕獲した場合、フナは網によって傷つき、鱗の間から血を流している場合があるとのことである。
そこで、「紅葉鮒」について記した近世史料をみてみよう。
大坂の医師であった寺島良安がまとめ、正徳三年（一七一三）に刊行された『和漢三才図会』巻四十八の「鮒」の項㊻では、「紅葉鮒」について「深秋其鰭變㆓紅ニ㆒謂㆓之紅葉鮒㆒時味最勝レリ」と記している。この記述から、秋になると鰭が紅色になるという特性あったことがわかる。しかし、実際には、鰭が紅色になるフナは確認されていないため、これはフナが網によって傷つき、血を流した状態であったのではないだろうか。

文化十二年（一八一五）に藤居重啓によって撰述された『湖中産物図証』第一上の「モミヂ鮒」の項㊼では、「漁者ノ手ニ入テ後、其血鱗ノ次間ヘ溢レ出見ハレ紅葉斑雑シテ美ハシ時ニ秋ナリ、其美色樹間ノ紅葉ヲ遠望スルカ如シ、故ニモミチノ雅称アリ」とある。この記述から漁によってフナが血を流していたために、「紅葉鮒」と呼称されたことがうかがえる。

これらのことから、秋から冬にかけて捕獲された琵琶湖のフナは、当該期に行なわれる刺網漁によって捕獲されると鱗が傷つき、血を流す場合があったと考えられる。しかし、それを「其美色樹間ノ紅葉ヲ遠望スルカ如シ、故ニモミチノ雅称アリ」と表現したように、「紅葉鮒」と美的な印象を定着させたことで、フナの商品価値を落とさずに流通させていたと考えられる。

このように、魚種は判然としないが、春は「初鮒」・「春鮒」、秋は「紅葉鮒」というように、フナは季節によって商品化され、商品価値が変動していたことが明らかである。季節に応じて商品化されたフナを材料としてふなずしが製造されることになるが、作られたふなずしが、中近世の儀礼の場においてどのように登場するのか、次に確認したい。

三　儀礼用のふなずし

ここでは、儀礼用のふなずしについて考察するが、儀礼を取り上げる理由をまず述べたい。

春田は、商品と物価の季節的変動に言及し、消費現場への出現に季節性があわれていることを示し、「モノに対する価値観」が歴史的に変遷することを実証した。[48]また、消費動向の解明を重視し、消費と生業を一体的に捉えること示したのである。[49]これを受けて、橋本が行なった中世における魚類消費の研究が注目できる。[50]この研究において、各時代の消費の実態、階層や地域性、嗜好のあり方や変化などを追及することを論じたことは重視しなければならない。とくに、「魚介類の特性に応じた消費のあり方とその変化を追究する必要がある」[51]と述べているように、産物の特性に応じた消費のあり方を解明することは、消費を前提に構築された生産過程の解明へとつながり、各地域における生産・消費の実態を明らかにするうえで重要である。

本稿の「二」では、近江のフナは季節性に対応して商品化され、その商品価値が変動していることを確認したが、「三」では、フナまたはふなずしがどのように位置づけられ、供給・消費されていたのかをみていきたい。そこで、近世の儀礼、大名から将軍家へのふなずし献上を取り上げることで、ふなずしの消費のあり方とそれに対応した生産のあり方、旬の形成について考察したい。

「儀礼」とは、「身分、地位、時と場所などによって行なうべき一定の礼法。儀式。典礼。礼式。」[52]とされている。したがって、儀礼を検証対象とすることで、生産・消費活動における主体者の階層性、一定した消費動向（時季・消費者など）を前提とした生産活動の過程を考察することができると考える。

また、篠原が指摘しているように、地域性と階層性など、ふなずしの生産や消費にあたっては多様性が認められる。先に確認したように、俳諧・俳句の認識では、ふなずしの旬を夏としながらも、現在の滋賀県における一般的なふなずしの旬は冬と捉えられることが多い。この旬に対する認識の乖離の要因を検証するにあたって、一定の時期に、一定量の物品を産出・消費する「儀礼」という現象を検証することで、その解明につながることができると考える。

まず、中世における儀礼の場などにおけるふなずしの登場史料を確認しよう。

永禄四年（一五六一）三月末、三好義長邸に将軍・足利義輝が御成を行った際の饗応献立においては、七献に「ふなのすし」とある。(53)

天正十年（一五八二）五月には、織田信長が徳川家康を招いて安土城にて行った饗応においても、ふなずしが出されたことが確認できる。これは、天正十年五月十五日の献立「本膳」に「ふなのすし」と記されている。(54)

その他にも、堺の商人である天王寺の茶会記録である『天王寺屋茶会記（宗及自会記）』には、天正四年（一五七六）正月四日の献立に「鮒生成」とあり、同六年（一五七八）正月二十五日には「生成鮓鮒」、同年二月二十九日には「鮒すし」が登場する。(55)

さらに、永禄十一年（一五六八）五月十七日に越前国一乗谷の朝倉義景館で行なわれた足利義昭の御成においても、三献の二の御膳に「すしのふな」が出されていたことが確認できる。[56] この事例が注目できるのは、室町時代において上方以外の地域でもふなずしが儀礼において出されていたことが確認できる点である。

これらの事例から、ふなずしは将軍御成など、貴人の饗応において出される食品であったことがわかる。また、ふなずしは、天王寺屋の茶会を除き、儀礼の場において三月や五月に出されていること から、御成などの一時的な儀礼に応じて出せるように、常にふなずしが漬けられていたと考えられる。すなわち、食品の旬とは別に、生産・貯蔵され、消費されていたことが確認できる。

では、近世において、儀礼用のふなずしはどのように生産され、捉えられていたのだろうか。諸大名から将軍への献上儀礼を例に確認しよう。

近世において、将軍に対する奉公・忠誠を示すために諸大名などから将軍への献上儀礼が実施されていたが、この儀礼においてふなずしは献上品の一つであった。岡崎寛徳の研究によれば、[57] 享保末年から元文初年頃に作成されたと思われる「新編柳営秘鑑」をもとに、ふなずしを献上していた大名は、彦根藩井伊家、膳所藩本多家、大溝藩分部家、仁正寺藩市橋家、小室藩小堀家、山城国淀藩稲葉家、信濃国高島藩諏訪家の七家があったことが明らかにされている。また、『文化武鑑』より文化九年（一八一二）の献上でも、小堀家を除く大名からのふなずしの献上があった。[58]

このうち、井伊家の場合、享保年間（一七一六〜一七三六）には、四月、土用入り、十一月、寒の入りの年四回の将軍への献上「年中御献上物」において、「在所之品」、つまり彦根藩領の品として、ふなずしが献上されていることが明らかにされている。[59] 四月には、「鮒鮨」十五入の一桶を、十一月には「紅葉鮒鮨」十三入の一桶を上箱している。また、四月の「鮒鮨」は、「春鮒鮨」と称され、将軍への献上の「御残」については、老中・若年寄・側衆・寺社奉行・留守居・大目付・作事奉行に渡し、「紅葉鮒鮨」の「御残」は、老中・若年寄・側衆に渡していた。なかでも「春鮒鮨」は年中献上物のなかで最も多く贈答品として扱われていたことが指摘されている。[60]

このように、年四回の将軍への献上「年中御献上物」において、ふなずしは四月に「春鮒鮨」として、十一月には「紅葉鮒鮨」と称し、季節に応じた品物として献上されている。つまり、儀礼によって、季節に応じたふなずしが作られたことで、旧暦の四月と十一月を旬とする認識が形成されたといえる。

なお、近世において魚種としてのフナの格付けは、尾張藩士で俳人でもあった横井也有（一七〇二～一七八三）が著した『鶉衣』の「衆魚譜」において、フナは「位階おとれり」[61] とある。したがって、魚種としてのランクは高くはないが、加工されてふなずしになると、近世においては貴人への献上品として取り扱われていたのである。

次に、井伊家におけるふなずしの製造過程を、史料から出来る限り明らかにしたい。

左の史料は、二代彦根藩主の井伊直孝（一五九〇～一六五九）が国許彦根の年寄や役人に宛てた書状の留書の一つで、寛永二十年（一六四三）二月十八日書下の写しの一部である。[62]

一　春鮒之鮨、進上之分ハ桶参着候、右之外二桶入申候間、未不レ下候ハヽ、二桶上家とも二申付、早々越可レ被レ申候、又遣ひすし今度二桶参候、其外申越候通可レ越よし、西堀次兵衛可レ被二申付一候事

この史料には、「春鮒之鮨、進上之分ハ桶参着候」とあり、献上用の春鮒之鮨が桶に漬けられた状態で、彦根から江戸へ送られていたことが確認できる。したがって、ふなずしは、国許で製造されていたことがわかる[63]。

また、同様に留書の一つで、井伊直孝が国許彦根の年寄や役人に宛てた承応元年（一六五二）十一月二十一日書下写の一部をみてみよう[64]。

一　毎年春鮒とれかね、江戸へ指越候鮨遅々仕候、此段考、正月中ニも江入之場普請を被二申付一、又ハ大あミなとも猟師目分ニ而仕立候義不レ成候ハヽ、此方ゟ入め出し、其壱帖も見候様なりとも仕可レ然候間、左様成相談も吟味も可レ在二之一事

右の史料から、毎年、春鮒が思うようには獲れず、江戸へ送る鮨の到着が遅くなっていたため、正月中には「江入之場」の普請を行うことを命じたことが読み取れる。なお、「江入」とは魞（以下、「エリ」と表記）と考えられる。よって、「春鮒」は、正月から捕れるフナであることが確認でき、四

月に将軍家へ献上される「春鮒鮨」は、正月に設けられたエリで捕獲されたフナを用いて製造されていたことが確認できる。このことから、近世におけるふなずしは、夏季の土用のころを経ず、冬季または春季に漬け込み作業を行われていたことが明らかである。また、先に示した寛永二十年二月十八日の史料から、献上用の春鮒鮨が桶に漬けられた状態で二月十八日以前には江戸に到着していることから現在の製法に比べて、漬け込み期間が短かったことがわかる。

次の史料も留書の一つで、井伊直孝が、国許にいる家臣、木俣清左衛門（木俣守安）、庵原主税介（庵原朝真）、長野十郎左衛門（長野業実）、大久保新右衛門、筋奉行に宛てた承応三年（一六五四）四月一八日付の書状の留の一部である。[65]

一　当春鮒之鮨参着候、跡々ゟ風味少し悪敷様ニ存候間、此已然前鮨漬候吟味仕、成程念入可レ
　被二申付一候
一　鮒江入普請之義、魚多無レ之ニ付、江入一円無レ之由、尤ニ者候得共、鮒無レ之候ハヽ、尚以
　川筋能候ハヽ、けにハ少宛成共入可レ申と存候間、左様成吟味普請申付可レ然候ハヽ、先三ケ
　所も申付様子見可レ被二申一事
一　鮒無レ之ニ付、大網之者共へ前銀借し大津直段ゟ過分に下直ニ上させ、今以其通候由尤ニ候
　事
一　浦々大網運上、近年鮒之ニ付納かね候由、運上高銀弐〆弐拾七匁二而候間、其内五六わり程

も引候ハヽ、大網続可レ申由、惣別か様成運上は定申共、其年々之様子ニゟ指引可レ在二之一儀ニ候間、吟味被レ仕、鮒とれ候様子次第ニ運上高下可レ被二申付一候、勿論指当五六わり程も引候而能候ハヽ、例ニ成不レ申候様ニ引様子見可レ被二申一候、魚過分ニとれ候ハヽ、諸定銀ゟも増請させ候而も其年々之様子次第可然候、左様成所仕置之考第一ニ而候、猟も無レ之ニ諸定申とて無理ニ運上銀取立、浦々のもの沈淪致候様ニ成行候得ハ、大き成非事ニ候間、万運上物此方へ承被レ申候ニ及申候間、吟味次第ニ被二申付一増取候時も可レ有二之一候、又者一切ニ取不レ申候時も可レ在二之一候間、左様ニ心得可レ被二申一事、以上

午四月十八日　御印

木俣清左衛門殿　庵原主税介殿

長野十郎左衛門殿　大久保新右衛門殿

筋奉行中

最初の一つ書には、「当春鮒之鮨参着候」とあることから、この年の春に獲れた春鮒を用いたふなずしが江戸に到着し、藩主である井伊直孝が直にこの春鮒鮨を食して、その味を「跡々ゟ風味少し悪敷」と評価を行っていることがわかる。さらに、「此已然前鮨漬候吟味仕、成程念入可レ被二申付一候」

とあることから、この年の春以前に捕獲したフナ、言い換えれば、春鮒ではないフナを用いて、漬け込み作業が行われていたことが読み取れる。

よって、献上される春鮒鮨は、基本的にはその年の春に捕獲されたフナを用いて製造されてはいたが、それ以前に捕獲されたフナを用いて製造されたふなずしを、献上していたことも考えられるのである。これは、ふなずしの献上にあたっては、春鮒を用いることよりも、定められた時季に鮨を献上することが重要であったことを示している。つまり、ふなずしの原材料となるフナが春は「春鮒」、秋は「紅葉鮒」とされるように、近江のフナの旬とされる時季に、ふなずしが献上されているが、ふなずしは消費される献上時季に応じて生産・献上されているのであって、旬とされる時季であったために、献上されていたのではない。

また、「江入」一円にフナがいない場合は、川筋からもフナを捕獲することが命じられており、さらに、「大網運上」として領内浦々の漁師からフナを仕入れて、ふなずしを製造していたことがわかる。

このように、十七世紀において井伊家では、ふなずしの献上にあたり、藩主がフナの捕漁についても詳細に指示するなど、厳格な統制下でふなずしが国許彦根において製造されていたこと、さらに、ふなずしが江戸に送られると、藩主が直に味覚を確認して、献上されていたことがわかる。

特に注目したいのは、十七世紀には、基本的には正月に設置されたエリなどで捕れたフナ、「春鮒」を用いて春鮒鮨を製造していたことである。このことから、夏季の土用のころを経ずに、冬季または春季に漬け込み作業が行われていたことがわかる。また、塩切り、飯漬けの期間が判然としないものの、四月に献上されることから、現在の製法に比べて、漬け込み期間が短かったことが明らかである。

さらに、献上される春鮒鮨は、その年の春以前に捕獲されたフナを用いて製造されたことも想定されることである。つまり、献上という消費動向に応じてふなずしは生産されていたのであって、旬とされる時季であったから、献上が行なわれていた訳ではないのである。したがって、近世俳諧書で確認したように、庶民の間ではふなずしの旬を夏とする認識が広がっていた。献上という消費事象に応じたふなずしの生産活動が行なわれたことで形成された旬が消費者には存在していたのである。このように、儀礼に対応してふなずしが作られたため、献上時季である旧暦の四月と十一月を旬とする認識が形成されたといえる。また、献上という消費行為によって、フナの捕獲・ふなずしの生産構造が構築されていたことがわかる。

おわりに

近世における俳諧書から、当時の人々がスシ・ふなずしの旬を夏とする感覚が認められ、享保元年(一七一六)の『通俗志』、天明三年(一七八三)の『線車大成』では、兼三夏とされていることなどからも、十八世紀には、夏の旬物とする認識が成立していたことがわかった。この感覚は、水原秋櫻子の俳句「鮒鮓や三たび水打つ石暮れて」からわかるように、現在にも通じているのである。

しかし、正保二年（一六四五）の俳諧撰集・辞書『毛吹草』の四月の項目中に「鮒鮓なまなりハ春ニ用レ之」とあるように、ふなずしの旬は、その加工形態によって異なるのである。また、近江のフナは、春は「初鮒」・「春鮒」、秋は「紅葉鮒」と、季節に応じて名称が変わることがわかった。つまり、「春鮒」や「紅葉鮒」など、近江のフナは季節に応じて商品化され、流通していたのである。

さらに、近世において大名家から将軍家への献上では、四月には「春鮒鮨」、十一月には「紅葉鮒鮨」が献上されていた。よって、俳諧では、ふなずしの旬を夏としながらも、儀礼によって形成されたふなずしの旬も成立していたのである。

現在のふなずしの製法が、それ以前のものと異なることが、現在と近世におけるふなずしの旬が乖離する原因の一つであると思われる。しかし、原因はこれに限らず、近世においては、原材料であるフナが季節に連動して価値が変ずる商品として成立しており、これらを用いて、「春鮒鮨」や「紅葉鮒鮨」といったふなずしが作られたことも要因の一つであると考えられる。時献上という、献上時季が固定化した儀礼によってふなずしが作り出されたことで、現在と近世では、ふなずしの旬がそれぞれに乖離していると考えられる。

なお、厳寒期のフナは「寒鮒」と呼ばれ、脂肪がのってうまいとされているが[66]、筆者が見た限り、近世期の史料上で、「寒鮒」、またそれを用いたすしの存在を今回は確認することができなかった。これについては、季節性と商品価値という点からも、今後の課題として研究を進めたい。

（付記）本稿を記すにあたり、篠原徹氏・橋本道範氏にはお世話になった。感謝を申し上げる。

（1）日本国語大辞典第二版編集委員会・小学館国語辞典編集部『日本国語大辞典』第二版第六巻、小学館、二〇〇一年、一四五一頁
（2）株式会社シャイカンパニー編『日本料理　伝統・文化事典』プロスター、二〇〇八年、三〇頁
（3）「モノからみた一五世紀の社会」『日本史研究』五四六号、二〇〇八年
（4）株式会社ペック編『日本の料理　冬の味』第四巻、講談社、一九七五年、二一二〜二一三頁
（5）「日本の食生活全集　滋賀」編集委員会『聞き書　滋賀の食事』農山漁村文化協会、一九九一年、二〇頁。当該部分は「沖島の食」についての記述である。
（6）稲畑汀子編『ホトトギス新歳時記』三省堂、一九八六年発行・二〇〇三年改訂、四六〇〜四六一頁
（7）山本三生『続俳句講座』第七巻、改造社、一九三二年、三二〜三頁
（8）水原秋櫻子『水原秋櫻子全集』第四巻、講談社、一九七八年、二五九頁。なお、阪本屋のホームページにも掲載されている（http://www.sakamotoya.biz/funazushi.html）。
（9）春田直紀「文献史学からの環境史」『新しい歴史学のために』二五九、二〇〇四年。その他、「モノからみた一五世紀の社会」『日本史研究』五四六号、二〇〇八年・「魚介類記事から見えてくる世界」滋賀県立琵琶湖博物館編『日本中世魚介類消費の研究―一五世紀山科家の日記から―』所収、琵琶湖博物館研究調査報告書第二五号、二〇一〇年が注目される。

(10)橋本道範「日本中世の魚介類消費研究と一五世紀の山科家」滋賀県立琵琶湖博物館編『日本中世魚介類消費の研究―一五世紀山科家の日記から―』琵琶湖博物館研究調査報告書第二五号、二〇一〇年。「年中行事と生業の構造―琵琶湖のフナ属の生態を基軸として―」・「一五世紀における魚類の首都消費と漁撈―琵琶湖のフナ属の旬をめぐって―」『日本中世の環境と村落』所収、思文閣、二〇一五年など。

(11)篠田統『すしの本』柴田書店、一九七〇年

(12)櫻井信也「江戸時代における近江国の「ふなずし」」『栗東歴史民俗博物館紀要』一八号、二〇一二年・「江戸時代における近江国の「ふなずし」(補遺)」『栗東歴史民俗博物館紀要』二〇号、二〇一四年

(13)大津市の阪本屋の代表取締役社長の内田健一郎氏からのご教示による。

(14)前掲(12)櫻井信也「江戸時代における近江国の「ふなずし」」一〇頁

(15)篠原徹『自然を詠む―俳句と民俗自然誌』飯塚書店、二〇一〇年

(16)加藤楸邨・大谷篤蔵・井本農一監修・尾形仂・草間時彦・島津忠夫・大岡信・森川昭編集『俳文学大辞典』角川書店、一九九五年、一九二頁。なお、近世における俳諧では、「季語」を「四季之詞」などという。

(17)前掲(12)櫻井信也「江戸時代における近江国の「ふなずし」」七頁

(18)伊地知鐵男・井本農一・神田秀夫・中村俊定・宮本三郎『俳諧大辞典』明治書院、一九五二年、五

六八頁
(19) 創美社編集『貞門俳諧集』二、集英社、一九七一年、三六八頁
(20) 前掲(19) 五五三頁
(21) 前掲(19) 一三二・一三五頁
(22) 角川書店編『図説俳句大歳時記　夏』角川書店、一九六四年、一五四〜一五六頁
(23) 前掲(16)、二九七頁
(24) 早川純三郎編『滑稽雑談』第一巻、一九一七年、三六一〜三六二頁
(25) 松尾靖秋編『俳句辞典　近世』桜楓社、一九八二年、一八〇頁
(26) 麻生磯次『俳句大観』明治書院、一九七一年、二八四頁。松尾靖秋・堀切実・楠本憲吉・伊吹一編『俳句辞典　鑑賞』桜楓社、一九八一年、二二八頁
(27) 前掲(16) 二六〇〜二六一頁
(28) 竹内若校訂『毛吹草』岩波書店、二〇〇一年、五九〜六〇頁。初版は一九四三年
(29) 井本農一・久富哲雄・村松友次・堀切実校注・訳者『松尾芭蕉集』二、小学館、一九九七年、五六四頁
(30) 前掲(16) 五〇五〜五〇六頁
(31) 前掲(29) 五六〇〜五六一頁
(32) 前掲(31)。本歌仙の発句は、元禄六年(一六六三)冬に江戸において沾圃が詠んだもので、これ

を立句として、元禄七年の旅に居合わせた支考と惟然を相手に作られたものだと考えられている。
(33) 前掲(29)
(34) 橋本道範『日本中世の環境と村落』思文閣出版、二〇一五年
(35) 前掲(12)櫻井信也「江戸時代における近江国の「ふなずし」(補遺)」、二頁
(36) 前掲(12)、佐野静代「琵琶湖の自然環境からみた中世堅田の漁撈活動」『史林』九六―五、二〇一三年
(37) 前掲(19)一〇五・一〇七頁
(38) 前掲(12)櫻井信也「江戸時代における近江国の「ふなずし」」五頁
(39) 前掲(1)第一〇巻、一二四五頁
(40) 柴田宵曲編『随筆辞典　衣食住編』東京堂、一九六〇年、一四六頁
(41) 前掲(12)櫻井信也「江戸時代における近江国の「ふなずし」(補遺)」、三頁
(42) 前掲(19)、三五四頁
(43) 拙稿「近世における紅葉鮒」、野洲市歴史民俗博物館『野洲市歴史民俗博物館研究紀要』十七号、二〇一三年
(44) 滋賀県教育委員会『びわ湖の漁撈生活』一九七八年、一〇～一三頁
(45) 佐野静代「琵琶湖の自然環境からみた中世堅田の漁撈活動」『史林』九六―五、二〇一三年。小糸網は深さ二十五m内外の水域で使用が可能で、小糸網の技術は、元禄期頃までは堅田の漁師のみが

保持していたとされている。

(46) 和漢三才図会刊行委員会編集『和漢三才図会』上、東京美術、一九八三年

(47) 安田健編『江戸後期諸国産物帳集成』第Ⅶ巻、科学書院、一九九九年

(48) 前掲(3)

(49) 前掲(34)。橋本道範が消費論の重要性を提起している。

(50) 滋賀県立琵琶湖博物館編『日本中世魚介類消費の研究 ―一五世紀山科家の日記から―』所収、琵琶湖博物館研究調査報告書第二五号、二〇一〇年

(51) 前掲(50)

(52) 前掲(1)第四巻、六二〇頁

(53) 長坂金雄『日本食物史』雄山閣、一九三四年、三九一~三九六頁

(54) 河内美代子『天下分け目の料理 ~信長と家康~』近江八幡市立資料館、二〇一一年、一六頁

(55) 千玄室編纂『茶道古典全集』第七巻、淡交社、一九五六年、二二八・二七七頁。天正六年二月二十九日の記事は同本第八巻(同社・同年出版)の二八五頁に掲載。

(56) 福井県立一乗谷朝倉氏遺跡資料館編『国指定特別史跡 指定四十五年記念特別展 一乗谷 ~戦国城下町の栄華~』二〇一五年、四三頁

(57) 岡崎寛徳「享保期井伊家の贈答儀礼と幕政・藩政」、彦根藩資料調査研究委員会『譜代大名井伊家の儀礼』彦根城博物館、二〇〇四年

(58) 滋賀の食事文化研究会編『ふなずしの謎』サンライズ出版、一九九五年、一〇三頁。なお、小室藩小堀家は天明八年(一七八八)に改易となっている。

(59) 前掲(57)

(60) 前掲(57)

(61) 野田千平『稿本系　うづら衣　本文と研究』笠間書院、一九八〇年、九一頁。なお、「衆魚譜」は「百魚譜」とも称す。

(62) 朝尾直弘監修・彦根市史近世史部会編集『久昌公御書写—井伊直孝書下留—』彦根市教育委員会、二〇〇三年、二一〇頁

(63) 彦根藩・膳所藩では国許で塩漬けを行ない、それを江戸藩邸に送り、飯漬けを行なっていたいとされる。櫻井信也「江戸時代の『ふなずし』」滋賀県ミュージアム活性化推進委員会『みんなで語る「ふなずし」の歴史』二〇一五年、二五五～二五六頁。ただし、本稿で用いた彦根藩史料には「鮨」とあり、飯漬けを経たものであると考えられる。また、後にかかげる承応三年(一六五四)四月一八日付の史料から、「当春春鮒之鮨」が江戸に到着後、藩主井伊直孝によって四月一八日時点で食されていることからも飯漬けを経た鮨として江戸に到着していたと考えられる。したがって、時期によって、国許で塩漬けを行ない、江戸藩邸で飯漬けを行う場合もあったと考えられる。

(64) 前掲(62)一八三頁

(65) 前掲(62)一九八～一九九頁

(66) 前掲（34）、一八九頁

俳諧・俳句と「ふなずし」

篠原　徹

はじめに

一九七二年より始まった琵琶湖総合開発[1]は、戦前から始まっていた琵琶湖の内湖干拓に終止符を打つものであった。これによって一〇〇近くあった琵琶湖岸の内湖やそれに続く湖岸の水田は琵琶湖と完全に流路を遮断されてしまった。それに伴ってかつて琵琶湖と内湖それに続く湖岸水田を往来していた魚たちの生活史は破壊されてしまった。それが琵琶湖の魚に限らず琵琶湖水域の生物多様性や人びとの生活にとっても重大な価値の損失かも知れないと気づきはじめたのは総合開発が終了した後である。[2] もちろん総合開発の終了前からことの重大性に懸念を示していた人もいた。滋賀県の進める「ゆりかご水田」[3]はそうした懸念や琵琶湖の将来に不安を考慮した琵琶湖の将来のありようを再度実験的に考える保全と再生の事業のひとつである。

内湖や湖岸水田を往来する魚たちのことは、湖岸で生活し生業として漁業をおこなってきた人びとにとっては当たり前のことであった。しかし、かつての内湖や湖岸水田のことを知らない人びとはもうそのことを忘れてしまっていることが多い。そうした湖岸域の人と魚と稲が密接に関連していた生活を俳諧・俳句で思い起こしてみたい。そうして鮒およびふなずしの俳諧・俳句を渉猟するなかでふなずしの句の問題に行き当たったことを述べてみたい。ここで述べることは、この本における筆者の別の論考「現代「ふなずし」再考」の補論的な意味をもったものだと思っていただきたい。

一　歴史資料・博物誌資料としての俳諧・俳句

魚のことをよく知っている漁師ではなくとも、湖と内湖そして水田を魚が往来することは実は近世から近代にかけて俳諧・俳句に詠まれてきた。つまりこれは地域の人びとや俳人にはあたりまえのことであった。俳諧・俳句では目の前で経験したことや感動したことを詠むことを嘱目といっている。子規以降の写生写実の俳句も一種の嘱目と言っていい。芭蕉は、子規の言う客観的描写である写実写生を景物とか景曲と言っている。いずれも場合でも、正確で洞察に富む自然観察に裏打ちされていなければならないのは当然である。

そして芭蕉以降の俳諧・俳句が身の回りの自然や生活を景物として詠むことに重点が置かれていたことも庶民の生活資料としての俳諧・俳句にとっては幸いした。これらのことを考えると、俳諧・俳句は歴史資料・博物誌資料足りうるのではないか[4]。この場合の歴史資料は生活史資料ということになるが、琵琶湖や内湖あるいは湖岸水田での出来事を俳人たちが何に感動して何を詠んだのか、とくに「鮒」に注目して俳諧・俳句を探してみた。ふなずしの素材となるニゴロブナが、湖から川を遡り田に入り鮓になる魚の物語を俳諧・俳句で綴ることができるのではなかろうかということである。

「ゆりかご水田」は水田の排水路を魚たちが遡ることができるように人工的な仕掛け「排水路堰上げ式水田魚道」を施した水田である。つまり水田への魚の道というわけである。設置した当初は本当にニゴロブナが水田に上がってくるのか疑問視した研究者もいたそうだ。これについては興味深い「ゆりかご水田」実施のエピソードがあるが、意外にわずかな時間の経過で魚が水田に上がってくることが忘れられてしまったのである。

俳人たちが生活や自然（動植物）に強い関心をもっていて、生活史や博物誌をはからずも表現してしまう句を作ることがしばしばある。俳人が食物史や博物誌に関心をもつと過去の俳人たちの作品からこうした句を通時的に並べることによって歴史的変遷などが分かることもある。またある時代の作品を空間的に配置すれば何らかの地理学的な意味が付与できることもある。柴田宵曲の『新編俳諧博物誌』などはその方法を教えてくれる典型な例である。[5] 琵琶湖周辺の「鮒」に関する俳諧・俳句を探していたときに教えられたのが四方山径の『俳諧たべもの歳時記』[6]であった。

このなかの「ふな（鮒）―寒鮒潑剌」の項には求めていた句がほとんど網羅されていた。王樹、源女、涼舟、伶人そして百歩の句は、この四方の著作の「ふな（鮒）―寒鮒溌剌」の項の掲出句である。ただ俳人たちの慣例であろうか掲出句の作者がいつの時代のどこで活躍した人かわからない場合もある。有名な俳人ならともかく無名であろうがいい句だと思ったら近世・近代お構いなく句を例示するので通時的には前後することも起きる。しかし内湖の干拓以前では魚たちの生態や漁師たちの行動にはそれほどの変化がないと思われるので、そうしたことを無視して「湖から川を遡り田に入り鮓になる魚の物語」として俳諧・俳句で綴ってみたい。

二　俳諧・俳句で綴る鮒の生態とふなずし

琵琶湖は瀬田川というひとつの河川しか出口はないけれど、逆に琵琶湖に流入する河川は数多くある。かつてはこうした河川を通じてニゴロブナなどが遡上し、その河川とつながっていた湖岸の水田にまでに産卵のため上がってきていた。こうした光景は琵琶湖に流入する河川や内湖に隣接する水田では日常的にみられたはずである。したがって現在でもお年寄りの中にはこうした光景を実際に見た人は滋賀県では数多くいると思われる。俳人たちもこうした光景を実際にみてきたであろうし、句として詠んでもきた。

「ふな（鮒）―寒鮒浣剌」のなかで、とりあげたのは王樹、源女、涼舟、伶人そして百歩の句であるが、句のなかの鮒がニゴロブナであることが確実なのは涼舟だけである。[7] 王樹、源女、伶人そして百歩の句の鮒については、彼らの住んでいたところがどこなのかわからないので、ギンブナ、ニゴロブナのどちらの可能性もある。また近世では鮒鮓の対象としてギンブナとニゴロブナを区別していたかどうかわからないので、彼らの句の鮒について言及するときはに単にフナとしておいた。[8]

濁り鮒腹中卵ばかりかな　　王樹

濁り鮒というのは、湖岸水田で田植えのために耕起して水を入れ田均しする頃に田の濁り水を察知したフナのことをいい、フナは川の流れ込む湖岸に集まる。もちろんこの濁り鮒は卵を一杯腹に詰めていて、産卵場所に向かうのである。琵琶湖に注ぐ河川の河口近くに集まったフナは魚島を作るという。季語は濁り鮒であるが、田植え頃から梅雨の季節で夏ということになる。

温き水慕ひ上りぬ濁り鮒　源女

田の濁りを感じた鮒が川を遡上し始めることを詠んでいる句である。温き水とは田均しした水田の水であろうが、俳人は擬人的な表現でこれを慕うと言っているが鋭い観察である。フナが本当にこの「濁り」を察知して遡上する行動を起こすのかもしれない。琵琶湖に流れ込む河川でときどき水面からでもこの光景は見えたのであろう。

鮒上る川の濁りや五月雨　涼舟
濁り鮒あたり構わず網下ろす　伶人
濁り鮒小溝に上る網を張れ　百歩

フナは本流から支流へ、さらに田の近くの細流にまで達する。梅雨時で田の水は溢れ川の濁りでフナはもう見えない。この涼舟は戦前の昭和に活躍した湖西に住んでいた俳人であり、フナの生態・行動・ふなずしにすぐれた句を残している。田の直前の小流までフナがくれば、村の腕白小僧がタモ網で掬いに来ると四方山径も評釈している。もちろんタモ網だけではなくモンドリも使ったであろう。

五月雨水つきし田に鮒上る　涼舟

苗代にうれしき鮒の行衛哉　蕪村

遂にニゴロブナは産卵場である田に辿り着いたことを詠んだ句である。蕪村の住んでいた京都の四条烏丸あたりから南部は桂川の後背湿地が広がっていて、蕪村もこうした光景を見たにちがいない。涼舟の句は田植えが終わり五月雨で水嵩の増した田にニゴロブナがあがってきた光景なのであろう。滋賀県が進めてきた「ゆりかご水田」に産卵のために遡上してくるのはニゴロブナとギンブナとナマズである。このことは琵琶湖博物館が行った第二〇回企画展示に伴って発行した図録『ニゴローの大冒険』[9]が、展示そのものも当然可視的なものであるけれども図録も可視的な図表を駆使して明快に「ゆりかご水田」の生物学的な意義を説いている。水田に上がってくる魚のなかでは漁業的資源という意味ではニゴロブナが主役であることをこの図録は説明している。

五月雨や田で網打つ濁り鮒　酔牛

濁り鮒網もてぬ迄かかりけり　涼舟

田に上ってきたニゴロブナを漁師は待ってましたとばかりに稲の苗にかまわずに田で投網を打つ。実はこうした句があればと思って探したけれども見つからなかったので筆者の創作である。しかし、この句の内容に関しては根拠がないわけではない。湖岸の野洲市中主あやめ浜の松沢松治さんにこの話を聞いた。彼によると昔は田に上がってきたニゴロブナを投網で獲ったという。そのためこうした田はわざわざ深田にしておいたと言っていた。稲の収量は多少犠牲にしてでもニゴロブナの捕獲を重視したのであろう。沖島の漁師は魚島を作っているころのニゴロブナを狙うそうだ。それは岸や田に近づき産卵寸前になると多くの卵を包む卵巣の膜が弾けそうになり、ふなずしにすると卵が崩れやすいそうだ。こうしたニゴロブナをタレといっている。涼舟という俳人のニゴロブナへの執着はたいへんなもので、この人は大変なふなずし好きであったのではないか。

蘆の根に生みつけし鮒の卵かな　涼舟
堅田鮒雨の上りて日に少な　涼舟

こうしてニゴロブナは梅雨が終わる頃には上る数も減ってくる。全てのニゴロブナが田に上がるわけではなく湖岸のヨシやマコモの抽水植物帯でも産卵する。掲出句はこうした光景を詠んでいる。

五六貫底値を買いぬ濁り鮒　涼舟
濁り鮒鮓の手頃を買ひにけり　涼舟
魞小屋の鮒鮓の桶並べたる　涼舟

ここに挙げた三句とも涼舟の句であるが、この人のふなずしへの執着は酔狂を通り越している。漁師から湖岸の魚屋に卸されたニゴロブナを本人も五、六貫購入してふなずしを漬けたにちがいない。現在ふなずしを漬ける人の話では、大きなもので五〇〇g程度のニゴロブナである。小さなものでも三〇〇g程度はあるものを使うという。五、六貫というのは大きなニゴロブナを購入したとして、四〇匹前後になるので大きな桶なら最低でも一桶はふなずしを漬けることになる。ニゴロブナを大量に獲る漁師が販売用に魞小屋を利用してふなずしを漬けている光景は琵琶湖総合開発以前の近代では湖岸では日常的に見られたのであろう。ここまではニゴロブナが産卵のために田にまで上がってきて、それを漁師なり農民が捕獲するまでの句である。つまりこのニゴロブナは漁師によって壺抜きされたものが一〇〇日くらいの期間を目処に「塩切り」されている状態までを詠んでいるとみたい。

鮒鮓の便りも遠き夏野かな　蕪村
鮒ずしや彦根の城に雲かかる　蕪村

なれ過ぎた鮓をあるじの遺恨哉　蕪村
今少しなれぬを鮓の富貴哉　几董
鮒鮓や夜の底深き湖の国　伊藤伊那男
鮒ずしや舟足おそき島暮し　大谷阿蓮

涼舟の「舣小屋の鮒鮓の桶並べたる」ことになるとこれは塩切りも終わり土用の頃飯漬けをしてニゴロブナが熟れるのを待って、あとは桶を開けるだけになる。実は、塩切りから飯漬けの段階を詠んだ句というのは探すことができなくて、桶を開けて待ち望んだ鮒鮓の出来を確かめるべく食べる段階の句が次に来ることになってしまった。

三　ふなずしの句をめぐる問題

藤田真一・清登典子編『蕪村全句集』[10]では「鮓」と分類されている句は十九句あるが、すべて「夏之部」に入っている。また「夏野」に分類されている「鮒鮓の便りも遠き夏野かな」があるので「鮓」の句は二十句あることになる。蕪村の弟子・几董の句も夏に分類される句であるが、ふなずしの桶を開けたとき、熟れ方が今ひとつであったことを残念がる句である。この感覚は現在でも毎年同じ方法で同じ場所でふなずしを漬けても起こることで、ふなずしを漬ける人が今でも味わう感覚である。「鮒鮓の夜の底深き湖の国」と「鮒すしや舟足おそき島暮し」（この島は、琵琶湖のなかの有人島・沖島のことである。ふなずしを作ることで有名な島である）は現代の句であり、鮒鮓を夏の季語として詠んでいることを確認する意味で例句として挙げた。もちろん句の味わいとしていいものだと思っているが、ここは博物誌資料としての句として重要なのである。

さて、ここまでふなずしの句をニゴロブナの行動・生態から漁師に獲られ庶民の口に入るまでの句を順を追って並べてきた。そして確かに俳人の自然観はきわめて的確でニゴロブナが湖から湖岸の水田にまで産卵に来る博物誌を句によって描くことができた。この小論はここで終わるはずであったが、実は涼舟の「五月雨水つきし田に鮒上る」と蕪村の「鮒ずしや彦根の城に雲かかる」との間にただならぬ問題が横たわっていたことに気づいた。ふなずしの旬や出盛りとは何時なのかという問題である。

涼舟の「五月雨水つきし田に鮒上る」のは梅雨時のことだから新暦では六月のころと考えていいだろう。この時期のニゴロブナは現在の漁師は卵がはち切れんばかりでふなずしの材料としてはよくないという。最後のふなずしの材料となるのはこの時期のものである。こうしたニゴロブナを「タレている」というが、水田に上る最後のニゴロブナであろう。このニゴロブナを塩切り一〇〇日、飯漬け一〇〇日をふなずしが熟れる最小の時間とすれば、熟れた時つまり桶を開けるときは半年以上先になり冬になる。

一方、蕪村の「鮒ずしや彦根の城に雲かかる」をもう少し詳細に検討してみよう。この句の成立年時を尾形仂は安永六年四月十六日つまりグレゴリオ暦では一七七七年五月二十二日としている。[11] またもうひとつの有名なふなずしの句「鮒鮓の便りも遠き夏野かな」は明和五年六月二十五日を成立年時としているので、グレゴリオ暦では一七六八年八月七日となる。さらに藤田・清登の『蕪村全句集』[12]のなかで「鮒鮓の便りも遠き夏野かな」の脚注では、句が「新花摘」では安永六年五月十七日に大魯宛の手紙にでてくると指摘している。もし鮒鮓を食べる時期と大魯宛の文章が一致するなら、食べた時期はグレゴリオ暦では一七七七年六月二十二日となり、どちらの場合も夏の食べ物ということになる。藤田・清登の頭注による評釈は「真夏の太陽の下、汗だくで夏野を歩いていると鮒鮓の食味が恋しいが、口にする手だても遙かに遠い」となっていて、鮒鮓が夏の食べ物であることを的確に判断している。つまり蕪村の句は、夏にはすでにできあがって食べることができる直前のふなずしを詠んでいるのである。もしこの蕪村の鮒鮓が一年物あるいは二年物でないとすれば、それこそ一、二ケ月の「生熟れ」の鮒鮓ということになる。しかし、これは現在の鮒鮓を作る人からの話では考えにくいという。それに対して涼舟の句は、これから塩切り、飯漬けをする前の段階の鮒を詠んでいるのである。

そこで両者の句を比較してみると、涼舟のすし桶を開ける時期と蕪村のすし桶を開ける時期に半年近いズレが存在し、その間は埋まらないことになるのである。この矛盾は一体どこから生じるのか。このことはふなずしの句（あるいは鮓桶を開けるのはいつかという初物を食べる時期）とはいつなのかという問題に帰着するはずである。蕪村の句からわかることは最後の口に入れる段階つまり鮓桶を開けるのは夏である。蕪村は夏に口切された一年物あるいは二年物の鮒鮓を食べたにちがいない。だからこそふなずしにかぎらず鮓と名のつくものは近世では夏の季語と認識されていると思われる。

馬琴の歳時記によれば近世の終わりには鮓は初夏、仲夏、晩夏の三夏ものの季語として使われているので、季語として使える期間は相当長いことになる。(13) しかし、蕪村・几董の句と現代の伊那男・阿蓮の句では次の点が大きく異なっている。蕪村・几董の句では、生活の中におけるふなずしの句と俳諧の季語としてのふなずしの句は一致していると思われる。それに対して伊那男・阿蓮のふなずしは一致していないのではないかと思われる。現在、滋賀県でふなずしを漬ける人や食べる人にふなずしの句はいつですかという問いを発するとすれば、答えはほとんどの人が鮓桶を開ける十二月から正月のころのものだから冬ですと応えるであろう。しかし近現代の俳人たちは俳句歳時記や季語辞典などで鮓が夏の季語なのでふなずしを夏の季語として詠んでいると思われる。

さてズレの起きた原因は何であろうか。その答えは意外に簡単なもので、蕪村のふなずしは夏に飯漬けをして一年熟れさせたもので、この論集の筆者の別の論考「現代ふなずし再考」のなかで、「商売のふなずし」あるいは「農家のふなずし」と述べた方法によって作られたふなずしの可能性が高いと思われるのである。(14) 現在、滋賀県で普及しているふなずしの作り方は、筆者が「漁師のふなずし」と言っているものである。つまり「漁師のふなずし」が近代になって普及し、漬ける期間も短くなったのではないか。筆者自身もこのところ毎年ふなずしを漬けているけれども鮓桶は冬に開けるものだと思っていたので、少なくとも近世では夏に一年ものや二年ものを開けるのが常識だとは考えもしなかった。しかし現在でも「商売のふなずし」や「農家のふなずし」では一年以上漬けるのが普通だと考えている人たちもいるようである。つまり一年以上漬けるのが普通であれば、ふなずしというのは漬けてありさえすればいつでも食べられるものであった。近世の藩の幕府への献上品や儀礼におけるふなずしはこうしたものかもしれない。

加藤郁乎は蕪村について「鮓俳人と称していいほど蕪村には鮓を詠んだ句が多い。おそらく質量ともに第一番、鮓だけ採り上げようと、ゆうに一篇の蕪村論好題目が得られよう」[15]と述べている。蕪村のふなずしを詠んだ句の中に、いざ今年の出来具合を確かめるべく鮓桶を開けようという情景を詠んだ句がある。「鮓桶をこれへ樹下に床几哉」、「木のもとに鮓の口切あるじかな」であるが、尾形仂はこの句の成立年時をいずれも明和八年五月十六日としている。グレゴリオ暦に換算し直すと一七七一年六月二十八日であり、これはまさに夏である。鮓桶の口切は、おそらく蕪村の描いた画を注文した裕福な商人か農家の家で展開した光景にちがいない。鮓好きの蕪村もこの情景のなかに溶け込んでいたのであろう。鮓桶の口を切る寸前の期待に満ちた風情を詠ったのであるが、開けてみて試食すると「なれ過ぎた鮓をあるじの遺恨哉」ということもあるわけである。この句の成立年時も明和八年五月十六日なので、新暦では六月二十八日となり、もう暑さも相当なもので夏の光景である。これこそ芭蕉のいう鮒鮓の口切を詠んだ「景物」の句ということになる。[16]

おわりに

近世のみならず近現代の俳人も景物として詠む、あるいは写実写生の眼差しによって自然や生活を詠んでくれることがあるので、俳諧・俳句が歴史資料となったり博物誌資料となるのではないだろうか。最後にこうした俳諧・俳句の自然や生活へのつきあいかたが思ってもみないものにまで及ぶ例を挙げて小論を閉じることにしたい。彦根蕉門といえば十七世紀後半から十八世紀前半に活躍した彦根藩士の森川許六と明照寺の李由が有名である。この許六の後輩に直江木導という藩士がいて、やはり許六と同じように晩年の芭蕉の門人となった。この俳人の特異なのは嗅覚に関する句が多くあることである。このことを柴田宵曲の『蕉門の人々』(17)に教えられた。木導は、鮓桶が開けられる情景を夏の嗅覚の景物として詠んでいる。次のような句である。

日覆の魚見せ涼し鮨の薫　　木導

これは彦根城下の鮒鮓をあつかう魚屋で鮒鮓の鮓桶を開けて売っている光景ではないだろうか。鮨の薫《かざ》は相当広い範囲に漂っていたはずで、この人の嗅覚への関心が歴史資料を残してくれたのである。おかげでふなずしの鮓桶を夏に開けていたことを現代に伝えてくれたわけである。もしこの句の鮨の薫がふなずしの薫とすれば、このころにはすでに「商売のふなずし」というものができあがっていたのであろうか。「魚見せ」が魚屋であればということがひとつの根拠になるはずである。[18]

早春の近江の名物ホンモロコもこのころにはすでに庶民が口にしていたことは同じ木導の薫の句「小路よりもろこ焼くかやはるの雨」でわかるし、旨そうな匂いが漂ってきそうな名句である。ふなずしもホンモロコの炭火焼きもやはり琵琶湖の湖魚文化の逸品である。

（1）高崎哲郎『湖面の光湖水の命』サンライズ出版（淡海文庫51）、二〇一三年。二十五年かけて終了した琵琶湖総合開発の全貌をプロジェクトを推進する側から述べたものである。

（2）琵琶湖総合開発の終了後にこの事業によって何が失われたのか生物多様性保全の立場からその検証が行われた。いまひとつは過去の生活の立場からも何を失ってしまったのかという検証もある。それらの代表的なものを二つ挙げておきたい。

a．西野麻知子編著『とりもどせ！琵琶湖・淀川の原風景―水辺の生物多様性保全に向けて―』サンライズ出版、二〇〇九年

b．松尾さかえ・井手慎司『昔ここは内湖やったんよ―記憶に残る小中の湖の人々の営み』サンライズ出版（滋賀県立大学環境ブックレット6）、二〇〇九年

（3）正式には二〇〇一年度から始めた滋賀県農政水産部の進める「魚のゆりかご水田プロジェクト」のことで、二〇〇六年度には十二地域約四〇haでこのプロジェクトが動いている。かつての琵琶湖

に注ぐ河川からの水田への用水路は取水・排水は同じ水路であった。魚もそれを利用して水田に産卵にきて、その稚魚は再び河川や琵琶湖に帰って行っていた。琵琶湖総合開発以降は湖岸の水田へ取水・排水は分離し、取水は河川の水が一旦琵琶湖に入った後にポンプ・アップされて給水されるという逆水灌漑と呼ばれるものになった。そして圃場整備後の水田の排水路は増水時に水面と田面の落差が大きくなり魚は遡上できなくなった。その排水路の水位を階段状に堰上げ、魚が遡上できるように工夫した「排水路堰上げ式水田魚道」を設置した水田が通称「ゆりかご水田」と呼ばれるものである。詳しくは堀明弘「魚のゆりかご水田」(前掲2(a)掲出・西野編著『とりもどせ！琵琶湖・淀川の原風景』)を参照されたい。

(4) 篠原徹『自然を詠む―俳句と民俗自然誌―』飯塚書店、二〇一〇年。この著で篠原は柴田宵曲『新編俳諧博物誌』を取りあげて俳諧による博物誌の記述や俳諧による動物と人間の関係史の可能性について論じておいた。

(5) 柴田宵曲・小出昌洋編『新編俳諧博物誌』岩波文庫、一九九九年。博覧強記の柴田宵曲の動植物に関わる句の博捜から、柴田は狸や狼あるいは熊などの動物と人間の関係性の歴史あるいは生態を見事に描いている。

(6) 四方山径『俳諧たべもの歳時記』上下、八坂書房、一九八〇年

(7) 涼舟は大橋涼舟のことで、昭和十一年(一九三六)から二十五年(一九五〇)のあいだ作句活動を俳句雑誌『春星』を拠点にしていた。これ以上詳しくはわからないが、句からみると近江に居住

していた可能性が高い（この著にも論考を寄せている齊藤慶一さんから教えていただいた）。彼の句の鮒はニゴロブナと考えてまちがいないであろう。

（8）本著作にも論考を寄せている琵琶湖・淀川水系の魚類に詳しい魚類学者・藤岡康弘さんによれば近世の琵琶湖と淀川水系はつながっていて、淀川（宇治川）・鴨川・木津川・桂川にはニゴロブナ、ギンブナはかなり高い蓋然性で棲息していたという。したがって蕪村の句「苗代にうれしき鮒の行衛哉」の苗代田が桂川周辺でもニゴロブナの可能性は高い。

（9）琵琶湖博物館・第二〇回企画展示図録『ニゴロ－の大冒険―フナから見た田んぼの生き物のにぎわい』二〇一二年

（10）藤田真一・清登典子編『蕪村全句集』おうふう、二〇〇〇年

（11）尾形仂校注『蕪村俳句集』岩波文庫、一九八九年

（12）前掲（10）

（13）曲亭馬琴編・藍亭青藍補・堀切実校注『増補俳諧歳時記栞草』上下、岩波文庫、二〇〇〇年

（14）本著の篠原徹「現代「ふなずし」再考」

（15）加藤郁乎「与謝蕪村」『俳諧志』上、岩波現代文庫、二〇一四年

（16）前掲（11）による成立年時

（17）柴田宵曲『蕉門の人々』岩波文庫、一九八六年

（18）「魚見せ」が魚屋であれば木導が生きていた十七世紀の後半の彦根城下にどのくらいの魚屋が存在

していたのであろうか。近世研究者である野洲市歴史民俗博物館学芸員の齊藤慶一さんに教示されたのであるが、『新修彦根市史』第二巻通史編近世（二〇〇八年、彦根市史編集委員会）の第五章「彦根領内の商工業と営み」に当時の魚屋の軒数が記述されている。元禄八年（一六九五）の「大洞弁財天祠堂金寄進帳では下魚屋を含む一四町分は洩れているものの、城下町に七五軒の魚屋があり、このうち上魚屋町には四〇軒存在した」とある。この中には店を構えた魚屋だけでなく担い売り（振り売り）もいた可能性があるが、それにしても七五軒とは多い。彦根城下の人口および軒数の割合から考えると現在では想像できないほど人びとのタンパク質摂取は魚に依存していたのであろう。いずれにせよ、おそらく現在の「商売のふなずし」は十七世紀の後半にはすでに成立していたのであろう。

Column
コラム

「ふなずし」の歴史をめぐる議論に思う

ふなずしの歴史、滋賀のふなずしの原初性、ふなずしの漬ける時季、旬をめぐって、興味ある議論が展開されている。「ふなずし」を多角的に論じていくのは、酒の席で展開される「ふなずし談義」と似て楽しめる。しかしふなずしを毎年漬けている立場からすると、ふなずしがどのような風土で、誰がどのように漬けてきたのか、現場重視で、もう少し実験科学的、実証学的に「ふなずし」を捉えていく必要があると考える。

ふなずしは滋賀の人々が手間暇かけて毎年繰り返し漬けてきた歴史がある。味噌や漬物と同じく食卓に欠かせない保存食品であり、お祭りや行事に欠かせないハレ食の代表でもある。また滋養食として栄養強化や風邪の予防、整腸剤として食べられてきた。

アジアモンスーン圏は豊富な微生物資源を持ち、発酵食品の宝庫である。魚が乳酸菌で魚醤、塩辛、ナレズシ類になり、米が麹黴、酵母で酒になり、さらに酢酸菌で酢になる。野菜は乳酸菌で漬物に、大豆は納豆菌で納豆に、また麹黴で味噌、醤油と多彩な発酵食品が産み出されてきた。暑くて湿気が多く、生ものが腐りやすい風土を逆に巧みに利用して多彩な発酵食品を育ててきたといえる。

日本において最も高密度にナレズシ類が残っているのが滋賀県である。それは淡水魚の宝庫である琵琶湖が存在し、漁労と稲作農業をしてきた生業から、必然的にナレズシ手法が保蔵法として選ばれてきたことによる。水田を産卵場所として選んで押し寄せてくるフナを採れたお米で発酵させることは、自然のなりゆきであり、ふなずしは滋賀の象徴的な食品となった。

滋賀では多種類の湖魚をナレズシにする。アジアのメコン河流域、トンレサップ湖周辺に見られる魚発酵食品と基本的に同じである。ナレズシは「肉類を澱粉質のものを使って発酵させたもの」と定義されており、アジアモンスーン圏のナレズシの多くが魚を米で発酵させたものである。日本の稲作は大陸から渡来し、米魚ナレズシ手法も稲作とともに渡ってきて、魚の保存法として不可欠のものとなった。漬け方の基本は同じであるが、熱帯と温帯では温度条件が異なり、日本の風土に合わせて工夫されてきた。

魚を塩漬後、炊飯米と一緒に漬けることによって乳酸菌を繁殖させて、ナレズシにすると一年中食べることができるようになる。重石を充分にかけて水を張り空気と遮断して漬けるので、桶の中では魚油の酸化は進まず、数年も保存できる優れた手法である。できあがったふなずしは、良質のタンパク質源、脂質源であると同時に、吸収率のよいカルシウム給源となる。また発酵によってビタミンB群なども産生され、高滋養食である。

ふなずしの漬け方にはそれぞれ家の流儀があって、塩加減、御飯の量、水の交換法に違いが見られる。仕上がりも熟れ加減、匂い、香り、味にも微妙な差が出てくる。ふなずしの桶の中では、乳酸菌が御飯の澱粉を餌にして増殖して、漬け床の乳酸を増やして、雑菌を追い出してくれる。平板寒天法で枯草菌や大腸菌を使って確認したが、乳酸菌が増殖する環境を整えてやると雑菌類がみごとに駆逐される。また乳酸が増えると硬い魚骨も分解されて頭から尾部まで骨ごと食べられるようになる。発酵の仕組みはすばらしい。

漬ける時期に関して、温帯の日本では魚の飯漬けは夏場が多い。塩漬（塩切）は魚が獲れた時に処理され、フナの場合は二月から五月になる。二月のフナでもお腹の中に卵を抱えている。ナレズシ加工法は熱帯と違って温帯の日本では秋から冬場が低温になるので、発酵促進のために飯の量を増やしてきた。熱帯においては年中発酵可能であり、魚対米比率は十対一ほどの米量で十分発酵する。日本のナレズシの魚対米比率は二対一（魚対飯比率で一対一）と大量にお米を使用する。スシの多くは食べる時（行事）に合わせて飯漬けする時期を決める。食べ頃の適期はあるが、保存食品なので幅広くとらえていく必要がある。漬ける容器は当然時代や風土によって変化してきた。スシを漬ける技術は試行錯誤を繰り返しながらこの風土の中で改善されてきたものである。（図1）

生ナレズシと本ナレズシはどちらが先に登場してきたかの議論があるが、ナレズシを実際に漬けている側から見ると、両者とも同時に存在するものであり、後も先もない。暑い時期には、一週間くらいで生ナレズシになり、夏祭りやお盆に食べられる。冬場に漬ける生ナレズシは、ひと月ほど漬けている場合が多い。生ナレズシと本ナレズシは、魚のサイズによっても発酵の進行度は異なるので、本質的に区別できるものではない。

熱帯モンスーン地帯では魚発酵食品が日常

的に使用され、焼いたり、油で揚げたりされるのに対して、日本では加熱せず食べるのが基本である。ふなずしは生菌の塊りであり、整腸作用や免疫賦活作用が期待できる。人々はこの効果を経験的に知っており、風邪やお腹を壊した時、ふなずしを食べて癒してきた。疲労回復、風邪の予防、冷え防止、腹痛・下痢の回復に効果があると伝承されてきた。

滋賀ではナレズシ、とりわけふなずしは行事食、祝い食としての位置づけが高い。稲作農民の豊作を祈る神饌にナレズシが選ばれてきたのは、琵琶湖のある滋賀ならではの特色と言える。土地の産物「米と魚」を最も手間暇かけて発酵させた最高の産物がナレズシであり、神饌として選ばれてきた。（図2）

ラオスやタイでは人々が自らの手で酒をつくり、ナレズシや塩辛をつくっている。アジアモンスーン圏の人々が培ってきた発酵技術はすばらしい。同じ文化圏に属する滋賀の人々が高度技術社会になっても、「ふなずし」を毎年漬けて、発酵技術を手放さないでいることも誇らしいことである。

（堀越　昌子）

図1　フナズシを漬ける（長浜市南浜町）

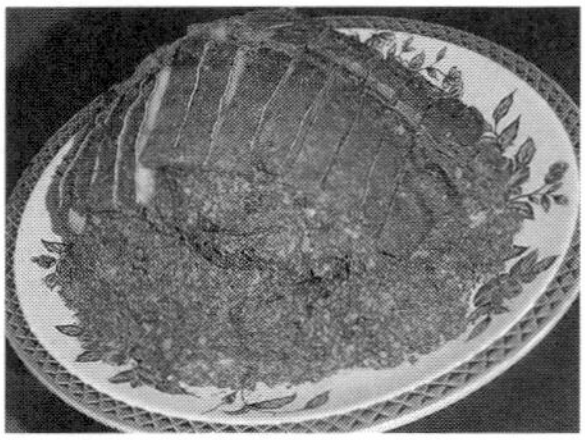

図2　三輪神社祭りの「どじょうずし」（栗東市大橋、上部に載っているのはナマズのナレズシ）

現代「ふなずし」再考

篠原　徹

はじめに——ふなずしの旬

　ふなずしのように乳酸発酵した食物の旬といえば、桶を開けて食べ始める時と考えるのが普通であろう。旬とは「食品の適季をいう。魚介菜藻ともに多産の時季をシュンといい、旬のものはまた美味なのが原則である」[1]というのが語の意味であるが、ここでいう食品は生鮮なものを食べることとそれが料理されたものの区別はされていない。食品は生鮮なものでも料理されたものでも旬のときは美味であることが多い。しかし、ふなずしの旬はニゴロブナが多産な時季とはずれている。それはふなずしが塩漬けと飯漬けの二段階を経た期間の長い乳酸発酵の加工食品だからである。

　ニゴロブナは三月から五月にかけて湖岸に近寄るノッコミ直前の時季に小糸網（三枚刺網）で大量に捕獲されるときが多産な時季にあたる。ニゴロブナを生鮮な魚として膾や生のセゴシ[2]で食べるならば、その旬は春ということになる。加工食品となったふなずしは俳諧・俳句では季語の歴史からみると夏の食べ物となっており旬は夏であることになっている。

　確かに現在の『季寄せ』[3]でも「鮓」には「なれ鮓」、「飯鮓」、「はたはた鮓」、「雀鮓」「鯖鮓」などと一緒に「鮒鮓」も挙げられていて、夏に分類されている。またふなずしの作り方や販売に関係のある「鮓圧す」、「鮓漬ける」、「鮓熟る」、「鮓売り」の語も夏の季語として分類されている。後に詳しく述べるが、ふなずしの作り方は春の塩漬けの段階、その塩漬けのニゴロブナの塩を抜いて夏の飯漬けの段階の二つの加工工程がある。桶を開けるのは、およそ塩漬けから半年後であり、十二月から正月にかけて食べはじめることができる。一年以上飯に漬ける人もいるので、塩漬けしてから一年あるいは二年後の夏以降（この場合は桶から出せばいつでも食べられるので食べ物の季はないということになる）に食べ始めるという場合もある。つまり季寄せでは、旬の食べ物としてのふなずしも、漬けて熟成中のふなずしも、熟成して食べ始めることができるふなずしもすべて一緒になっていてすべて夏に分類されている。ふなずしの作り方が現在とまったく同じであったかどうかわからないが、おそらく近世では夏の食べ物であり、季語と生活感覚は一致していた可能性が高い。

しかし、これは現在実際にふなずしを作ったり食べたりする機会の多い滋賀県の人びとの生活感覚とはずれている。現在では滋賀県の人の多くは、ふなずしは年末から正月にかけて桶を開けて食べはじめるものだと思っている。歳時記や季寄せにおける季と現実の乖離は、地域的なレベルでも起きるが、時代的なレベルでも起きている。[4] 今ひとつ指摘しておかねばならないことは、ふなずしに関しては蕪村の句「鮒鮓の便りも遠き夏野かな」にみられるように近世の中ごろでは明らかに夏の食べ物であったことである。[5]

では近世の歳時記ではどのように記載されているのであろうか。近世の終わりごろ、曲亭馬琴の編んだ歳時記の「鮨」は「三夏物」に分類されている。[6] つまり初夏、仲夏、晩夏のいずれも時季でも詠むことのできる季語であるが、説明文には次のように書かれている。鮨は「〈和漢三才図会〉鮨を醸る法、塩を少し糝し、これを圧すこと一二日にして熟る。○宇治丸、𩸽鮨、はたはた鮨、釣瓶鮨、早鮨、一夜鮨、飯鮨、月夜等の鮨あり。其頭字の部にわかちて註したり」となっていて、ふなずしには言及がない。馬琴は近世の終わりごろの江戸で人口に膾炙された鮨について蘊蓄を披露しているが、近江のふなずしは江戸では有名なものではなかったのであろう。いずれにせよ、鮨は夏の食べ物であったことは確認できる。

少なくとも近世のあらゆる鮓は、早鮨を別とすれば魚の保存法として出発した鮓の系譜を引いており、夏に魚が腐りやすい時季に魚を食べる方法（生熟れ鮨、熟れ鮨、押し鮨など）として認識されていた可能性が高い。こうした中から現在の握り鮨の原型である酢で生魚を締めて飯毎食べる早鮨が生まれ出てきたことは有名である。このことが近世においてスシが主として夏の食べ物であった理由である。それが背景にあって、季寄せにでてくる鮓がすべて夏に分類されている由縁であろう。ではなぜ現在のふなずしの季節感と季寄せにおける季節感が乖離していったのであろうか。

一　現在のふなずし

現在、琵琶湖周辺ではいろいろな人がふなずしを作っている。大きく分類してみると商売としてふなずしを作って販売している人がいる。この人たちは漁師から大量にニゴロブナを仕入れて桶で塩切り（約一〇〇日間の塩漬けのことを琵琶湖周辺ではこのようにいう）をする。この塩切りしたニゴロブナを土用の頃塩抜きをして飯《いい》漬け（七月末から八月初旬の最低少なくとも約一〇〇日間、ご飯に漬けることを飯漬けという）にする。年末から正月に桶から出したふなずしを販売する。後に詳しく述べるが、商売のふなずしの特徴は飯漬けを最低約一〇〇日間は漬けるが、多くの場合はもっと長期間漬けるのが普通で一年、二年漬けてから売るのが以前は多かったようだ。

ふなずしを作るもうひとつの大きな集団は、琵琶湖岸の漁師町の漁師たちである。草津、守山、近江八幡（沖島）、彦根、長浜、高島（海津、今津）、堅田などにいる漁師たちのなかにふなずしを漬けて販売している人たちがいる。漁師たちは小糸網漁でニゴロブナを獲り、浮き袋などの内臓を鰓から抜きとる（この作業を琵琶湖岸の漁師は「壺抜き」と言っている）。その後はニゴロブナを桶に入れて塩切りを約一〇〇日間する。この塩切りしたニゴロブナを土用の頃塩抜きをして飯漬けを約一〇〇日間する。こうして桶を開けるのは十二月の終わり頃であるが、最初に開けたふなずしは正月のハレの日のご馳走であったり、年末のお歳暮に使われる。漁師たちのふなずしは、いうなればニゴロブナの捕獲から口に入れるまで、あるいは販売するまでの全行程が行われてできあがる。この漁師のふなずしは商売のふなずしと違って飯漬けの期間が約一〇〇日で食べられるようになり、実際一〇〇日間後に食べ始める人が多い。大量に漬ける人は二年ものや三年ものも作るが、こういう人でも桶を開けて食べ始めるのは飯漬け後一〇〇日ぐらいである。

ふなずし作りでもっともむつかしいのは獲ったニゴロブナの浮き袋や内臓を抜き取る「壺抜き」という作業であり、漁師にしかできないといわれていた。だから以前、正月用やお盆用のご馳走としてふなずしを作っておきたい農家は、漁師とパトロン―クライアント関係のような特定の漁師との契約によって毎年壺抜きされた塩切り鮒を購入してふなずしを漬けていたという。この人たちがふなずしを漬ける三番目のタイプである。つまり、ふなずしの店や漁師から塩切りしたニゴロブナを購入して自分の家でふなずしを漬ける人たちである。特定の漁師とパトロン—クライアントの関係のように契約しておいて、時期がきたら壺抜きしたニゴロブナをもってきてもらう農家は結構いたようである。その日のために米を炊いたり準備して待っていたという。裕福な家なら三桶や四桶を漬けた人もいたそうだ。

現在ふなずしを作る人は今まで述べてきたように三種類の人びとがいる。店を構えて商売としてふなずしを作って売る形態のものを「商売のふなずし」と呼んでおきたい。次にニゴロブナの漁をしてふなずしまで作る漁師たちのふなずしを「漁師のふなずし」と呼んでおく。さらに壺抜きされ塩切りされたニゴロブナを漁師から購入したり、商売のふなずしを売る店から買ったりして、ふなずしを作る農家のものを「農家のふなずし」と呼んでおく。現在では農家ではなくともサラリーマンでも塩切りのニゴロブナを購入して作る人たちがいるが、作り方は「農家のふなずし」と変わりがないので、これは「農家のふなずし」に含ませることにする。

以上のように三つのタイプのふなずしがあるが、現在のふなずしの基本となる作り方は「漁師のふなずし」である。ふなずしの作り方は、高島市新旭町針江の湖西漁業協同組合長・中野敏孝さんの作り方を代表としてとりあげておきたい。彼は専業の漁師であるが、ふなずしを毎年千匹以上漬けて出荷もしている。近江八幡市の沖島の漁師や大津市堅田の漁師にもふなずしの作り方を聞いているが、基本的には中野さんに聞いた話と変わらない。最近は滋賀県の水産試験場や水産課がふなずしの普及を図るため、ふなずしの作り方の講習会を開いている。ここでの指導書や公益財団法人・滋賀県水産振興協会が「鮒ずしの漬け方（昔風）」という指導書を出しているが、以下に述べる「漁師のふなずし」と基本的には同じである。

湖の深いところに生活していたニゴロブナが三月から五月にかけて湖岸のヨシ帯や川岸のアカメヤナギ・ヨシ・マコモなどの抽水地帯あるいはかつてなら湖岸近くの水田にまで産卵で遡上してくる。いわゆるノッコミといわれるものである。三月から四月にかけてのニゴロブナの雌が湖岸に来る前を狙って漁師は小糸網と呼ばれる三枚の刺網で獲る。五月に入るとふなずしにしても卵を包む膜が破れやすいのでこのころのものはあまりよくないという。獲ったニゴロブナを鰓から浮き袋や臓物の壺抜きをする。漁師は壺抜きしたニゴロブナの表面に塩を塗りつけ腑にも塩を詰め、桶に塩漬けする。相当量の塩を使用する。これを「塩切り」といっているが、約一〇〇日間するのが普通である。仮に四月終わりに「塩切り」をしたニゴロブナの一〇〇日後といえば、八月十日前後になる。つまり土用の頃が次のステップとなる。このころ「塩切り」したニゴロブナをとりだし、よく洗い、金ブラシで鱗を取り除き魚を磨く。五〇〇g程度の大きさのニゴロブナなら二十匹に対して米十kgの量を用意して、炊く。桶に炊いたご飯を敷き、数匹ニゴロブナを並べ、その上にさらにご飯を敷く。この時、ニゴロブナが重ならないように敷き詰めるのがコツである。これを数段重ねて桶に重石を載せて一〇〇日間程度乳酸発酵させるとふなずしができあがる。八月十日前後から一〇〇日後といえば十一月の終わりごろである。実際人びとは商売用であれ自家消費用であれ、正月の進物や正月のハレの食べ物としてふなずしを食べる。以上述べてきたふなずしは「漁師のふなずし」である。

沖島漁業協同組合、朝日漁業協同組合、彦根市磯田漁業協同組合、南郷水産センターなどが「ふなずし飯漬け講習会」を各地で開催している。いずれの講習会でも共通しているのは漬け込みは夏の土用の暑い日がよく、その理由は最初に乳酸発酵を進めることが重要とされているからである。桶の置き場所は午前中日の当たるところがよいことも同じように指摘している。

そしてこの「漁師のふなずし」が滋賀県においてもっとも普通のふなずしのイメージを近代になってつくりあげてきたと思われる。それがふなずしの食べ物としての季節感と歳時記におけるふなずしの季節感の乖離を生じさせたのであろう。

しかしこの「漁師のふなずし」においても、沖島の漁師、堅田の漁師、長浜の漁師など基本的には同じでも細かい点では多くのバリエーションがある。また「商売のふなずし」や「農家のふなずし」も基本的には同じでも「漁師のふなずし」とは作り方に変異がある。最近滋賀県水産課などが推奨している漬け方は一度漬けたら食べるまで何もしないナイロン袋に密閉して桶に漬ける方法である。この方法と従来の方法でもっとも異なるのは、従来の方法では桶に飯漬けしてから浸み出る液を捨て去り、水を交換することである。夏の間ではこの液は相当臭いし、蝿が卵を産みつけ蛆が湧くことさえあったという。しかし、飯漬けのなかのニゴロブナは嫌気的な状態が保たれ、乳酸発酵が進行するという。桶の置き場所や液の交換の方法など「商売のふなずし」、「漁師のふなずし」、「農家のふなずし」でそれぞれ各家の秘術があって微細な点でも多様性がある。

次に、この「商売のふなずし」、「漁師のふなずし」、「農家のふなずし」の三者の作り方の多様性についてみてみたい。琵琶湖岸のいろいろな地域で神饌としてのふなずしや儀礼用のふなずしが使われている。作り方はその地域のふなずしの作り方であるが、使われ方がまったく異なるのでこれを「儀礼用のふなずし」の名称を与えておく。近現代では「儀礼用のふなずし」は各地にあるが、近世にはもうひとつよく似たものとして藩や幕府への献上品としてのふなずしもあり、これを作ったのは「商売のふなずし」か「漁師のふなずし」かどちらかの系譜を引くものだと思われる。これを「献上のふなずし」といっておくが、これらの近世のふなずしについては齊藤慶一さんが本稿の前に述べているので省略したい。ただ「献上のふなずし」は近現代では盆正月の進物として「贈答のふなずし」に形を変えて現在まで続いていると思われる。

二　ふなずしの多様性——地域性と階層性

大津には映波楼という料亭が湖岸にあった。その分店のひとつとして現在の大津・札の辻近くの東海道筋にふなずし専門店・阪本屋が明治二年に開業し現在でも有名な店として営業している。阪本屋の現在の当主・内田健一郎さんにふなずしに関わることをお聞きした。以下の内容は、彼の話を中心にまとめたものである。彼のところが出しているパンフレットには店の起源について次のように書かれている。

「江戸時代、膳所藩本多氏お抱えの御用料亭でありました本家阪本屋は川魚料理と共に鮒ずしを得意としておりました。当時、鮒ずしは一般に商品化されておらず、明治二年に鮒ずし販売専門の分店として、東海道と北国海道の合流する札の辻（現在地）にて開業致しました」

ここで重要なことはふなずしが当時商品化されていなかったと述べていることである。そしてふなずしは料亭などで出されるかなり高級で高い値段の食べ物であったことである。近世のふなずしは川魚問屋か漁師が作っていたのであろうか。明治の始めの頃と思われる映波楼を示す銅板画があり、それに「鮒ずしの記」が画の横に書かれている。

「源五郎鮒　其鮒ハ、湖中第一ノ映美鱗也、四月ヨリ七月マテヲ胎蘇充実ノ時トス、是鮒ヲ漁スル秘時ナリ、諸スシニ製スル法、マヅ極精ノ飯ニ漬、半年経テ取出シ其旧キ飯ヲ捨テ、再ヒ新シキ飯ニツケ、弥重キ石ヲ強シテ、又半年ヲ遇シ、都合一ケ年ヲ経テ始テ之ヲ用ユル」

これはふなずしの作り方を記したところであるが、塩切りについては書かれていなくて、四月から七月までを（新暦であろう）胎蘇充実の時と言っている。おそらく川魚問屋から塩切りの鮒を仕入れていたのであろう。八月になってから半年の飯漬け、翌年の二月になっての新たな飯での飯漬けをさらに半年漬けた後に食べられることが記されている。これは現在阪本屋においてふなずしの「老漬」の名で売られている製法である。

このふなずしを食することが女性の産前産後の熱気をさますことや瀉痢を止める（下痢止めか）、

そして二日酔いに効くという薬としての効能が強調されている。この三つの効能は現在でも昔からふなずしを作って食べていた家ではよく言われていたことである。これはふなずしの素材のニゴロブナがたまたま大きくて数ケ月漬けても骨が柔らかくなってないと思われるようなものに対して適用される方法だと言っていた。

しかし銅板画の時代つまり明治の初め頃は、ふなずしは一年飯に漬ける方法が普通であった可能性が高い。他のふなずしの専門店でも、ふなずしは飯に漬けて「二夏を越させる」のがいいという言い方をするところがある。このふなずしが普通であったというなら、ふなずしの食べ始めは塩切りから二夏越した晩夏からということになる。「商売のふなずし」は二夏を越したふなずしであるのが普通であったようだ。二夏過ぎてしまえば、ありさえすればいつでも桶から出して食べられる訳で、その意味ではふなずしの旬はないということになる。[7]

「商売のふなずし」は、大津、今津、海津、長浜、彦根、近江八幡などに湖魚専門店で売られている。ふなずしの作り方ではそれぞれ秘術があって公開されることは少ない。現在滋賀県では七十一軒の川魚屋が営業しており、これらの川魚屋が「商売のふなずし」を販売している。ただこれらの川魚屋の創業がいつからなのか詳細は不明である。しかし、大半は近代になってからの創業であろうし、それも戦後の店が多いと思われる。[8]京都の錦市場でもふなずしを売っている店があるが、そこでは一年物や二年物さらに高級品は五年物などというものもある。湖西の海津の魚治《うおじ》という専門店では二夏過ぎたものを売っているので、こうした「商売のふなずし」は少なくとも塩切りと飯漬けの分離した二段階をもっていて、両方の期間を含めて漁獲から食べるまで最低一年三ケ月以上の期間がかかるものである。

「商売のふなずし」は「漁師のふなずし」とは塩切りと飯漬けの分離した二段階をもつことは共通しているが、もっとも異なるのは飯漬けの段階で再度飯に塩をかなり多量に混ぜる点と漁獲から食べるまでの期間の長さである。ただし、飯漬けの段階で再度飯に塩をかなり加えることがすべての専門店に共通しているかどうかわからない。一部ではそのようにしていることはまちがいない。

塩切りしたニゴロブナを飯漬けするときは塩を洗い流すが、飯漬けの飯に再度塩をかなり加える。塩は通常は乳酸発酵（塩蔵や塩辛のように耐塩性乳酸菌もあるが）を抑制する働きがあるので、漬け始めの夏の暑い時期にわざわざ発酵を抑制するのは、ゆっくりした発酵で二夏を想定した漬け方なのかもしれない。この漬け方ならニゴロブナの骨まで確実に柔らかくなるし、ふなずしの熟れ方もまちがいなく十分熟れるのではないか。「商売のふなずし」として安定したなれずしを作る方法として確立したのであろう。

「漁師のふなずし」においても細かい点ではさまざまな変異がある。現在、ふなずしの生産で大きな拠点になっているのは近江八幡市の沖島である。ここで聞いた話の中で最も変わっていたのは、飯漬けの方法である。土用の頃桶に漬けて一〇〇日ほど熟れる期間を設けることは同じであるが、通常、桶は屋内に置かれて桶の上に侵出した臭い液を捨て去り水を加えることを繰り返す。しかし、これを行わず桶ごと湖岸に沈めてしまう方法をとっていた人もあるそうだ。実見はしていないが、この方法でできたふなずしは絶品であるという話もある。また、ふなずしの出来映えに「甘い」「辛い」という表現を使うが、酸っぱさがその基準で、より酸っぱいのが辛い、酸っぱくないのが甘いといわれる。概して年寄りは強烈な酸っぱさこそがふなずしであるという人が多い。そこで酸っぱくするため、桶を屋外にだしておいて、雨天でも屋内に入れないという方法をとる人もいたという。こうすると雨水のせいで強烈な酸っぱさになるという。

さて最後は「農家のふなずし」である。ノッコミのシーズンに漁獲されたニゴロブナが川魚問屋に卸されたり、魚屋に入ったものを購入して漬けるけれども、腑や浮き袋のついたものからふなずしをつくるのはむつかしい。したがって現在でも塩切りまでは漁師やふなずし専門店にしてもらったものを購入するのが普通である。日野町や多賀町あるいは彦根市の鈴鹿山脈の山麓の農家では壺抜きをしたニゴロブナまたは塩切りをしたニゴロブナを五月や七月下旬に売りに来た仲買や漁師の人たちから購入し、飯漬けしたそうで、今でも漬けている家はある。

飯漬けするのにさまざまなバリエーションがある。麹を飯に混ぜる人もいれば、飯だけの人もいる。あるいは飯に焼酎を少し入れる人もいれば日本酒を入れる人もいる。変わったところでは山椒など香辛料を入れる人もいるという。漬ける期間もおよそ一〇〇日のところが多いので、桶を開けて食べ始めるのは年末から正月が多い。

しかし、もっとも異なるのは次の例であろう。藤岡康弘さんは日野町出身の魚類学者であるが、ふなずしについても実に詳しい。この人の家は伝統的な日野町のふなずしの漬け方をする。彼によると

「漁師のふなずし」と異なるのは、まず飯漬けをするときかなりの量の塩を飯に混ぜることである。それと土用から八月の初めに飯漬けをするが、桶を開けることができるのは丸一年経った次の年の夏である。藤岡さんの家では丸一年経ったふなずしを食べ始めるわけだが、毎年漬けるので二年物や三年物ももっている。したがって漬け方はむしろ「商売のふなずし」に近いといえる。盆正月の進物、ハレの日のご馳走、薬膳としてふなずしなど多様に使い分けていたというが、こうした姿が本来の保存食としてふなずしの姿かもしれない。

おわりに——ふなずしの粗野と洗練

乳製品の最高傑作のひとつは臭みのあるチーズであるカマンベールである。ふなずしも臭みのあることでは引けを取らない。しかし、それ以外のふなずしの風味、酒肴としての取り合わせのよさ、魚卵の朱鷺色と米飯の白の色彩などいずれをとっても粗野とは反対の洗練された食べ物である。私はふなずしをカマンベールに見立てて、「ふなずしは東洋のカマンベール」であると言っているが、発酵食品の最高傑作のひとつであることはまちがいない。

日本の文化のなかに東南アジアや中国などに起源が求められる文化的要素があるのは事実である。発酵食品であるふなずしもそのひとつとして起源論・伝播論が論じられてきた。その文脈のなかでは起源地や伝播経路を知ることに主要な関心が集中したのは当然のことである。それは文化論のある種の宿命かもしれないが、そうすると伝播した文化的要素の日本のなかでの関心は、起源や伝播を裏付ける「原初性」が注目されることになる。「原初性」とは、いうなれば「粗野」ということであり、そのことがふなずしの「洗練」を見えなくしてきたのではないだろうか。

この文化の起源論や伝播論が見過ごしている重大な問題を指摘したのは、日比野光敏の「近江のフナズシの「原初性」」[9]という論文である。その重大な問題とは、ある文化要素が日本に伝播したとして、それを受け入れた社会がその文化要素を受け入れた時点での原初性を長期間保持しているとは考えにくいという点を指摘したことである。従来の起源論・伝播論は、日本に受容されてきてからどのようにその文化要素が歴史的に発展したり改変したりしてきたかへの関心は少なかった。起源地や伝播経路などへの過度の関心が、なぜ当該社会で受容されたのか、それがどのように変容してきたのかなどの関心を削いできたといえる。起源地や伝播経路や伝播時期についても、誰も明快にはいわないがひとつの起源地、ひとつの伝播時期、ひとつの伝播経路を想定して起源論や伝播論を組み立てているのではないだろうか。それはそれで文化要素を伝播させた側の論理としては重要なことである。しかし、文化要素を受容する側では、とくに日本のように比較的大陸に近い海に囲繞されたところでは、いくつもの起源地、いくつもの伝播時期、いくつもの伝播経路を考えておく必要があると思われる。

例えば、中国の北魏時代（三八六―五三三）に著された『斉民要術』に「作魚鮓」の一篇があり、青木正児が『酒の肴・抱樽酒話』（岩波文庫、一九八九年）のなかで鯉のナレズシの作り方を紹介している。そのなかで鯉のなれずしなどの作り方は「奈良朝時代に唐からその法を伝えたのであろう」

と言っているがこれはかなり蓋然性の高い話であろう。[10] 実は、草津市志那町では「コイずし」というものがあって、この作り方が『斉民要術』の鯉のナレズシとよく似ていることが指摘されているので、唐の時代にもなれずし技法は伝来したという話はあながち否定はできないであろう。[11] なれずし技法は何度も伝来し、伝来の元の地域でも時代によって漬け方は変化するし、伝来した場所でも対象魚を含めて漬け方も変化することは十分あり得る。

ふなずしという発酵文化を発信した側の問題は、篠田統によって問題が提起され、石毛直道によって決着をみたといっていいだろう。[12] 石毛直道の『魚醤とナレズシの研究』での結論は次のように魚醤とナレズシの起源地を推定している。東南アジアの大陸部では雨季には内陸部が巨大な水たまりとなり、雨季と乾季の淡水生態系における生物的資源の量的変動が著しいというケネス・ラドルの漁業生態学的研究を背景に石毛直道は魚醤とナレズシの起源した場を加工技術のレベルと民族の歴史的移動を考慮に入れつつ各地を消去法によって消していきもっとも蓋然性の高いところとしてインドシナ半島に求めている。これはもはや決定的な通説となっていると言っていいだろう。[13]

さて、それでは発酵文化を受容した側である日本のなかの発酵文化の展開はどうであろうか。ふなずしに焦点をあてるとすれば、近江のふなずしが「原初性」を保持したまま現在にまで続いているのであろうか。そうした視点で現在のふなずしの再検討を考えてみたいのである。現在のふなずしに作り手の分類からすると三種類のふなずしがあり、それぞれに特徴があることがわかった。そして、三種類のふなずしは少なくとも近代の早い時期にはすでに存在していたと思われることである。三種類のふなずしとは「商売のふなずし」、「漁師のふなずし」、「農家のふなずし」のことである。近代になって作る側の創意によって秘術が編み出されていて、それぞれに作り方に変異をもっている。それは洗練された食べ物としてどのように改変されていったのかというものであり、そうであるが故に各家や各店で、あるいは各地域でふなずしの作り方は秘術化してきたのである。それについては前章で述べてきたので繰り返さないが、近代に発達した三種類のふなずしがもつもうひとつの問題がある。それは三種類のふなずしの作り方に共通するが、どうやら伝播してきた起源地や経路地にはない大きな特徴があるようだ。

石毛直道のアジア全域におよぶ精力的なフィールドワークとこれらの地域の広範な文献の渉猟によって、アジア各地におけるナレズシの実態と歴史が詳細に検討されている。日本、中国、朝鮮半島、ベトナム、カンボジア、ラオス、タイ、ビルマ、マレーシア、インドネシア、フィリピンのナレズシの事例が挙げられている。このなかで日本の洗練されたふなずしと共通する発酵方法をもつのはカンボジアの「ファーク」と「マム」の二例のみといってよい。日本の近代に洗練された「商売のふなずし」、「漁師のふなずし」、「農家のふなずし」は、一〇〇日におよぶ塩蔵段階と次の一〇〇日以上におよぶ飯漬け段階のふたつの明確に異なる段階をもっている。ファークの場合は塩蔵段階が一、二ケ月、飯漬け段階（麹も加えるが）一、二ケ月と二つの段階をもっている。マムの場合は塩蔵段階一ケ月、飯漬け（煎米粉）一、二ケ月である。

石毛が報告している他のナレズシは、ほとんど塩蔵と飯漬けが重複していて、塩を入れるのと炊いた米（糯米と粳の両方がある）を同時に入れる場合もある。つまり二つの段階は明確には分かれていないのである。そして発酵期間が長くても数ケ月以内で概して数週間と短いのが普通である。むしろ滋賀県ではハスやモロコ類あるいはアユなどのニゴロブナ以外のナレズシでは数週間と短いものが多い。そして塩蔵と飯漬けはこの場合はほとんど重複している。こちらのナレズシのほうがアジアと共通するといったほうがいいのかもしれない。つまり「原初性」を保持している可能性がある。もちろんアジア各地域のナレズシも歴史的に変化しているはずで、何を原初性とみるのかはむつかしい問題である。

ふなずしは塩蔵の段階で耐塩性の乳酸菌発酵と飯漬けの段階でさらに特化した乳酸菌発酵を行う二段階発酵のものであり、これが日本のふなずしであり、この特徴は他では見られぬ特異な発酵ではないか。他ではあまりみられない二段階の発酵過程こそがふなずしの洗練さを生みだしてきた最大の特徴ではないかと思う。

さらにふなずしの洗練性は発酵させる魚種の特化にもある。日本の近代に発達した「商売のふなずし」、「漁師のふなずし」そして「農家のふなずし」はいずれもふなずしのフナとしてニゴロブナに特化している。ギンブナ、ゲンゴロウブナのふなずしは存在していたと思われるが、少なくとも近代ではニゴロブナに収斂してきている。ただし、フナ類の地域の名称が何を指すのかはっきりしないこともある。近代の初期にふなずしのフナとして漢字で源五郎鮒の名が付与されていたが、魚種はニゴロブナだったのかゲンゴロウブナだったのか明確ではない。アジアの他の地域での魚種などはそれほど一種に特化することはむしろ少ないといえる。

さらにふなずしの特徴として、大量の飯を使う点である。大量の飯は発酵に使用されるだけで、最終的にはすべて捨てられてきた。おそらく近世では「献上のふなずし」「儀礼用のふなずし」以外はごく少数の人だけが食べられる高級で高価つまり贅沢な食べ物であったにちがいない。

ふなずしは近代になって「商売のふなずし」、「漁師のふなずし」そして「農家のふなずし」とそれぞれ作り方が洗練されていったが、ではこうした多様で洗練されたふなずしを作る方向に向かわせたものは何であろうか。それはおそらく近世に庶民の生活がかなり豊かになり、すし切り神事などの儀礼を華やかに行うようになったからではないか。また彦根藩などの近江の各藩が競って幕府への献上品としてふなずしを用いたこともふなずしの洗練を増す要因になったと思われる。それにしても思うのであるが、蕪村が食べたふなずしはいったいどのようなものであったのであろうか。私たちが食べているほど洗練されたものだったのであろうか。

(付記)

中世という時代を舞台に、社会と環境のなかのふなずしのありように強い関心をもっている琵琶湖博物館の橋本道範さんと議論することがなければ、ふなずしについて考えることはなかったであろう。またその議論のなかでふなずしなどに関する多くの文献もいろいろ教えていただいた。

蕪村の句にふなずしを詠んだものがかなりあることが考える出発点であったが、私は俳諧・俳句が歴史的資料として意味をもつこともうひとつは博物誌的資料として意味をもつことを最近主張している。その俳諧・俳句の歴史的な季寄せや歳時記については野洲市歴史民俗博物館の齊藤慶一さんに多くのことを教えられた。記してお二人に感謝したい。

（1）本山荻舟著『飲食事典』の「旬」の項、一九五八年、平凡社

（2）沖島ではニゴロブナの皮付きセゴシをジョキというが、漁師たちの料理であった。長浜などではドガンと言っているが同じものである。房総の漁師たちの料理ナメロウは一般にまで広がったが、ジョキはまだ広がっていない（ジョキはニゴロブナのオスを使う）。

（3）角川学芸出版編『季寄せ』、角川学芸出版、二〇一四年

（4）宮坂静生『季語の誕生』岩波新書、二〇〇九年。この著作では季語と地域的な季節感との乖離について大きな問題提起をしている。

（5）蕪村のスシの句は藤田真一・清登典子『蕪村全句集』（おうふう、二〇〇〇年）によれば二〇句ある。このなかで「鮒ずし」「鮒鮓」の言葉で詠まれているのは二句である。そのひとつ「鮒鮓の便りも遠き夏野かな」の句は尾形仂校注『蕪村俳句集』（岩波書店、一九九一年）によれば、この句の成立年代は明和五年六月二五日である。これはグレゴリオ暦で言えば一七六八年八月七日にあたり当時の季節感でいえば晩夏にあたる。ちなみにもう一つのふなずしの有名な句「鮒ずしや彦根の城に雲かかる」の成立年代は安永六年四月十六日であり、グレゴリオ暦では一七七七年五月二十二日に

なる。つまりこの句は当時の季節感でいえば初夏ということになる。

（6）曲亭馬琴編・藍亭青藍補・堀切実校注『増補俳諧歳時記栞草』岩波書店、二〇〇〇年

（7）藤井建夫『魚の発酵食品』成山堂書店、二〇〇〇年。この著作には発酵食品の専門家がふなずしの専門店から得た情報によってふなずしの平均的な作り方が記されている。それによればできあがるまで二年以上かかるし、飯漬けの段階でもう一度塩を飯に混ぜる方法が記されている。

（8）滋賀の食事文化研究会編「近江の川魚屋から見える琵琶湖」『湖魚と近江のくらし』サンライズ出版、二〇〇三年、二〇八〜二一四頁

（9）日比野光敏「近江のフナズシの「原初性」—わが国におけるナレズシのプロトタイプをめぐって—」『国立民族学博物館研究報告』18巻一号、国立民族学博物館、一九九三年

（10）青木正児「鮒鮓」『酒の肴・抱樽酒話』岩波文庫、一九八九年、三八〜四六頁

（11）前掲（8）八七〜八八頁

（12）篠田統『すしの本』柴田書店、一九七〇年

（13）石毛直道、ケネス・ラドル『魚醤とナレズシの研究』岩波書店、一九九〇年

現代に伝わる「ふなずし」の多様性

藤岡　康弘

はじめに

私の子供の頃（昭和三十年代）に、井戸のそばに石の重しの乗った木の桶が置いてあり、ガチャコンポンプと呼んでいた手動の汲み上げポンプを使って、その桶に時々井戸水を流し込んで満たしていた。その井戸の周囲は、夏にはいつも独特のすえた臭いが漂っていて、その臭いの原因がその桶にあることは明らかで、それはふなずしを漬けている桶であった。また、私の母の実家は、家から四kmほど離れた同じ町内にあり、盆や正月あるいはお祭りには必ずその実家に行って、集まった親戚とご馳走をいただき、夏の夜には川へアユなどの魚つかみに行くことが最大の楽しみであった。その時のご馳走の一品に必ずふなずしが出されていて、自然とその味に慣れ親しんでいた。

私は今も日野町という生まれ育った滋賀県東部の琵琶湖からは四〇kmほど離れた静かな町に住んでいる。残念ながら、今は店を閉じられてしまったが、町には一軒のナレズシ専門店があった。このように、滋賀県では琵琶湖から離れた地域でも昔から普通にナレズシがつくられ食べられており、ナレズシは琵琶湖に隣接した地域だけに伝わる食事文化ではない。滋賀県下ではどこでもナレズシがつくられ食べられていたと言えるほどに普及していたが、これがいつの頃からの現象なのか大変興味がもたれる。

さて、私は水産試験場で琵琶湖の漁業振興を目的に仕事をしていた。そのため、琵琶湖の漁師さんが漬けたナレズシのひとつであるふなずしを時々いただくことがあり、どの漁師さんも「わしの漬けたふなずしは最高や！」と言いながら出してくれるので、そのたびに「本当に美味しいですね。今まで食べたふなずしで一番です！」と答えていた。しかし、その味を正直に言うと、「ええ、これがふなずしなのですか？」と思うことが少なからずあったのである。

食べ物の味を客観的に評価することは難しく、その人が美味しいと言えばそうなのであって、私がとやかく言う問題ではないのだが、美味しいというふなずしの味に大きな違いがあることに大変驚いていた。ふなずしを食べさせてくれた漁師さんたちは、誰もが自分の漬けたふなずしに自信を持っていて、こんな美味しいふなずしは他にはないだろう！と心から思っているようであった。私が子供の頃から食べてきたふなずしと漁師さんのふなずしの味との間にどのような違いがあるのかというと、多くの場合、漁師さんのふなずしの味は、まだ半生の塩漬けの段階の味であり、とても発酵によってうま味の広がったレベルには達していないと思われた。一方で、いただいたふなずしが美味しくて、この味にはかなわないというふなずしにも多く出会ってきたのはもちろんである。

以上の経験から、ふなずしの味にはさまざまなものがあり、しかもさまざまな発酵段階でき上がりを判断していることから、「これが正式のふなずしの味です」と言えるものがない、と思われたのである。

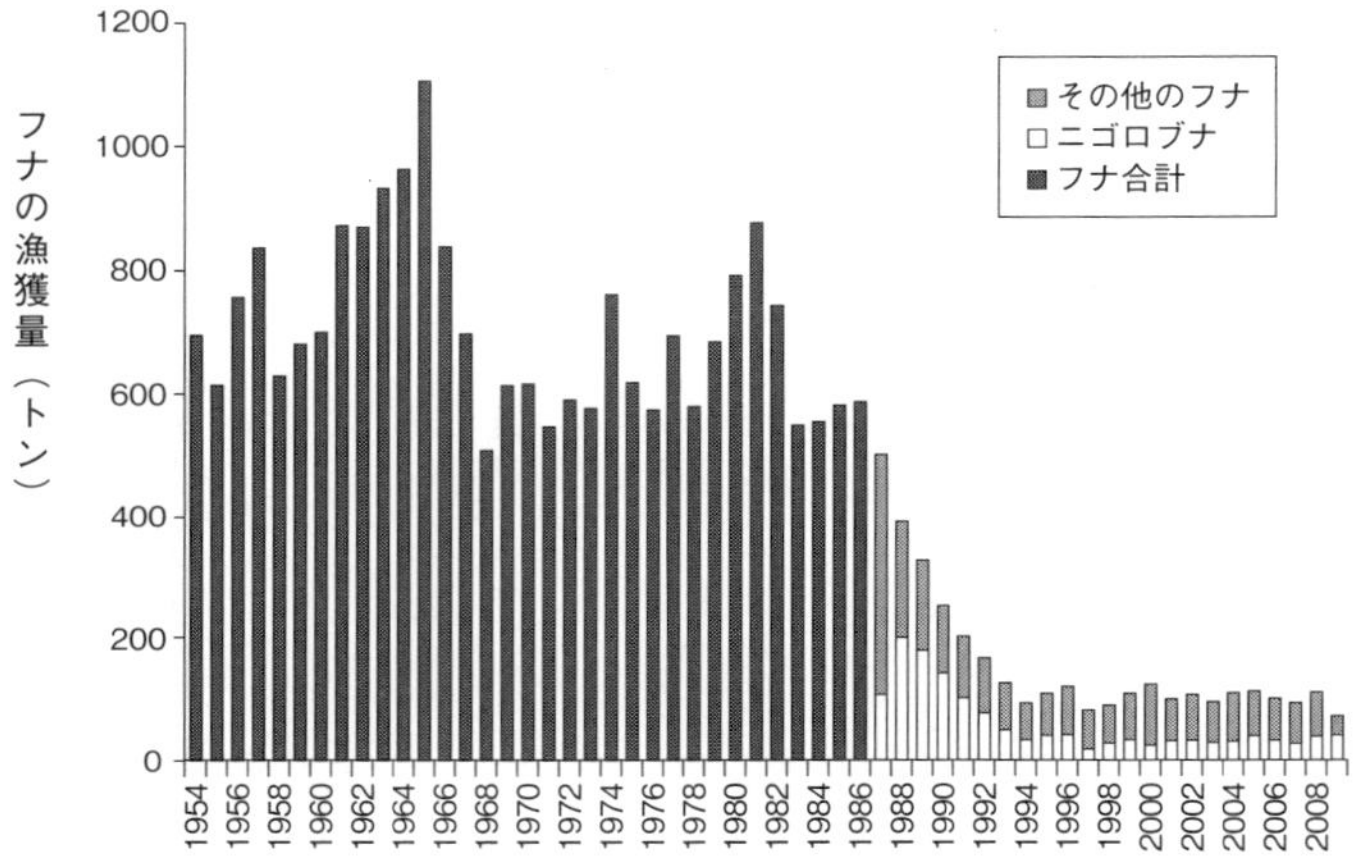

図１　琵琶湖におけるフナの漁獲量変化
統計資料は滋賀統計情報事務所による

一　フナの減少とふなずし

ふなずしの話題に入る前に、先ずその原材料となるフナのことから始めたい。ふなずしの主な原料であるフナが一九八七年以降に急減し、それまで年間五〇〇トン以上漁獲されていたフナの漁獲量は、一九九四年以降は一〇〇トン以下にまで落ち込んだ状態になった（図１）。琵琶湖にはニゴロブナ、ゲンゴロウブナおよびギンブナの三種のフナが生息しており、ふなずしには主にニゴロブナが好んで使用されている。もちろんゲンゴロウブナやギンブナも少なからず使用されているが、ふなずしとしてでき上がったときに、骨まで軟らかくなって食べやすいのはニゴロブナである。図１の琵琶湖の漁獲統計は、一九八六年までは三種のフナを合わせた値で表されているが、ニゴロブナの割合が最も大きい。

フナの漁獲量が急減した原因について詳しく述べるのは別の紙面に譲るが、琵琶湖の開発が大きく関わっていることだけは言っておきたい。このフナの激減で、それまでふなずしを漬けて食べていた多くの人々が、一九九〇年代以降にふなずしをつくることができなくなった。ニゴロブナの値段は高騰し、一時は一kgあたり六〇〇〇円以上となった。代替品として池で養殖されていたヘラブナや中国など海外から輸入されたフナも出回るようになってふなずし離れに拍車がかかった。琵琶湖のフナを回復させたいと、池で大きく育てたニゴロブナの大量放流や、ニゴロブナが育つとされるヨシ帯を人工造成するなど、あの手この手の対策が試みられたが、二〇一〇年頃まではフナの漁獲量が増えることはなかった。

しかし、水田を使ってニゴロブナの稚魚を育て、琵琶湖へ流下させることを始めてから、やっとフナの漁獲量が増え出したのである。フナ三種の中でも特にニゴロブナは繁殖を水田地帯に大きく依存しており、外来魚の増加に加えて、湖岸堤の建設や圃場整備が進みフナが水田に入って産卵できなくなったために急減したのが主な要因である。ところが、フナの漁獲量が低迷していた二〇年間にふなずし離れが起こり、フナの漁獲量が少し回復しただけで今度はフナが売れないという状況となってきた。

そこでふなずしの需要を掘り起こすため、水産試験場でふなずしを漬けるためのフナを用意し、桶と材料のご飯を持ってくるだけでふなずしが漬けられる「ふなずし講習会」が二〇〇三年頃から始められた。すると、ニゴロブナが手に入らずふなずしを漬けることを諦めていた人々が、この「ふなず

資料1　水産試験場における「ふなずし講習会」で指導されている「美味しいふなずしの作り方」の概要

準備するもの

塩切りしたニゴロブナ	5kg
冷ましたご飯	3升5合
漬物用プラスチック桶30号	1個
ビニール袋（桶サイズに合ったもの）	2枚
三つ編みにした荷造り用ビニールロープ	1.7m
ワイヤーブラシ	1個
重石	30kg

作　業

塩切りブナ　⇨　十分水洗いし塩を除く　⇨　ブラシでウロコなどを取ながら磨くようによく洗う　⇨　吊るして数時間陰干し　⇨　桶にビニール袋を2枚重ねで入れ、ご飯とフナを交互に漬けこむ　⇨　ビニール袋を交互に閉じ、桶の内周にビニールロープをおいて中蓋を乗せる　⇨　重石を乗せる

し講習会」に殺到しだしたのである。現在では、琵琶湖周辺の漁業組合や琵琶湖の観光船会社の主催などさまざまな形で「ふなずし講習会」が開催されるまでになってきており、琵琶湖で漁獲された天然のニゴロブナを使ったふなずしを味わえるまでになってきている。

二　ふなずしのレシピ

さて、この「ふなずし講習会」で教えているふなずしの漬け方は、資料1に掲げた内容のものである。この漬け方の基本的な方法は、私の友人である長浜市在住の専業漁師の杉本剛氏が代々漬けて来られたものである。もちろん細部にはいろいろと工夫があり、まだ私たちが学んでいない事柄もあるに違いないので、まったく同じ方法ではないと思われる。

写真1　桶から取り出し水洗いされた塩切りブナ

この方法の最大の特徴は、塩切りブナを桶に漬けて発酵させる間、その桶の上面に水を張らないところである。一般的な方法において、桶の上面に水を張るのは、空気を遮断して桶の中を嫌気状態にするためであるとされている。杉本流（以降では水産試験場で指導しているふなずしの漬け方を杉本流と呼ぶ）では、桶の中にナイロン袋を入れ、この袋の中にご飯と塩切りブナを漬け、最後に袋を折りたたんで密閉することで嫌気状態をつくりだしている。発酵の間、桶に水を張る一般的な方法では、水に虫が繁殖したり臭いがするなどいろいろと問題が生じるが、杉本流ではこれらの問題がほとんど起こらないのである。

保存管理が簡単で臭いも少ないのであれば、こんな良い方法はない。この方法なら近所迷惑にもならないのだから、都会の住宅やマンションなどの集合住宅でも自家製のふなずしが楽しめるので

写真２　桶にご飯と塩切りブナを交互に漬けこんでいるところ

ある。

早春から初夏にかけて漁獲されたフナ（主に産卵前の卵をもった雌）は、ウロコとエラを取り除き、腹を開かないで喉の部分から卵は残して内臓を取り出して桶で塩漬けされる。この塩漬けされたフナを取り出したものが「塩切りブナ」と呼ばれるものである（写真１）。通常、この塩切りブナを漁師さんなどから購入して自家製のふなずしをつくるのである。七月中旬の土用の丑の頃からお盆までの気温が急激に上昇する時期に「飯漬け」を行うのが通例である。飯漬けとは、塩切りブナを冷ましたご飯に挟むように桶に漬けることを言う（写真２）。この時、塩切りブナの塩は流水で洗い流す。ご飯とフナを層状に交互に桶に並べていき、最後にナイロン袋を折りたたむように密閉して中蓋を乗せ、その上に二〇kg以上の重しをする。これを日当たりのよい場所に置いて三ケ

資料2　著者の藤岡が毎年漬けているフナズシの漬け方

準備するもの	
塩切りブナ	15kg
冷めたご飯	7升
漬物用プラスチック桶30号	1個
塩	700g
わらで編んだ縄	3m
竹の皮（桶の上面を覆う面積）	約6枚
タワシ	1個
重石	30kg

作　業

塩切りブナ　⇨　軽く水洗い　⇨　ウロコは見逃さないように取り除く　⇨　水切り　⇨　桶にご飯とフナを交互に漬けこむ　⇨　上面を竹の皮で蓋をし、桶の内周にわら縄をおいて中蓋を乗せる　⇨　重石を乗せる　⇨　桶を水で満たす　⇨　時々水をオーバフローさせ交換する

月以上発酵させてから食べるのである。

三　発酵期間の違い

ふなずしの発酵は、前記で書いたように桶の上面を水やナイロン袋で覆って空気を遮断し嫌気状態で行う。塩切りブナなどに存在する乳酸菌がご飯を分解する乳酸発酵を行い、また同時に、フナのタンパク質が酵母菌などによりアミノ酸に分解されて、全体としてうま味と酸味を増していくのである。桶を陽あたりのよい場所に置くと、桶全体の温度が上がって発酵が速く進み仕上がりが早くなる。水産試験場で講習している杉本流のふなずし（以下では「講習ふなずし」と言う）では、八月初旬に桶に漬けて約五ケ月後のお正月にはよい味にでき上がってい る。この時期にでき上がったふなずしを全部桶

から取り出して一尾ずつラップで包んで冷凍し、食べる分だけ解凍して食べるように指導しているのである。

この「講習ふなずし」に対して我が家のふなずしのレシピを資料2に示してある。基本的な方法は同じであるが、桶に水を張ることなど少し違いがあることが分かる。しかし、両者のふなずしにはレシピからは分からない大きな違いがあることを不思議に思っていた。それは仕上がりまでの期間、すなわち発酵期間に大きな差のあることである。我が家でもふなずしは七月の土用の丑の時期に桶に漬けるが、お正月頃ではまだ塩漬けフナのままの味であり、とても美味しく漬かったふなずしとは言い難い味である。一年経過した七月頃にやっと食べ始めるという状態で、明らかに美味しく漬かるまでの発酵時間が長くかかっているのである。このことに加えて、「講習ふなずし」では、桶に漬けて一年も置いておくと発酵が進みすぎて、多くの場合にご飯もフナも液状にとろけた状態となってフナの形状を保てなくなる。一方で我が家のふなずしは、桶に漬けて一年目から食べ始め、五年経過しても柔らかくはなるがフナの形状を十分に保っている。すなわち、発酵速度が遅いが美味しく食べられるピークの期間が長く持続するのである。いったいこの発酵速度の大きな違いはどこから来るのであろうか。

四　塩の意味

資料1と2に示した「講習ふなずし」と我が家のふなずしのレシピを比べてみると、その相違は前記で述べたように、①桶に水を張るか張らないか、という点以外に、②桶に直接漬けるのか、ナイロン袋の中に漬けるのか、③ご飯に塩を入れるのか、入れないで漬けるのか、④塩切りブナをあまり洗わないのか、徹底的に洗うのか、の四点である。これらの相違の中でふなずしの発酵速度に大きく影響する要因とは何だろうか。桶に水を張ることは、発酵を進める菌の繁殖に影響がありそうであり、また塩切りブナを洗うほどフナから塩分は失われ塩分濃度に違いが出そうである。どちらも発酵速度に影響する可能性がありそうである。

実は塩の作用については、すでに発酵速度に大きく影響することがよく知られているのである。パンの生地に食塩を加えて発酵を緩やかに進めることなど、日常生活のさまざまな場面で塩が使われており、塩分濃度が濃くなるほど発酵が遅くなってゆっくり進むのである。我が家のふなずしでは、飯漬けするときに一升の米に対して一〇〇gの塩を混ぜている。まったく塩をご飯に添加しない「講習ふなずし」とのふなずしのでき上がりまでの期間の相違は、主にこの塩の作用にあると言える。

美味しいふなずしが短期にでき上がればそれに越したことはないが、先にも記したように「講習ふなずし」では、飯漬け後約五ケ月のお正月にふなずしを桶から取り出して冷凍するように指導している。長く桶の中に置いておくとフナが溶けて形が無くなってしまうからである。桶の中で五年経過しても姿が残っていた我が家のふなずしとの相違は、塩がもたらしている効果であり、塩を用いた発酵速度の制御は、先人の知恵なのである。

ここで読者の皆さんからはこのような疑問が出るのではないだろうか。ふなずしができ上がるまでに長く時間がかかってしまうだけなら「講習ふなずし」の方が優れているのではないか。また、両者の味は同じなのか異なっているのかと。両ふなずしの味の甲乙は、好みの問題があり何とも評価のしようがないが、「講習ふなずし」は、賞味期間が短く冷凍して保存しておく必要性があるが、我が家のふなずしでは、賞味期間が長く、発酵期間を長くすると酸味が増してくるものの味に大きな変化がなく冷凍保存の必要がない。この点から見ると、我が家のふなずしは保存食品でもあるということが言えるかもしれない。

五　水張りの効用

もう一つ我が家のふなずしについて疑問に思われる点があると思う。それは、ご飯に多くの塩を添加して漬けているので、でき上がりのふなずしが塩辛くはないか、ということである。味の問題だけでなく成人病予防の観点からも食品中の塩分を薄くすることが求められているが、我が家のふなずしの塩味については、これまでそれほど濃いと感じたことはない。

なぜ、かなり多い塩をご飯に添加しているのにふなずしが塩辛くないのか、という点については、おそらく桶に水を張って時々その水を交換することにあるものと考えている。水を換えることによってご飯の中の塩分が徐々に抜けていき、適度な塩分に落ち着くのではないか。もし、桶に水を張らない方法で我が家の塩加減で漬けると、最初に添加した塩分がそのまま残り塩辛いふなずしになるに違いない。このことを一度実験してみたいと思ってはいるが、材料の塩切りブナが高価でまだ試してはいない。

桶に水を張る効用については、塩分の問題だけでなく発酵を行う乳酸菌や酵母菌などの種類やそれらの比率などさまざまな発酵条件にも大きな影響を与えているものと思われる。もちろん塩分濃度も発酵条件の重要な一つであることは言うまでもない。塩切りブナをご飯に漬ける「飯漬け」直後は、ご飯のひと粒一粒の間に大きく隙間が空いていて、夏の気温では三日もすればご飯の表面にカビが発生している。おそらくその後に乳酸菌や酵母菌が優勢になりカビは繁殖できなくなるものと考えられるが、水を張る方法では、桶内の空間が水で満たされ、高い塩分濃度の影響でカビは抑制されるのだろう。

一般に、ふなずしを漬けると時々失敗することがあると聞くが、我が家ではその心配をしたことがない。その要因が桶の水張りと塩分にあるのではないかと考えている。例えば、発酵が進む前に何らかの原因でカビが優先してしまいカビの臭いや味が先に付いてしまうと、その後に発酵が進行してもカビ臭や味は抜けない。他の発酵食品とは異なり、ふなずしは最初に酵母や乳酸菌を人工的に添加しないので、塩切りブナや道具の桶、わら縄、竹の皮などに繁殖していた菌の中から条件の合った菌が発酵の主役になっている偶然性も失敗する原因になっているものと考えられる。

六　塩漬けの重要性

これまではナレズシの主役のフナ以外のことばかりを取り上げてきた。肝心なフナはふなずしの味にどのような影響を及ぼしているのであろうか。「ふなずし講習会」のレシピを見ていただくと（資料1）、漁師さんから購入した塩切りブナを「磨くように洗う」とされている。塩切りブナをよく洗うという点は老舗のふなずし屋さんでも一般的な方法らしい[1]。確かにふなずしにフナのウロコがあるとそれが口に残って食味をそいでしまうので、塩切りブナを洗う時にウロコを残さないように気を付けることは重要である。

しかし、塩切りブナを流水で徹底的に磨き上げるほど洗うことに私は同意できない。それは以下の理由からである。イカの塩辛やアユのウルカ、ショッツルなど水産発酵食品は、一定の塩分のもとで発酵させてうま味を醸成したものである[2]。塩切りブナは、一般的にフナの卵が発達する二月頃から四月にかけて琵琶湖とその周辺水域で漁獲され、桶で数ケ月間塩に漬けられていたものである。鮮度のよいフナが塩蔵されてできた塩切りブナは実に香ばしい香りがする。桶の中でフナを塩蔵していると水分が上がってくるが、さらに時間を経ると発酵が進み香ばしい匂いを放つようになる。まさに東南アジアで広くつくられている魚醤と基本的には同じなのである。フナのタンパク質が菌により徐々にアミノ酸に分解され、うま味が出てきているのである。このうま味のつまった塩切りブナを流水で徹底的に洗うということは、まさにうま味を逃がしていることに他ならないのである。これらの点からすると、ふなずしの味は塩切りブナをつくるところから始まっていると言うこともできる。塩切りブナを購入した時、香ばしい香りのするものであれば合格であるが、もしこの時点で嫌な臭いであれば、鮮度の悪いフナであった可能性があり、味や香りのよいふなずしにはならないと考えられる。

七　ふなずしアンケート

私は自家製のふなずしをつくってきた経験から、これまで気が付いていたいろいろな漬け方の相違について意見を述べてきた。最終的にはでき上がったふなずしを美味しいと思うかどうかであるので、ふなずしの漬け方に正解があるわけではない。これまでに述べた主要な点は、①ご飯に塩をどの程度入れるのか、②桶に水を張っているのか、③塩切りブナの洗い方はどの程度なのか、の三点である。ふなずしの漬け方の中でこれら三点を中心に、実際にはどのような漬け方が一般的に行われているのか、以前から強い興味を抱いていた。そこで思い切ってアンケート調査することにしたのである。対象を琵琶湖の漁師さんと、その関係者までに限定することとした。一〇〇名の回答者を目標に、琵琶湖周辺の漁業組合を中心に、知人の漁師さんにもお願いしてアンケート用紙を配布した。アンケート期間は二〇一五年一月から二月の二ケ月間であった。アンケートに協力していただいた方々には深

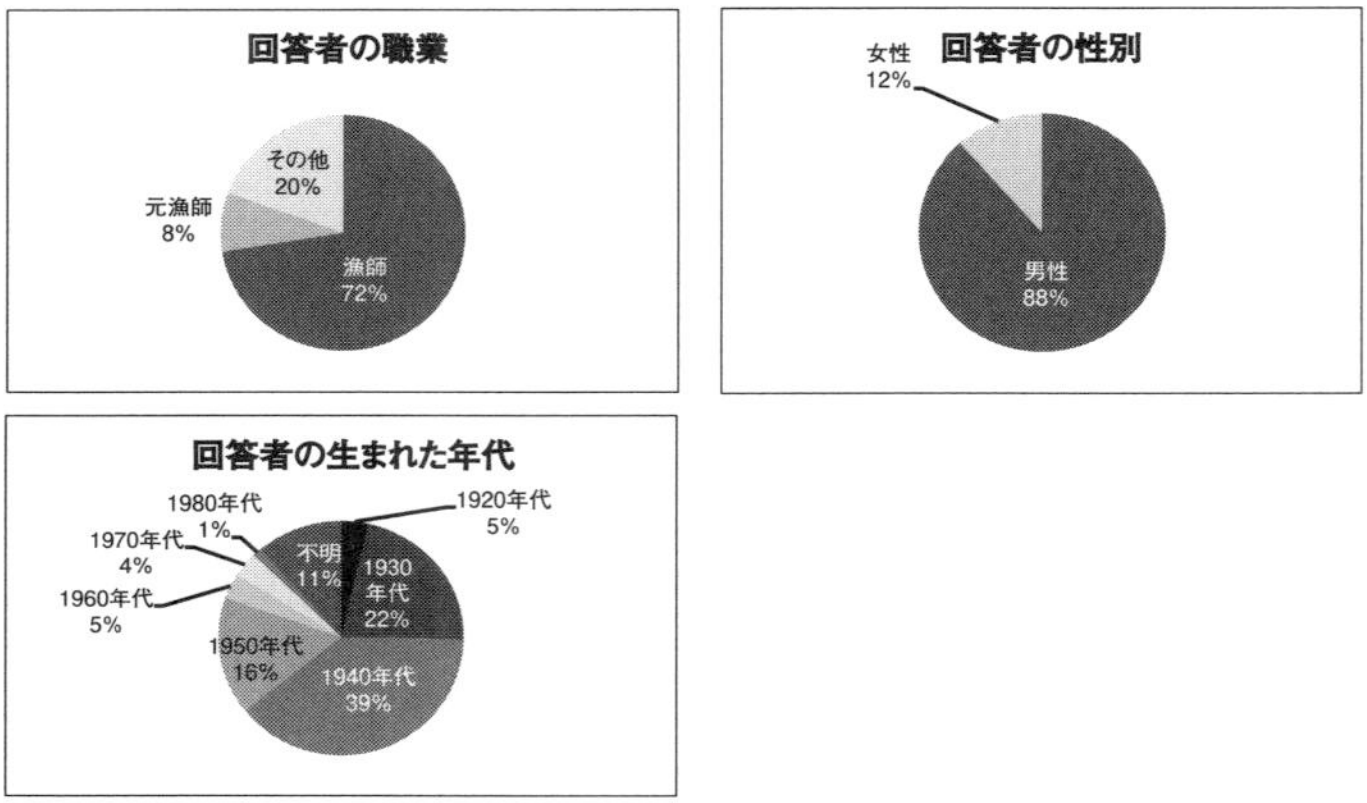

図２　アンケート回答者の内容

くお礼を申し上げたい。

回答いただいた総数は八七名で残念ながら一〇〇名には少し達しなかった。回答者は男性が八九％と多くを占めた。また引退された方も含めて漁師さんが八〇％であった。残り二〇％は漁業組合に出入りしている仲買さんなどその関係者と思われる。お住まいは琵琶湖周辺全域の市町にわたっていた。生まれた年代は一九四〇年代が三九％で最も多く一九三〇年代が二二％、一九五〇年代が一六％であった（図２）。

図３に示すように、ふなずしを代々漬けている人は七八％で、さすがに大半を占めていたが、最近漬け出した人が二一％もおり、止めてしまった人も一％いた。次に材料である魚の種類と入手方法であるが、ニゴロブナだけを使っている人が五九％と多かったが、二一％はゲンゴロウブナやギンブナも使っていた。また、二〇％はフナ以外の魚も使っていた。漬ける魚を全て自分で漁獲しているのは六五％で、一部あるいは全部を購入している

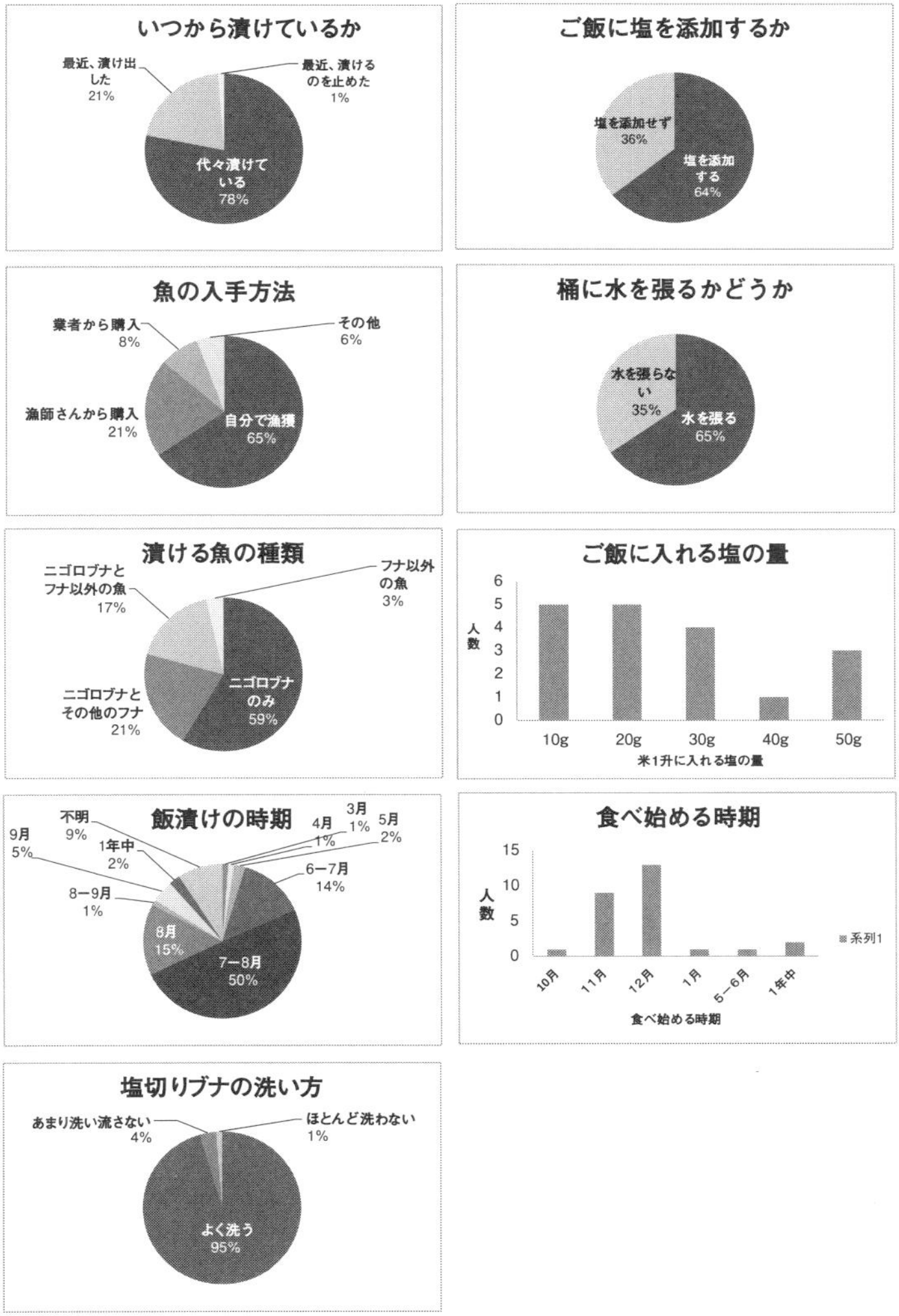

図3　フナズシアンケートの回答集計結果

人が三五％であった。塩切りブナをご飯に漬ける飯漬けの時期を聞いたところ、七月から八月が最も多く、全体の六五％であったが、三月から五月という回答も四％あった。また、特に決まっていないという人も二％あった。

さて、具体的なふなずしの漬け方について回答内容を見てみよう。先ず塩切りブナの洗い方であるが、よく洗うと回答した人が九五％を占めた。ご飯に塩を入れない人は三六％であったが、六四％は塩を使っていた。使う塩の量を聞いたところ、おにぎり程度と回答した人が六三％であった。具体的に使う塩の量を聞いたところ、一八人から回答があり、お米一升に対して二〇g以下が十人で、二〇から四〇gも十人、四〇g以上が五人であった。次に、桶に水を張る人は六五％で、水を使わない人の割合を大きく上回っていた。

最後に、漬かったふなずしをいつの時期から食べ始めるのかを聞いたところ、二七名から回答があり、十一月から十二月が二二人で最も多く、十月または五月から六月がそれぞれ一人で、一月からという回答も一人で少なかった。

八　漁師さんのふなずしレシピ

以上のアンケートから見える現在の漁師さんのふなずしの一般的な漬け方は以下のようになる。先ず材料の魚については、やはりニゴロブナだけを使う人が最も多い。七月から八月の時期に、先ず塩切りブナを流水でよく洗い、ご飯に少し塩を混ぜながら飯漬けを行っている。桶には水を張って発酵させ、お正月までに出して食べ始める、といったものである。飯漬けから食べ始めるまでの発酵期間が三ケ月から四ケ月と短い点は、最初に書いたように、漁師さんからいただいたふなずしの味がまだ十分に発酵していないと感じたことと一致している。また、ナレズシには、時間をかけてじっくり熟成してから食べるいわゆる本ナレズシと短期の発酵で食べるナマナレズシがあるが、製法ばかりではなく食べ始める時期も連続していて、はっきりと区別されていないのではないかと感じられた。

以上の一般的なレシピとは別に、異なった回答をくれた漁師さんのナレズシを紹介したい。先ず材料の魚であるが、先にも書いた通りニゴロブナ以外にゲンゴロウブナやギンブナ、ウグイ、ハス、ビワマス、オイカワ、ワタカ、ホンモロコ、ニゴイなど今も多様である。飯漬けの時期が決まっていない、と回答した人が二%あり、これは漁獲される時期などにより随時いろいろな魚を塩漬けにしておき、食べたい時期を見計らって飯漬けを行っているものと思われる。また、魚を塩漬けにしておく期間を三年以上としている人もあり、これは魚自身の分解によるうま味が出てから飯漬けするというものかもしれない。さらに、塩切りブナの洗い方について、あまり水洗いしないという人が全体の五%いた。この方法では、塩切りブナにかなりの塩分が含まれているので、飯漬けする時にご飯に塩を加えなくてもある程度の塩分濃度になっているものと考えられる。また塩切りブナのうま味を流さない点で優れているのではないかと思われる。

九　ナレズシの多様性

以上述べてきたように、ふなずしを代表とする滋賀のナレズシは、塩漬けにした魚を一定期間ご飯に漬けて発酵させて食べる、という基本的な製法があるものの、その方法は千差万別で味は一品一品で異なっている。逆に、同じ味のものを繰り返し製造することは至難の業と言わざるを得ないのである。琵琶湖周辺には今も主にふなずしを製造販売されている業者さんがおられるが、その製法は秘伝であるとのことである。おそらくその店に伝わる味を出すために相当な苦労をされているものと想像される。

ところで、アンケートの回答の中で少し気になった点があった。それは飯漬けにおいて塩を使わない人の中で、最近になって塩を使わなくなった、と回答した人が二三％いたことである。同様に、桶に水を張らない人の中で、最近になって水を張らなくなった人が五七％もいたことである。回答してくれた漁師さんと直接話してみると、「講習ふなずし」の方が、塩も使わず水も張らないので簡単であり、最近この方法に変えたとのことであった。

一般の方々のふなずし離れを取り戻すために始めた「ふなずし講習会」が、漁師さんのふなずしの漬け方にまで影響していることを知って少なからず衝撃をうけた。ナレズシのつくり方は、おそらく時代とともに徐々に変化して多様性を増し、現代に伝わってきたものと思われるが、琵琶湖の魚が大幅に減ってナレズシに使用される魚の種類や漬け方そのものの多様性が減ってきているのは残念でならない。琵琶湖周辺の神社に伝わる神事としてのナレズシにはドジョウなども使われ、漬け方もかなり異なっている。それらの漬け方とこれまでに紹介した現代に伝わる一般的なふなずしの漬け方の相違を明らかにすることからフナズシ製法の変化について何か重要なものが見えてくるかもしれない。

十　ふなずしの源流を訪ねて

これまで本章では、琵琶湖周辺で漬けられている「ふなずし」だけに焦点をあててその多様性を探ってきた。「ふなずし」だけを見ていると、私自身は魚醤や塩辛までもが同じ食文化の起源であることをほとんど意識していなかったことに気付かされている。さらに、秋道智彌氏は本稿の「アジアのナレズシと魚醤の文化」の中で、ナレズシ文化の起源が水田農耕と淡水漁撈を基盤とする地域にあることは確かなことであるとし、この点で、インドシナ半島地域を起源地とする説や稲作の起源地とされる中国の長江中・下流域が起源地である蓋然性が高い、としている。これまでのところ、「ふなずし」の起源地がインドシナ半島や長江中・下流域であると決まったわけではないが、これらの地域を直接確認しておくことは今後のナレズシ研究において重要であると考え、インドシナ半島の国々の中でもまだ訪れたことのないカンボジア王国を二〇一六年二月に訪ねてみることにした。

この国には現地で淡水魚研究を行っている知人の佐藤智之氏が在住しており、彼に案内をお願いすることにしたのである。この国にはトンレサップ湖という巨大な淡水湖（面積は琵琶湖の五〜二〇倍：雨季と乾季で面積が変化する）があり、二〇〇種とされる多様な淡水魚が生息している。訪れた二月は乾季で比較的過ごしやすい季節であると聞いていたが、さすがに日中の気温は三〇度を超えて汗がにじみ出てくる状況であった。

アンコールワットで有名なシェムリアップという街で飛行機を降り、車で一時間半ほど行ったトンレサップ湖畔の漁師さんの村であるコンポンプルック村で小型のボートに乗り換え、水辺林の中に掘られたクリークを三〇分ほど進むとどこまでも赤茶色に濁った広大な湖が現れた。ボートについているエンジンからは、五ｍほどもある軸が水中に突き出ていて、その先にむき出しのスクリューがついている。湖の水深が浅くて、その軸の角度を変えてスクリューが湖底に接触しないように操作しているが、それでも時々舟底が湖底につかえて座礁するほどで、湖はかなり浅い環境であることがこのことから感じられた。湖は透明度が数cmもないので水中の状況は全く見えないが、水面に体長一〇cmほどのナマズ類の稚魚が頻繁に顔を出すのでかなりの数の魚が生息していることがわかる。また、クリークのあちこちに数人で網を曳く人たちや舟から投網を打つ人がおり、漁業が活発であった。湖辺には琵琶湖ではエリにあたる無数の定置網が設置してあり、漁業の盛んなことが見て取れた（写真3）。

案内の佐藤氏によると、カンボジアでは淡水漁業による収入はかなり多いことから、漁業に参入する人が今も増加しているということである。このため漁獲圧が高まって以前より魚は減り、大きい個

写真３　カンボジア国のトンレサップ湖

写真４　クリークで網を使って魚を捕獲する漁師

写真５　市場において活魚で売られているライギョなどの淡水魚

写真６　市場で販売されている魚を使った発酵食品

写真７　淡水魚やエビの乾物

体も取れなくなっているとのことである。しかし、魚の減った現在の琵琶湖をほぼ毎日見ているだけに、魚で賑わうトンレサップ湖は、どこまでも豊かな湖のように見えるのであった（写真4）。

この後、漁獲された魚の消費のようすを見るため街の市場を訪れた。市場では、ナマズのほかにライギョの仲間が多く売られており、淡水のサヨリや小型のエイの仲間あるいは貝を食べているカメも店先に並んでいた（写真5）。販売しているのはほとんど女性で、お客を待つ間も小型の魚の頭と内臓・骨・皮を刃物で器用に取り除いて魚の身だけを容器に盛っている。その先では漬物のようなものが桶やバットに入れられて並んでいる。それらは魚の身を塩と混ぜて発酵させたものや魚をそのままご飯と塩を加えて発酵させてもので前者はプラホックと呼ばれる調味料として使われる食品であった（写真6）。このプラホックを使ってタックトライと呼ばれる魚醤油がつくられる。これらがまさにフナズシのルーツであることは間違いないものである。味は味噌をそのまま食べたような塩分濃度で旨みが感じられ、調味料としての用途に適していると思われた。

こうして見ると、東南アジアでは気温が高く大量に漁獲される魚はすぐに腐敗してしまうので、保存できる何らかの加工処理を施す必要がある。その一つは乾燥して水分を抜いてしまう方法であり、多くの魚やエビ類が乾物として販売されている（写真7）。もう一つの方法が塩漬けにする方法であり、これがナレズシの原点になる加工法である。これに乳酸発酵の原料となる米を加えることにより酸味や旨みが加わりより美味しい付加価値の付いた食品ができあがる。「ふなずし」として現代に伝わるナレズシ文化が残る琵琶湖の周辺は、長江流域やトンレサップ湖のあるメコン川流域のようにお米と淡水魚が豊富に獲れる地域である。「ふなずし」という食文化が発達し今日に残るのも当然の結果であったのかもしれない。

おわりに

ふなずしの漬け方を見れば判るように、五kgの塩切りブナを漬けるために三升五合という大量のお米を使用する（資料1）。そして、食べるのは漬かったフナだけであって大半のご飯はそのまま残り通常は捨てられている。もったいない！という思いがあるものの、これまではどうしようもなかった。しかし、最近ではふなずしのもつ健康維持を図る機能が注目され、利用しようという動きが始まっている。ふなずしは滋養や強壮の効果があるとされ、実際に夏バテやお腹をこわした時に体調を整えるためにも食されてきた。普段は酒の肴にふなずしを食べているが、食べると体調が回復することは私自身も感じてきた。また、ふなずしを食べながらお酒を飲んだ翌朝は、胃のもたれや体のだるさが軽減されているような気がするのである。ふなずしを漬けたご飯から血圧を下げるなどの成分や胃腸を整える成分を見出して商品化する企業が出てきており、そのさらなる発展に期待したい。

（1）滋賀の食事文化研究会『ふなずしの謎』滋賀の食事文化研究会編、サンライズ出版、一九九五年
（2）藤井建夫『魚の発酵食品』成山堂書店、二〇〇〇年

「ふなずし」を通して伝えたい「ふるさとの味と心」

「滋賀の名物は？」と尋ねられると、「ふなずし」と答える人が多いが、果たして五〇年後、一〇〇年後もそうだろうか。滋賀県下の小学五年生約五〇〇〇人を対象にアンケート調査をしたところ、ふなずしを食べた経験のある子は約三割と少なく、ふなずし離れが進む現状が明らかになった。ふるさとの味としてふなずしを残していきたいと願う時、わたしたちは、今、何ができるのだろうか。

ふなずしは、これまで学校教育では、学習素材として扱うことがあまりなかった。しかし、ふなずしは、滋賀のソウルフードとも言われ、地域の伝統的な食文化を代表する料理であることから、環境教育で扱うことの意義は大きいと考えた。

そこで、二〇一五年度、滋賀県下の八つの小学校において、ふなずしを切り口にした環境教育プログラムを開発し実践した。その学習のねらいは、子どもたちにふるさとへの愛着や誇りを育むことにあった。

子どもたちは、ニゴロブナや琵琶湖について、基礎的な知識を学んだ後、地域の講師に教わりながら、実際にふなずし作りを体験した。地元の主婦、漁師、川魚料理店を営む人など様々な立場の人が講師になって、その地域独自の伝統ある漬け方を子どもたちに伝えた。子どもたちは、塩漬けしてあったふなを洗い、頭にご飯を詰め、桶の中に並べて漬けていった。

半年後、子どもたちの楽しみにしていた桶を開ける日がやってきた。多くの子にとって初めての体験で、桶の周りに興味津々で大勢集まってきたが、封を開けると独特の臭いが漂って、傍を離れる子も少なくなかった。桶から出したてのふなずしを切り分けて食べる時には、多くの子が、初めて食べるものへの恐怖感からか、恐る恐る口へと運んでいた。それでも、ほとんどの子が口にできたのは、自らが手間をかけて作ったことや、長い時間待ったことによる期待感も加わったからだと思われる。初めて食べた子の中には、独特の酸味の効いた味に、病み付きになる子もいた。過去に食べた経験のある子ほど、おいしいと感じる割合が高い傾向が表れた。おいしいと言って食べている子を見ると、昔と比べて今の子は、ふなずしを食べる頻度は違えども、味覚までが、変わってしまったわけではないと感じた。

体験はこれで終わりではなく、日頃から世話になっている地域の人々を招いて、ふなずしを振る舞った。招待した人々が、喜んで食べてくださる様子を見て、作ってよかったと感じた子が多くいた。実際にふなずしを漬けている人は、全て自分一人で食べるわけではなく、大抵の場合、その内の多くを人に贈って食べてもらう。子どもたちも漬ける側の喜びも味わい、滋賀ならではのおもてなしを肌で感じることができた。

学習のまとめとして、ふなずしは、栄養面で優れているだけでなく、魚を保存して食べる先人の知恵が詰まっていること、昔から神饌として捧げたり、客人をもてなしたりする食べ物であったことなどを学び、滋賀の食文化を語る上で欠かせない食べ物であることに気づいた。しかし、食べる機会が減少してきている原因として、ニゴロブナの漁獲量の減少や、食生活の変化で、湖魚そのものが普段の食卓に上がる機会が減っていることがあることを学んだ。そして、どうすればふなずしをはじめとするふるさとの食文化を残していけるのか、さらに、そのために自分は何ができるのかを考えた。

この学習は、子どもたちの心に何を残せたのだろうか。学習では、ふなずしの作り方やおいしさを知ることが目的ではなく、ふなずしを作り食べる体験や、地域の様々な人と出会い、その思いに触れる中で、ふなずしの多様な価値に気づき、ふるさとで大切に受け継がれてきた食文化であることを知り、ふるさとを愛する心情を育むことにあった。学習前、ふなずしを食べたことがなかった子は、四七四人中、三二五人もいたが、その内、三一〇人が初めて口にした。しかし、おいしかったと答えた子の割合は、約四割で、残りの約六割は、おいしくなかったと答えた。苦手な子が多いことは予想していたが、初めての子でもおいしいと感じた子が意外と多かったことは、少々驚きである。学習後のアンケートでは、機会があれば、またふなずしを漬けてみたいと答えた子の割合は、約七割と高かった。この結果は、味が苦手な子でも、ふなずし漬けの作業自体には、興味を持ったことを示している。さらに、ふなずしを残していきたいと答えた子の割合は、なんと九割を超えていた。これは、多くの子がふなずしの食文化的な価値を理解できたことの表れであると言える。

子どもたちは、多様な価値を知ることで、ふなずしが「くさい」「まずい」といったマイナスイメージから、「滋賀の誇る食べ物」へと変化した。ある子の感想に「みんながふなずしを大切にしていることがわかった。でも味は、大人の味だったので、大人になって好きになるのが楽しみ」と書かれていて、味は苦手でもふなずしそのものを好意的に捉え、受け継いでいきたいという意思の表れであるように感じた。

多くの人が、自宅や身近な地域でふなずしを漬けていた時代、子どもたちはそれを目にして大きくなった。また、人々が集まる場でふなずしは振る舞われ、食べる機会も比較的多くあった。子どもの頃、見たり食べたりした経験は記憶の中に残され、大人になってからの懐かしさに繋がっていく。こうして食文化は、それほど意識せずとも受け継がれてきたのだろう。昨今各地で地域固有の貴重な文化が失われていっているが、ふなずしを漬けて食べるという食文化も例外ではない。食文化の伝承が危機的な状況である時代だからこそ、子どもたちに教育的意図を持って体験させたり、地域の人やくらし、文化と関連させて学ばせたりすることの必要性を強く感じる。わたしたち大人は、ふなずしという貴重な食文化が失われていくのをただ嘆くだけでなく、先人から受け継いだバトンを次の世代に伝えていく責任があるのではないだろうか。

（中村　大輔）

「ふなずし」の成分分析と嗜好性

久保　加織

はじめに

日本では、古くから、地域の産物を発酵食品に加工することで、保存性を高めるとともに、嗜好性の高い食品に変えて利用してきた。特に魚は、古来、日本人にとって貴重なタンパク質源であった。また、一九七〇年以降に研究が進み明らかになってきたことに、ドコサヘキサエン酸（DHA）やイコサペンタエン酸（IPA）などのn3系多価不飽和脂肪酸の栄養的価値があげられるが、[1]これらn3系多価不飽和脂肪酸は、魚介類が主な給源である。

一方、魚は、そのままでは以下にあげる三つの観点から、保存性が低いと捉えられる。第一に、微生物による腐敗である。魚は、我々ヒトにとって栄養価の高い食品であるが、それはすなわち微生物にとっても同じであり、微生物の格好のすみかとなりやすく、腐敗する。繁殖する微生物の中には、食中毒の原因になるものもあり、食中毒菌が繁殖しない場合でも、微生物が食品成分を分解することで、好ましくない味や香り、食感がもたらされると、我々はそれを腐敗と呼ぶ。第二に、魚の持つ酵素による自己消化による変化である。魚が生きているときには、自分の体を自分の持つ酵素で分解することはほぼないが、死後は、魚自身が持つ酵素によって魚に含まれる様々な物質の分解が起こる。これを自己消化という。自己消化の中には、核酸関連物質が分解されてイノシン酸ナトリウムが死後数時間で増加し、旨味成分となる反応もある。この反応をうまく活用しているのが鰹節であるが、この場合も、ふつう、酵素反応はさらに進んで旨味物質は時間とともに消失する。また、タンパク質が分解され、好ましくない味や香りの出現や軟化が起こることもあり、時には毒性物質を生じることがある。タンパク質の分解によって、魚は微生物にとってさらに都合のよいすみかとなることも多い。第三に、酸素による酸化である。特に脂質は、酸素のある状態では酸化が進みやすく、なかでも上述した魚介類がその主な給源となっているn３系多価不飽和脂肪酸は酸化されやすく、酸化するとその価値が失われるとともに、好ましくない香りや食感の原因にもなる。

このように魚が様々な要因で変化して食品としての価値が低下したり、利用できなくなったりすることを防ぐために、我々の先祖は魚の様々な形での加工を考えだしたと思われる。なかでも最も古くから伝わる方法の一つが魚を飯とともに発酵させるナレズシへの加工であり、[2]「ふなずし」はこうしたナレズシの一種である。現在、日本各地でその地域特有の魚を用いたナレズシが伝わり、日常食だけでなく、祭りや神事、行事に欠かせない食品となっている。

魚はナレズシに加工されることで長期間保存することができる。乳酸菌をはじめとした様々な微生物と魚の持つ酵素による自己消化が関与し、魚の成分が変化する、あるいは変化しないで保たれることが、ナレズシの食品としての栄養価、嗜好性、機能性に大きく影響する。前述した腐敗と結局同じことが起こっているのであるが、ヒトにとってそれが健康を害する変化ではなく、嗜好性における変化も好ましい場合、ヒトはその変化を腐敗ではなく発酵と呼ぶ。ただ、ナレズシの加工中に出現する独特の風味は、ナレズシに対する人々の好き嫌いに大きく寄与する。

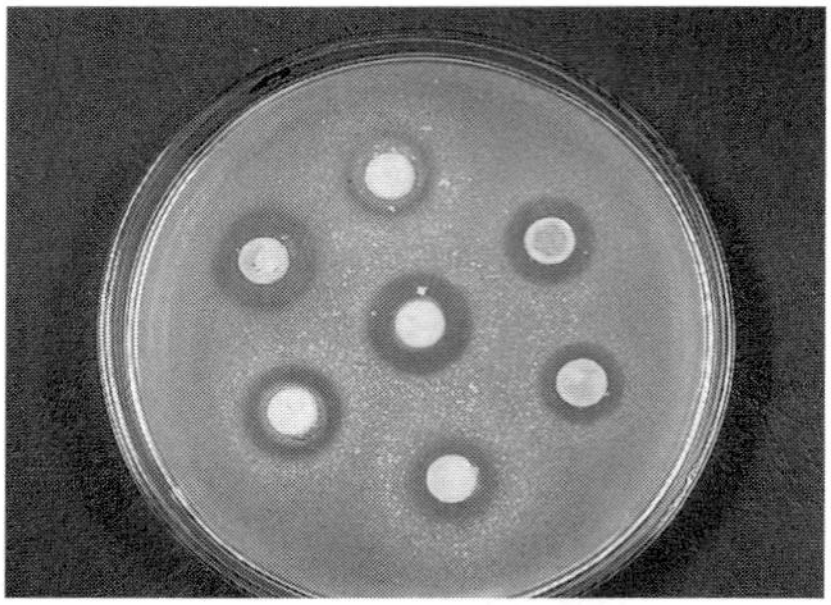

図１　ナレズシ飯のバレイショ菌に対する阻止円と抗菌力
バレイショ菌（*Bacillus mesententericus*）を植菌した寒天ゲルに穴をあけ、フナズシ飯とビワマスズシ飯を入れて37℃で２日間培養した。ナレズシ飯周辺部は菌の増殖が抑制され、阻止円が形成された（註３を引用）。

我々はこれまでに、「ふなずし」には、その飯漬け中に生成する有機酸やバクテリオシンに起因する抗菌性を有することを報告している。(3) 図１に示した写真は、バレイショ菌（*Bacillus mesententericus*）を植菌した寒天ゲルに穴をあけ、「ふなずし」の飯、あるいはビワマスズシ飯を入れて三七℃で二日間培養した時のゲルの様子を示したものである。いずれのナレズシ飯の周辺部でもバレイショ菌の増殖が抑制され、阻止円が形成されているのがわかる。この効果は、バレイショ菌だけでなく、大腸菌においても認められている。さらに、ナレズシ飯を寒天ゲルに直接添加するのではなく、寒天ゲルに接触しない形で添加した場合にも飯からの揮発性成分によってこの効果が認められることも明らかになっている。飯に含まれるどの成分に抗菌性があるかは現在分析中であるが、酢酸などの数種類の揮発性物質がその主なものではないかと考えている。

「ふなずし」には、発酵に寄与する各種乳酸菌が存在するために、整腸作用等の機能性が期待される。それ以外にもこれまでに明らかになった機能性として、発酵による血圧低下作用の発現[4]、γ―アミノ酪酸（GABA）生成[5]、ふなずし由来乳酸菌のコレステロール低下作用[6]や排泄効果[7]、抗酸化性[8]、アンジオテンシンI変換酵素阻害活性[9]（血圧上昇抑制につながる可能性がある）、抗変異原性[10]、抗アレルギー活性[11]などをあげることができる。機能性については、今後、さらなる研究の進展が期待されるところである。

このように「ふなずし」には、食文化的価値はもちろん、高い貯蔵性と栄養価、さらには様々な機能性が期待され、今後も伝承に値する優れた食品である。しかし、「ふなずし」は、その加工中に付与される特有の風味が最近の若い世代に受け入れられにくくなっている。それゆえ、今後も「ふなずし」を確実に伝承していくためには、「ふなずし」の成分を明らかにしてその栄養価と機能性について検討することはもちろんであるが、「ふなずし」の成分のヒトの嗜好への影響について明らかにする必要があると考えている。本稿では、「ふなずし」の加工中の成分変化と栄養価や嗜好性との関係について、これまでに明らかになっているところを整理する。

一 「ふなずし」製造中の食塩濃度とpHの変化

現在の一般的な「ふなずし」の製造方法は、まず、フナのうろこ、えら、内臓を除去し、たっぷりの塩と共に数カ月間塩漬けの後、それを洗ってからさらに半年以上飯漬けするというものである。塩漬けによってフナの脱水と食塩の浸透が起こるが、これについては、黒田[12]が分析を行っている。それによると、塩漬け四日後でフナの脱水率は二六・六%となり、その後はほとんど変化しない。これに対し、食塩含有率は、生のフナでは〇・一%[13]であるものが、塩漬け二週間後までに徐々に上昇して一五%に達し、その後はほぼ一定となっている。フナから浸出した水には塩漬けで用いた食塩が溶け、フナは飽和食塩水の中に浸漬された状態で塩漬け期間中の数ケ月間保たれることになる。魚肉の食塩濃度が一〇%以上存在すると、腐敗や食中毒の原因となる細菌の発育を防止することができるとされる。[14]

塩漬け中の浸漬液のpHの上昇が認められている。[15]魚体に含まれる〇・一%程度の糖質(ブドウ糖やグリコーゲン)は、死後、酸素の供給のない嫌気的状況下で乳酸に変化する。この反応に加え、魚体には数種類の乳酸菌が認められており、[16]これらの菌による乳酸発酵も起こっていると考えられる。我々も、生のフナの魚体pHが七・二であったものが塩漬け一週間後で六・一まで低下したと報告している。[17]このpHの低下も腐敗細菌や病原菌の発育防止には大きな力となる。

小島は、ナレズシでの食中毒、特に致死率、重症度ともに高いボツリヌス食中毒を防止するために以下の四つの条件をあげている。[18]すなわち、「一 血出しをしない。二 魚は水道水で洗う。三 塩漬けは食塩濃度六%以上で三ケ月以上行い、水分活性*を〇・九四以下にする。四 飯漬け直後に充分な乳酸発酵を起こさせ、pHを四・五以下にまで下げる」である。ここで述べた塩漬け条件は、三の条

***水分活性** 食品中の水分には、食品の成分と結合して容易に搾汁したり、蒸発したりしない結合水と、それ以外の自由水とがある。微生物の繁殖には自由水の存在が必要である。食品に含まれる自由水の割合を示す指標が「水分活性」であり、〇から一までの値で表す。水分活性が〇・六以下であれば、微生物の繁殖は不可能である。一般的な食中毒菌はおおむね水分活性が〇・九以下で繁殖が抑えられ、乾燥や塩分に耐性を持つ微生物であっても水分活性が〇・八以下になるとその増殖をかなり抑えることができる。

件を満たすものである。

次に、塩漬けしたフナを水洗した後、飯漬けを行う。飯漬けには米を炊飯した飯が用いられるが、飯の量、食塩をどのような形でどの程度加えるか、手水に何を用いるかなど、細かい方法は様々である。特に、手水に酒や焼酎、みりんを用いる場合があるが、用いた手水に含まれるアルコールや糖質がその後の発酵にどのような影響をもたらすのか、さらにその影響はどの程度のものであるのかについては、今後検討していきたいところである。また、製造者によっては麹を加えることがある。麹はデンプンを分解する一種のカビである。麹を加えた場合には、その量にもよるが、麹のもつデンプン分解酵素によって飯に含まれるデンプンの分解、すなわち糖化が進むと予想される。乳酸は一般に、乳酸菌によって糖を材料に生成されるものであることから、飯の糖化が促進されれば、乳酸発酵が進む可能性がある。ただ一方で、麹の繁殖が乳酸菌などの増殖を抑える可能性も否定できない。麹添加による「ふなずし」熟成への影響については今後探っていきたい課題の一つである。

以前は、飯漬け時に桶に水を張るというのが一般的であった[19]。水を張ることで、桶内部を嫌気的な状態に保ったと考えられる。桶に張る水に食塩を溶かす場合があったり、琵琶湖の水を使う場合があったり、張り水の種類は様々であったようである。また、張り水を取り換えるかどうか、取り換える場合の頻度や方法なども様々であったようで、このようなことすべてが飯漬け中の塩分濃度と微生物叢に影響を及ぼすと考えられる。最近では、「漬物袋」と称されるポリエチレン製の袋が市販されており、これを用いて桶に水を張らない方法で飯漬けされることが多くなっている。我々は、桶に水を張るか、漬物袋を用いて桶に水を張らないかの二つの条件を設定して飯漬けした「ふなずし」の成分と嗜好性について調べたが、揮発性成分などに若干の違いが出ることが明らかになるとともに、官能評価の結果から両「ふなずし」に対する嗜好性が異なったことをつかんでおり、今後さらに分析を進める予定である（未発表データ）。

いずれにしても、飯漬け中にフナと飯との間で水分と塩分の平衡化が起こり、塩漬けフナに比べてでき上がった「ふなずし」の塩分濃度は低く、水分濃度は高くなる。[20] また、乳酸発酵が特に飯漬け初期に急激に進み、pHが低下する。飯漬け中のpHは、藤井の報告によると、塩漬けフナのpHが約六であったものが、飯漬け一週間後で約五に、一カ月後には四にまで低下している。[21]

乳酸菌等の生菌数については磯部や藤井が報告している。[22] それらによると、乳酸菌数は飯漬け一週間後に一g当たり一億個にまで増加する。さらに、乳酸菌以外にも桶の中には嫌気性菌や好気性菌、酵母が存在することも報告されており、様々な微生物が様々な物質を生成して「ふなずし」独特の風味を作りだしていると考えられる。たとえば、有機酸を分析した藤井の報告では、乳酸以外に九種類の有機酸を検出している。[23]

「ふなずし」桶内に生息する乳酸菌の同定は、藤井、[24] 磯部ら、[25] 松下、[26] 串井と野本、[27] 百瀬ら[28]によって行われている。同定された乳酸菌は、*Lactobacillus* 属や *Streptococcus* 属などが主であるが、報告によって様々である。乳酸菌は、乳酸のみを産生するホモ乳酸菌と乳酸以外にエチルアルコールと二酸化炭素も産生するヘテロ乳酸菌とに大別される。ヘテロ乳酸菌には乳酸と酢酸を生成するビフィズス菌も含まれる。さらにホモ乳酸菌の中には、条件によっては微量のエチルアルコールや酢酸、ギ酸、アセトアルデヒドなどを産生するものもある。これまでに報告されている「ふなずし」桶に生息する乳酸菌には、ホモ乳酸菌もヘテロ乳酸菌も含まれており、産生される物質とその割合は「ふなずし」桶ごとに様々であると考えられる。

現在の技術では、「ふなずし」の桶の中で「ふなずし」製造に中心となって関わっている微生物、すなわち優勢菌がどれかを特定することは難しい。「ふなずし」の桶の中の微生物叢を我々が再現することは不可能だからである。桶の中でどの微生物が優勢になっているのかについては、成分の変化から想像することしかできないが、「ふなずし」製造中に刻々と変化すると考えられる。

たとえば、パンを発酵させたり、ヨーグルトを製造したりするときのように精製された微生物をある程度の量を添加する場合には、その添加された微生物が優勢菌となり、熟成が進行する。しかし、「ふなずし」の場合には、麹を入れる場合はあるが、その場合にもそれほど多くの菌数を加えることはなく、塩漬け、飯漬けを通じて、自然に存在していた多種類の微生物の中から生育環境に適合した何種類かの微生物が繁殖を進め、優勢菌になると考えられる。そのため、「ふなずし」の桶ごとに優勢菌は異なってくると考えられる。さらに、塩漬け、飯漬けは数か月にわたる。その間に、気温の変化や発酵による桶の中のpHの変化、様々な物質の変化が起こっていく中で、優勢となる微生物は変化することも予想される。

微生物はどこから来たものであるかは、たいへん興味深い関心事である。磯部は、「ふなずし」熟成中のフナと飯の生菌数の変化から、飯漬けでは、フナに付着していた微生物が飯部で盛んに増殖し、それがふなに移行して「ふなずし」への熟成に関与すると推察している[29]。以前は、何年にもわたって何度も繰り返し木でできた桶を用いて漬けられることが多かった。桶を洗ったとしてもすみついた微生物が完全に流されてしまうことはなかったであろうし、翌年、桶に生息したままであった微生物が「ふなずし」の熟成に関わったこともあったと考えられる。「ふなずし」専門店では、飯漬けは代々当主が行うものと決めているところもある[30]。どのような菌がどの程度繁殖して「ふなずし」の熟成に関わるのかは、でき上がった「ふなずし」の成分に影響する。そして、それは「ふなずし」の嗜好性に大きく関与すると考えられる。現在は、木の桶を作る職人が激減し、プラスチック製の桶を用いることが多くなっている。その上、前述した市販の漬物袋を用いることも多くなり、桶にすみついた微生物が「ふなずし」の熟成に関わることは考えられなくなった。それで嗜好性がどのように変わったのか。昔の「ふなずし」と今作られている「ふなずし」を並べて比較することはできないうえに、我々の感覚もいわゆる昔の人とは変わってきているかもしれず、謎は深まる。

「ふなずし」に食中毒の原因菌が繁殖しないようにするための条件の一つとして小島[31]があげた飯漬け直後の急激なpH低下には、乳酸の原料となるデンプン供給源として飯が供給されることと、乳酸菌が繁殖する約三〇℃の温度下にあることが必要と考えられる。藤井は、「ふなずし」製造過程における長期間の塩漬けにより、ボツリヌス菌が存在したとしてもその栄養細胞を死滅させ、その後の飯漬け中に乳酸菌が急速に増殖してpHが低下するために、もしもボツリヌス菌の胞子が残存していた場合

表1　「ふなずし」製造中の成分変化（%）

	フナ		塩漬フナ		ふなずし	
	筋肉	卵巣	筋肉	卵巣	筋肉	卵巣
水分	80.45	79.88	53.31	52.86	63.89	61.20
灰分	1.27	1.38	14.31	3.01	4.53	3.80
タンパク質	16.49	16.67	28.48	38.61	25.09	26.27
脂質	1.70	1.50	3.78	4.22	4.50	4.68

（註12を一部改変）

でも発芽・増殖が抑制されるのではないかと述べている[32]（***微生物の栄養細胞と胞子**　微生物の中には、胞子を作るものがある。胞子は、発芽して微生物の細胞になるが、これを栄養細胞という。一般に、胞子は、栄養細胞よりも耐熱性や耐乾性に優れている）。

二　「ふなずし」製造中の一般成分の変化

「ふなずし」製造中の水分、灰分、タンパク質、脂質の量的な変化については、黒田の報告がある（表1）[33]。水分量の変化は、前述の通り、塩漬中には脱水が起こって減少し、その後の飯漬け中には飯からの水分移行が起こって増加する。また、灰分の増加は、塩漬け、飯漬けで用いる食塩によるものである。タンパク質と脂質における値の変動は、水分と灰分の増加による相対的な変化と考えられ、塩漬けや飯漬け中にタンパク質と脂質の量が大きく変化することはないと考えられる。

塩分以外の灰分であるカルシウムは、総量は変わらないが、骨の

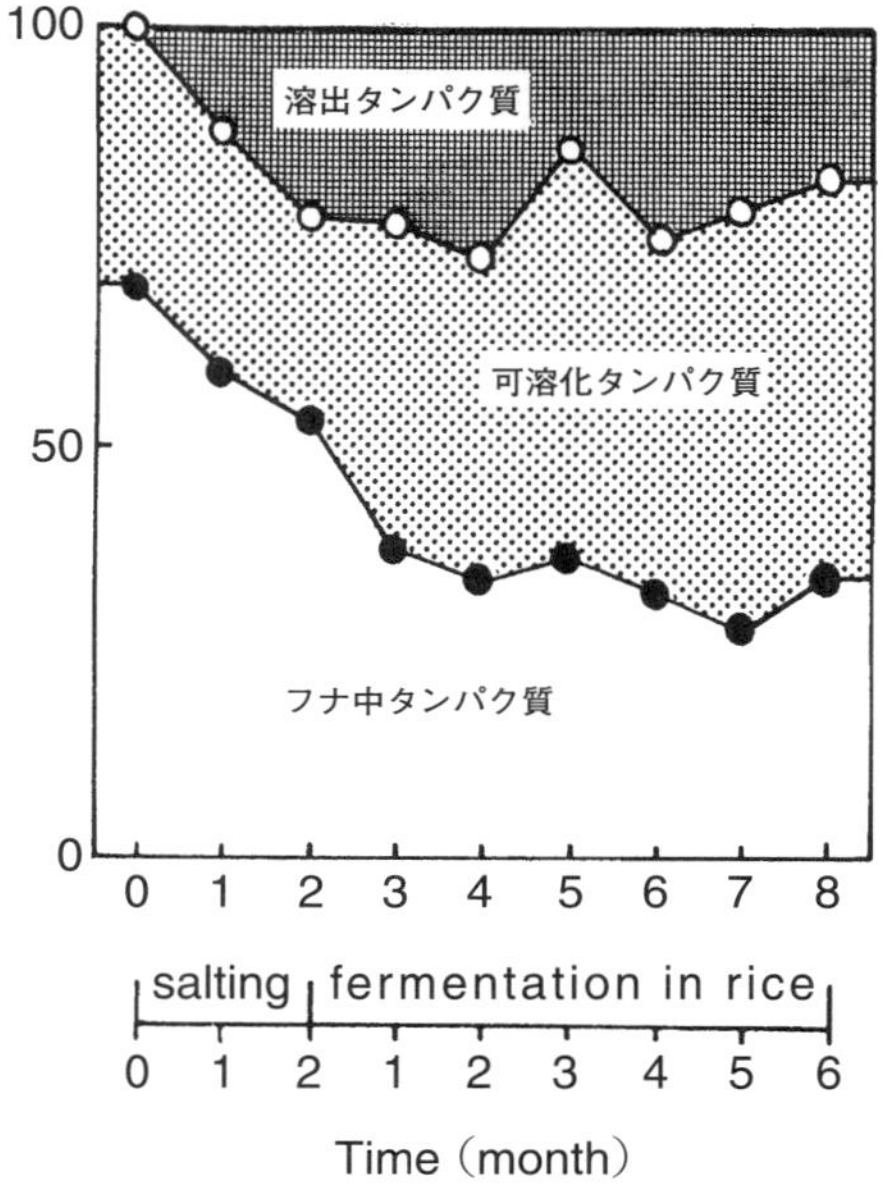

図２　発酵過程中のフナズシタンパク質の存在形態

(1) 試料を等量の水ですりつぶして、遠心機で可溶性成分（上清部）と不溶性成分（沈殿部：フナ中タンパク質）に分ける。

(2) その上清部に対して、トリクロル酢酸を加えて生じた沈殿部のタンパク質を高分子分画(およそ分子量１万以上)の可溶化タンパク質とした。トリクロル酢酸で沈殿しない上清部には低分子分画のタンパク質が含まれ、溶出タンパク質とした。それぞれのタンパク質量は銅フォーリン法*で定量した。

(3) フナ中タンパク質はケルダール法**で定量し、魚体タンパク質が発酵進行とともに可溶化されていく過程がわかるように図示した。

*銅フォーリン法：タンパク質をアルカリ液で可溶化後、フェノール試薬（Folin-Ciocalteu's Reagent Solution）を使って、比色定量する方法

**ケルダール法：試料中の窒素量を分解・蒸留・滴定することによって、タンパク質を定量する方法

(縦軸単位：%)

(註３を引用)

成分として存在していたものが、乳酸発酵によってpHが低下することで骨が溶け、乳酸カルシウムとして存在するようになる。我々が食した場合、乳酸カルシウムは骨そのものを食するときよりも吸収率が高い。すなわち、「ふなずし」は、骨が溶けて吸収率の高まった乳酸カルシウムが多く含まれる食品である。一方、ビタミンB群の良い供給源になることも認められている。[34]

生のフナと「ふなずし」を比較すると、タンパク質や脂質の量には大きな変動がないが、その組成はどうであろうか。タンパク質に関して、我々は、低分子化、すなわち分解が起こることを確認している（図2）。[35]また、遊離アミノ酸を調べたところ、フナのタンパク質に多く含まれるリジン、アラニン、ロイシンが多く認められ、このことは、フナから「ふなずし」へと熟成が進む間にフナに含まれるタンパク質が分解を受けて遊離したと考えられた。[36]牧之段らは、フナの筋肉から酸性プロテアーゼ（タンパク質分解酵素）であるカテプシンDを精製し、その活性について調べることで、「ふなずし」製造においてカテプシンDがタンパク質分解に関与している可能性を示唆している。[37]我々も、タンパク質の低分子化には、微生物の酵素だけでなく、フナの持つ酵素による自己消化も関与すると考えている。

タンパク質が低分子化して生成される遊離アミノ酸やペプチドのなかには、様々な味を呈する物質が含まれていることが知られており、「ふなずし」の場合にもタンパク質の低分子化が風味に大きく影響すると考えられる。特に、うま味を有する代表的なアミノ酸であるグルタミン酸は、我々の分析では、五〇〜一〇〇㎎％程度含まれ、多いものでウニに相当することが明らかになっている。[38]

一方、脂質に関しては、春野らが福井県で一般に製造される方法で製造したさばへしこ、あるいはさばなれずしは、その製造中に脂質酸化が進行すると報告している。[39] しかし、我々はこれまでに、滋賀県朽木で製造されたサバナレズシの脂質に酸化が認められなかったと報告しており、[40]「ふなずし」製造中の脂質にも酸化が進むとは考えられないデータを得ている（未発表データ）。フナは、塩漬け、飯漬けを通じて酸素の少ない状況下におかれているため、フナの脂質はほとんど酸化しないと考えている。

脂質を構成する脂肪酸のうち、魚に含まれ、我々が積極的に摂取したいn３系多価不飽和脂肪酸は、フナにも多く含まれており、「ふなずし」に加工されてもほぼ保存されている（未発表データ）。このことは、「ふなずし」のn３系多価不飽和脂肪酸の給源としての価値を示すものである。ただ、我々の分析では、飯漬けが長期間になるにつれ、ＤＨＡのわずかな減少が起こる一方で、「ふなずし」の飯漬け中に揮発性成分としていくつかの脂肪酸エステルが出現するようになることを明らかにしている（未発表データ）。我々は、「ふなずし」製造中に起こる脂質のわずかな変化が、「ふなずし」の風味に影響する可能性があると考えている。

表2　自家製および市販「ふなずし」のpH、塩分濃度、総遊離アミノ酸量

試料		pH	塩分濃度（%）	総遊離アミノ酸量（%）
A	自家製	4.0	4.0	0.79
B	市販	4.0	5.8	0.63
C		3.9	5.0	0.93
D		3.6	2.1	0.51

（註36を一部改変）

三　「ふなずし」の成分と嗜好性

我々は、自家製の「ふなずし」（試料A）と「ふなずし」専門店で市販されていた三種類の「ふなずし」（試料BからD）の味や香りに関係すると考えられるpH、塩分濃度、遊離アミノ酸、核酸関連物質、揮発性物質を分析して比較した。(41) pH、塩分濃度、総遊離アミノ酸量を表2に示した。

核酸関連物質は、どの試料にもほとんど検出されず、「ふなずし」製造中にほとんどが分解されたと考えられた。核酸関連物質の中で旨味を持つIMPやGMPの濃度も非常に低く、「ふなずし」の味への影響はほとんどないと考えられた。

「ふなずし」から四〇℃で揮発してくる物質をSPMEファイバーに吸着させ、それをGCMSによって分析した結果を図3に示した。表3には図3で認められた各ピークを同定した結果を示している。「ふなずし」からは五三種類の揮発性成分が検出されたが、すべての試料から検出され、ピークが大きく、我々の香りの閾値（人間の感覚器官が感知できる最小の刺激量のこと）が低いものとして、果実臭を持つ酢酸エチル、発酵臭のあ

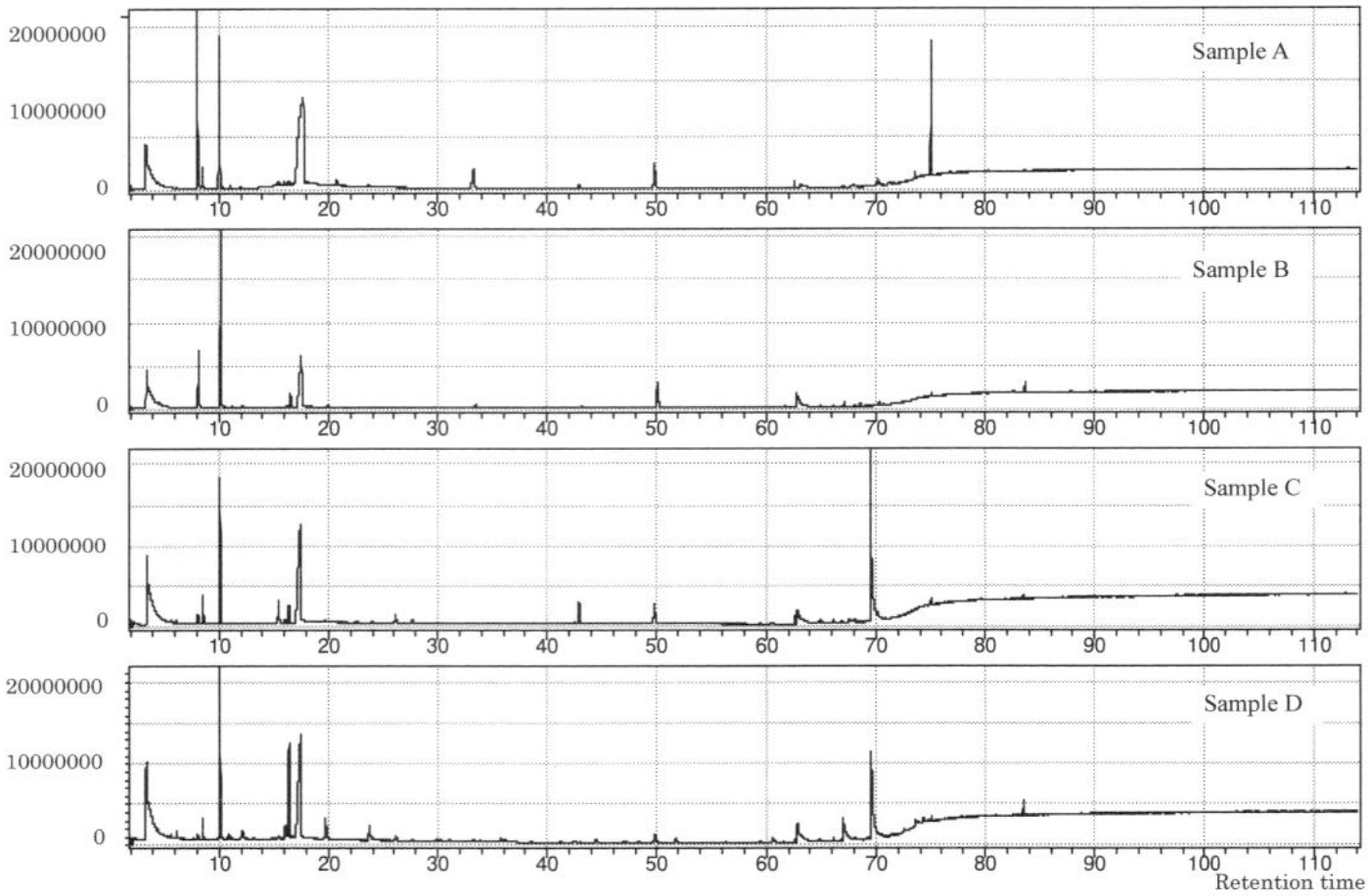

図3　「ふなずし」揮発性成分のトータルイオンクロマトグラム

る乳酸エチル、アルコール臭を持つエチルアルコール、バラ様の2―フェニルエチルアルコール、酸臭のある酢酸をあげることができ、これら五種類の物質が「ふなずし」の香りのベースになっていると考えている。検出された揮発性成分の試料間差は大きく、アルデヒドやケトン、フラン、酸が多く含まれるもの（試料D）やエステル類が多数検出されるもの（試料A、B）など試料ごとに特徴があった。

女性四十六名をパネルとし、各試料の香り、味、食感、総合評価について好きなものから順に順位をつける順位法による官能評価を行った。パネルを「なれずし」の食経験数で分け、官能評価の結果を整理したものが表4である。評価項目ごとにパネルがつけた各試料の順位を平均したものを順位得点として示しており、数字が低いほど順位が高い、すなわち好まれたということになる。ナレズシを何度も食べたことのある人には、どのような「ふなずし」

表3 「ふなずし」から検出された揮発性成分

		Sample			
		A	B	C	D
Acid	acetic acid	+1)	+++	+++	++
	propanoic acid	-	-	+	++++
	butanoic acid	++	-	+++++	+++++
	pentanoic acid	+	-	-	+
	hexanoic acid	-	-	-	+
Alcohol	ethyl alcohol	+++++	+++++	+++++	+++++
	2-propanol	++	-	++++	+
	1-propanol	++	+++	+++	+++++
	isobutylalcohol	++	-	+	-
	1-butyl alcohol	+	+	+++	++
	1-pentan-3-ol	-	-	+	-
	3-methyl,1-butanol	-	++	+	+
	1-pentanol	-	-	-	+
	1-hexanol	-	-	-	++
	1-octen-3ol	-	++	-	+++
	2-octen-1ol	-	-	-	+
	2,3-butanediol	+	++	+	-
	3-ethyl-2-pentanol	+	+	-	-
	2-franmethanol	++	++	++	-
	1,2-propanediol	-	++	+	-
	2-phenyl ethanol	+++++	++	++	++
Aldehyde	acetaldehyde	+	+	+	+
	2-propanal	-	-	+	++
	hexanal	-	+	+	++++
	2-pentenal	-	+	+	+
	heptenal	-	-	-	+
	2-hexenal	-	-	-	+
	2,4-heptadienal	-	+	+	+
	benzaldehyde	+	+	-	-
Ester	ethyl acetate	++++	++++	+++	++
	ethyl propionate	++	+	-	-
	n-propyl acetate	++	++	+	+
	ethyl butyrate	+	++	++	+++
	hexanoic acid ethyl ester	-	+	-	+
	acetic acid,3-methylbutyl ester	+	+	-	-
	1-butanol,3-methyl-acetate	+	-	-	-
	butanoic acid, butyl ester	-	-	-	+
	ethyl lactate	++++	+++	++++	+++
	pentanoic acid,2-hydroxy-4-methyl ethyl ester	+	++	+	-
	acetic acid,2-phenylethyl ester	+++	-	-	-
	dodecanoic acid ethyl ester	-	-	+	-
	tetradecanoic acid ethyl ester	+	-	-	-
	hexadecanoic acid ethyl ester	+	-	-	-
	octanoic acid ethyl ester	-	+	-	-
	diethyl phtalate	+	++	+	++
Furan	2-ethyl furan	-	+	-	++
	2-penthyl furan	-	-	-	+
Ketone	2-butanone	+++	+	++++	+++
	1-penten-3-one	-	+	-	+
	2-heptanone	-	-	-	+
	3,5-octadien-2-one	-	-	+	+
Unknown	unknown(RT2):42')	+++	++	++++	+
	unknown(RT:62')	+++	-	+++	++

-1) : not detected、+ : detected (The greater the number of +, the larger the peak strength.)、RT2) : retention time
(註36を引用)

表4　自家製および市販「ふなずし」の官能評価

ナレズシの食経験　人数	試料			
	A	B	C	D
香り				
0回 **	1.9 ± 0.6 a	1.7 ± 0.9 a	3.0 ± 1.1 b	3.4 ± 1.0 b
2～3回 **	2.4 ± 1.0 a	1.3 ± 0.5 b	2.9 ± 0.9 ac	3.4 ± 0.8 c
4～9回 *	2.1 ± 1.1 ac	1.8 ± 0.7 a	3.2 ± 0.9 b	2.9 ± 1.2 bc
10回以上	2.3 ± 1.3	2.6 ± 1.1	2.5 ± 1.1	2.6 ± 1.3
味				
0回 *	2.3 ± 0.9 a	1.9 ± 1.0 a	2.3 ± 1.3 a	3.5 ± 0.9 b
2～3回 **	2.6 ± 0.9 a	1.4 ± 0.6 b	2.9 ± 1.1 a	3.1 ± 1.0 a
4～9回 *	2.0 ± 1.1 a	1.8 ± 1.0 a	3.3 ± 1.1 b	2.9 ± 0.6 b
10回以上	1.9 ± 1.0	2.3 ± 1.0	3.0 ± 1.3	2.9 ± 1.0
食感				
0回 **	2.0 ± 1.2	2.5 ± 1.3	2.4 ± 0.8	3.1 ± 1.1
2～3回 **	2.8 ± 1.0	2.0 ± 1.1	2.9 ± 1.1	2.4 ± 1.3
4～9回 *	2.7 ± 0.9	2.0 ± 1.2	2.8 ± 1.2	2.5 ± 1.2
10回以上	2.1 ± 0.8	2.4 ± 1.2	2.4 ± 1.1	3.1 ± 1.4
総合評価				
0回	2.2 ± 0.9 a	2.0 ± 0.9 a	2.2 ± 1.2 a	3.5 ± 0.9 b
2～3回	2.9 ± 0.9 a	1.4 ± 0.6 b	2.6 ± 1.2 a	3.2 ± 0.9 a
4～9回	2.0 ± 1.2 a	1.7 ± 1.0 a	3.3 ± 0.7 b	3.0 ± 0.7 b
10回以上	2.0 ± 0.8	2.3 ± 1.3	2.8 ± 1.3	3.0 ± 1.1

全パネルの評価順位を得点とし、平均値±標準偏差で示した。
*p<0.05、**p<0.01
同一行で異なった文字がついたものの間で有意差あり（p<0.05）。
（註36を一部改変）

が好みかというところに個人差があり、「ふなずし」の風味が家や店ごとに異なっていることを反映していると考えられる。一方、ナレズシの食経験が三回以下の初心者にとっては、受け入れやすい「ふなずし」とそうでない「ふなずし」とがあり、香りや味が総合評価に影響していると考えられた。

ナレズシ初心者にとって受け入れやすい「ふなずし」とはどのようなものかについて検討したところ、塩分から予想される塩辛さや遊離アミノ酸量の影響はほとんどなく（表2、表4）、揮発性成分の組成の影響が考えられた（表3、表4）。すなわち、「ふなずし」特有の香りにつながるのではないかと考えられるアルデヒドやケトンはあまり検出されず、酸の検出も少ないことから酸味もそれほど強くないと考えられる一方で、様々なエステル臭のある揮発性成分が検出された試料AやBが初心者向けではないかと考えられた。

四　「ふなずし」に対する嗜好

我々は、「ふなずし」をこれからも伝承していくために、若い世代に「ふなずし」をどのように伝えていくのがよいかについて検討している。現在は、以前のように、「ふなずし」を行事食や日常食として身近に触れる機会が減っていると考えられる。そのためか、「ふなずし」に対し、極端に忌避する若い世代も多い。食嗜好形成に関与する因子は、生得的因子と学習的因子の二つに分けられるが、人間においては、後者の影響が極めて大きい[42]。食品を好きになる場合の学習効果には、食物との接触、新奇性恐怖の消失、食後感の効果の三つの段階が考えられ[43]、食物との接触と新奇性恐怖の消失については摂食経験を付与することによって嗜好性を改善できること[44]、高い嗜好性にその食品への親近感が関与していることなどが報告されている[45]。このことから、若い世代の「ふなずし」に対する嗜好性は、単純接触の機会を増やすことによって向上する可能性があると仮定した。さらに、食物のおいしさは情報刺激によって影響を受けることが報告されている[46]。「ふなずし」の場合にも情報によって嗜好性が変化する可能性が期待される。そこで、我々は、女子大学生を対象に、「ふなずし」を試食する機会が嗜好性にどのような影響を及ぼすか、また、同時に「ふなずし」に関する情報を付与する効果はどの程度かについて官能評価を実施することにより検討した[47]。

最初に、パネル七十七名に対し、評価Ⅰとして「ふなずし」を試食させ、官能評価を実施した。その結果、総合評価で四点（ふつう）以下の評価をしたパネルは六十九名おり、この六十九名をAからDの四群に分けた。そして、A群とB群には一週間に一回、計六回の「ふなずし」の試食の機会を与えた。また、A群とC群にはミニ講義として、「ふなずし」の歴史、食文化的意味、製造法、栄養、機能性などに関する約七分間のプレゼンテーションを音声付のスライドショー形式で提示した。全パネルに対し、評価Ⅰの八週間後に評価Ⅱとして「ふなずし」を試食させ、官能評価を実施した。官能評価はいずれも七段階評点法とし、点数が高いほど「強い」あるいは「好ましい」とした。

全パネルの官能評価の得点を評価Ⅰと評価Ⅱで比較すると、風味の強さに関する項目（生臭さ、酸

表５　条件づけが［ふなずし］の風味の強度認知と嗜好性に及ぼす影響

グループ	評価	A（n=18）		B（n=18）		C（n=16）	D（n=17）
生臭さ	Ⅰ	3.22 ± 1.52		3.56 ± 1.38		3.50 ± 1.39	3.24 ± 1.44
	Ⅱ	3.56 ± 1.15		3.33 ± 1.24		3.63 ± 0.99	4.00 ± 1.27
酸味フレーバー	Ⅰ	3.94 ± 1.11		4.28 ± 1.07		4.38 ± 1.29	4.47 ± 1.18
	Ⅱ	4.28 ± 0.96		4.00 ± 1.03		4.25 ± 0.90	4.35 ± 1.06
乳製品フレーバー	Ⅰ	2.17 ± 1.10		2.39 ± 1.42		2.63 ± 1.57	2.24 ± 1.20
	Ⅱ	2.50 ± 1.54		2.50 ± 1.42		2.31 ± 1.16	2.24 ± 1.03
嗜好・摂食前のにおい	Ⅰ	1.83 ± 1.10		1.67 ± 0.97	＊	2.25 ± 1.04	2.00 ± 1.41
	Ⅱ	2.33 ± 1.28		2.94 ± 1.26		2.56 ± 1.00	2.71 ± 1.72
嗜好・摂食中のにおい	Ⅰ	2.06 ± 1.00		2.00 ± 1.41	＊	2.19 ± 0.94	2.24 ± 1.44
	Ⅱ	2.72 ± 1.41		3.06 ± 1.21		2.44 ± 1.12	2.47 ± 1.46
嗜好・味	Ⅰ	2.11 ± 1.18	＊	1.94 ± 1.21	＊	2.25 ± 1.20	2.29 ± 1.57
	Ⅱ	3.33 ± 1.71		3.61 ± 1.54		2.69 ± 1.31	2.88 ± 1.50
嗜好・総合評価	Ⅰ	1.94 ± 1.11	＊	2.22 ± 1.11	＊	2.19 ± 0.86	2.18 ± 1.19
	Ⅱ	3.33 ± 1.68		3.56 ± 1.50		2.81 ± 1.18	2.82 ± 1.51

グループごとに各項目における評価得点の平均値±標準偏差を算出した。被験者への条件付けは、Ａ群に試食とミニ講義の受講、Ｂ群に試食、Ｃ群にミニ講義の受講とし、Ｄ群は条件付けしなかった。グループごとに各項目における評価ⅠとⅡのデータについてｔ検定を行った（＊ $P<0.05$）。
（註47を一部改変）

味フレーバー、乳製品フレーバーのそれぞれの強さを問う項目）では有意な差は認められなかったが、嗜好に関する項目（摂食前のにおい、摂食中のにおい、味、総合評価のそれぞれの好ましさ）では評価Ⅱのほうが評価Ⅰより評価点数が上昇した。官能評価までに「ふなずし」の摂食経験が無かった被験者（Ｃ群、Ｄ群）でも、評価Ⅰでの摂食経験が新奇性恐怖を軽減し、評価Ⅱでは嗜好性が向上するという結果を得た。

群ごとの評価Ⅰと評価Ⅱの平均値を表５に示した。いずれの群でも風味の強さに関する項目では評価ⅠとⅡの間の差は認められなかった一方、嗜好に関する項目については、「ふなずし」の摂食経験が無かった被験者（Ｃ群、Ｄ群）では評価ⅠとⅡの間に有意な差はみられなかったが、摂食経験のあった被験者（Ａ群、Ｂ群）では評価ⅠよりⅡの評点が上昇する項目が多かった。このことから、「ふなずし」を実際に食べる機会を増やすことが嗜好性を向上させると考えられた。何度も同じ食品と接触していると知覚的流暢性が高くなり、親近感や熟知感が高まり、嗜好性が向上する。[48] Ａ群およびＢ

群では、「ふなずし」の摂食経験を繰り返すことによって「ふなずし」に対する新奇性恐怖が解消し、親近感が生まれ、嗜好性がさらに高まったと考えられる。

さらに、A群とB群の評価結果を分散分析した結果、ミニ講義の受講は、総合評価に有意に関与したことが明らかになった（P<0.05）。ミニ講義で得た「ふなずし」に対する肯定的な情報が、総合評価におけるおいしさを増幅させたと考えられた。

以上のことから、若い世代において、「ふなずし」を継続的に食べることによって嗜好性が向上することが示唆された。また、「ふなずし」に関する情報を与えることによって総合評価が上昇することも明らかになった。

おわりに

「ふなずし」は、魚の持つタンパク質や脂質の栄養価を腐敗や酸化させることなく維持し、吸収率の高いカルシウムが豊富なうえに、様々な機能性が期待され、我々が積極的に摂取するに値する食品である。しかし、「ふなずし」の喫食機会は少なくなっている。「ふなずし」を我々の生活に積極的に活用し、伝承していくためには、若い世代に「ふなずし」の喫食機会を与える必要があると考える。「ふなずし」に代表される伝統食品は、地産地消や生活環境を考える教材にもなり得る。学習指導要領には、教育の目標の一つとして、「伝統と文化の尊重、それらをはぐくんできた我が国と郷土を愛し、他国を尊重、国際社会の平和と発展に寄与すること」があげられている。和食が世界文化遺産に登録されたことからもわかるように、伝統的な食事あるいは食品の価値が見直され、今後の伝承に向けた動きはある。しかし、生活スタイルの変化に伴い、実際には様々な伝統食の継承には困難さが増している。滋賀県内の高齢者施設に勤務する栄養士を対象とした伝統食の伝承に関する調査結果からは、日常生活の中での伝統食の継承が積極的に行なわれていない現状を認めている[49]。一方で、高齢者施設の給食に行事食を積極的に取り入れて入居者と提供者や地域とのつながりを強化し、入居者、提供者双方の満足度を上げる結果につながっている例があることも明らかになっている。さらに、伝統食への関心を高めることが、文化としての伝統食の伝承につながるとともに、栄養士自身の食に対する価値観を高めたり、給食の質の向上につながったりすることにつながるのではないかと期待される結果も得ている。

「ふなずし」などの伝統食を継承していくためには、若い世代が伝統食に関心を持つように、食経験と情報を与えることが必要である。家庭での伝承が難しくなってきている現在、学校教育や生涯教育の場で「ふなずし」などの伝統食をいかに伝承していくかがこれからの検討課題である。

（1） Green P, Fuchs J, Schoenfeld N, Leibovici L, Lurie Y, Beigel Y, Rotenberg Z, Mamet R and Budowski P : Effect of fish-oil ingestion on cardiovascular risk factors in hyperlipidemic subjects in

Israel : a randomized, double-blind cross over study., *Am. J. Clin. Nutr.*, 52,1990, 1118-1124.Hirayama T : *Epidemiology of diet and cancer.*, Ellis Hoewood, Chichester, United Kingdom, 1994.pp.17-64.

（2）石毛直道、ケネス・ラドル『魚醤とナレズシの研究』、岩波書店、一九九〇年、二一一—二二八頁

（3）久保加織、西恭平、堀越昌子「ナレズシの香りとにおい」『におい・かおり環境学会誌』38、二〇〇七年、一七三—一七八頁

（4）赤羽義章、伊藤光史「福井の伝統食品マサバの「へしこ」と「なれずし」のおいしさと機能性」『日本味と匂い学会誌』14（2）、二〇〇七年、一一七—一二八頁

（5）糸賀千佳、今井友紀、平島円、久保加織、磯部由香「三重県産ヒオウギガイを用いたGABA含有発酵食品の製造」『日本家政学会第59回大会要旨集』二〇〇七年

（6）田中（東）幸雅、松村敦、大野克利、石畑公江、米田幸生、山田敏広「ふなずしからのコレステロール低下作用を有する乳酸菌の分離」『日本食品科学工学会誌』56（3）、二〇〇九年、一七七—一八三頁。田中（東）幸雅、松村敦、増田康、齋藤正実、小池田崇史、山田敏広「ふなずし由来乳酸菌NLB163のヒトに対するコレステロール低下作用」『日本食品科学工学会誌』56（3）、二〇〇九年、一八四—一九〇頁

（7）小松崎典子、海老原久実、本多睦美、植木幸英、島純「ふなずし由来乳酸菌のマウスにおける糞中のコレステロール排泄効果」『日本食生活学会誌』25（2）、二〇一四年、八七—九一頁

（8）岡田俊樹、白井伸明、那須喜一「滋賀の伝統発酵技術を活かした地域資源高度化開発—鮒鮨等の

食品機能性評価」『研究報告（Reports of the Industrial Research Center of Shiga Prefecture)』二〇〇九年度、二〇一〇年、三九―四四頁

（9） 前掲（8）

（10） 前掲（8）

（11） 前掲（8）

（12） 黒田栄一「ふなずし」『調理科学』5(4)、一九七二年、一九七―二〇一頁

（13） 文部科学省科学技術・学術審議会資源調査分科会『日本食品標準成分表二〇一五年版』（七訂）、二〇一五年

（14） 前掲（12）

（15） 前掲（12）

（16） 磯部由香、水橋津奈美、成田美代「ふなずしの微生物相」『日本家政学会誌』53（1）、二〇〇二年、六一―六四頁

（17） 前掲（3）

（18） 小島朝子「馴れずし―滋賀県の馴れずしを中心に―」、『日本調理科学会誌』32、一九九八年、二五六―二六三頁

（19） 滋賀の食事文化研究会編『ふなずしの謎』、サンライズ出版、一九九五年、三八―四三頁

（20） 前掲（12）

（21）藤井建夫「発酵と腐敗を分けるもの」『日本醸造協会誌』１０６（4）、二〇一一年、一七四―一八二頁

（22）前掲（16）。Fujii T., Watanabe S., Horikoshi M., Takahashi H., Kimura B.：PCR-DEGE analysis of bacterial communities in funazushi, fermented crucian carp with rice, during fermentation, *Fish Science*, 77,2011,pp.151-157.

（23）前掲（21）

（24）前掲（22）Fujii T., Watanabe S., Horikoshi M., Takahashi H., Kimura B.：PCR-DEGE analysis of bacterial communities in funazushi, fermented crucian carp with rice, during fermentation,

（25）前掲（16）

（26）松下憲治「鮒鮨に関する研究（第２報）」『日本農芸化学会誌』13、一九三七年、三六五―六三八頁

（27）串井光雄、野本浄次「耐酸性乳酸菌の検索と利用（Ⅳ）」『愛媛県工技研究報告』27、一九八九年、二九―三一頁

（28）百瀬洋夫、青木恵、武藤円、篠田律子「鮒すしより分離した乳酸菌」『実践女子大学生活科学部紀要』36、一九九九年、四六―四九頁

（29）前掲註16

（30）前掲註19

（31）前掲註18
（32）前掲註21
（33）前掲註12
（34）堀越昌子「淡水魚のナレズシ文化」『日本醸造協会誌』107(6)、二〇一二年、三八九―三九四頁
（35）前掲註3
（36）Kubo M.K., Ogawa Y., Horikoshi M.: The effects of free amino acids, nucleic compounds, and volatile constituents of *funazushi*（fermented sushi of crucian carp（*Cyprinus auratus*））on preference, *J. Sci. Food Agric.*, 88.pp. 1259-1265, 2008
（37）牧之段保夫、中川孝之、藤田眞夫「ふなずしの熟成における筋肉カテプシンDの関与」『日本水産学会誌』57(10)、一九九一年、一九一一―一九一六頁
（38）前掲（36）
（39）春野（今津）涼子、赤羽義章、大泉徹「マサバを原料とするへしこ及びなれずしの製造過程における脂質酸化の進行と抗酸化活性の変化」『日本水産学会誌』77、二〇一一年、六七四―六八一頁
（40）久保加織、立石真由子、酒井景、堀越昌子「さばなれずしの化学成分と嗜好性」、『滋賀大学教育学部紀要Ⅲ自然科学』61、二〇一一年、一―七頁
（41）前掲（36）
（42）青木宏「おいしさ・好き嫌い・食嗜好」『ILSI』53、一九九七年、二三―三五頁

(43) Rozin P., Vollmecke T. A.：Food likes and dislikes, *Annual Review of Nutrition*, 6, 1986,pp.433-456.

(44) Birch L. L., McPhee L., Shoba B. C., Pirok E., Steinberg L.：What kind of exposure reduces children's food neophobia?, *Appetite*, 9, 1987,pp.171-178. 真部真里子「食経験が嗜好に及ぼす影響―味噌の嗜好調査から―」『日本家政学会誌』58、二〇〇七年、八一―八九頁

(45) 真部真里子「だしの風味に対する嗜好性」『日本家政学会誌』59、二〇〇八年、二九五―三〇五頁

(46) 和田有史「おいしさを生み出す心のしくみ」『食品と開発』46、二〇一一年、一〇―一三頁。村本美代、渡辺雄二、青木宏「おいしさおよび食選択に影響をおよぼす「思い込み」の効果」『大妻女子大学紀要』32、一九九六年、六一―七四頁

(47) 真部真里子、梅田奈穂子、磯部由香、久保加織「食経験と情報がふなずしの嗜好性に及ぼす影響」『日本家政学会誌』63、二〇一二年、七三七―七四四頁

(48) 山本隆「おいしさからやみつきに至る脳内プロセス」『におい・かおり環境学会誌』38、二〇〇七年、二〇〇―二〇五頁

(49) 久保加織ら「滋賀の高齢者施設で提供される食事の現状」『滋賀の食事文化』20、二〇一一年、六五―七二頁

あとがき

滋賀県の名産品といえば誰しもが「ふなずし」を挙げることでしょう。滋賀県の「ふなずし」については、これまで古代のナレズシのつくりかたが現代にまで伝承されている事例とされ、どうして滋賀県だけに「ふなずし」の文化が残ったのか謎であるとされてきました。

しかし、一九九三年に日比野光敏さんが、滋賀県の「ふなずし」は日本列島のスシの原型とはいえないとする画期的なご論文を公表されて以後、研究者のなかでは喧々諤々の熱い議論が繰り広げられています。実は私も、ふとしたことでその議論の中に巻き込まれるのですが、そうしたことは肝心の滋賀県民の皆さんには伝わらず、なにより、研究者の机上で議論が行われているように見受けられました。

そこで、実際に「ふなずし」を漬け込んでいる皆さんのご意見も聞こうではないかと思い立ち、二〇一四年十一月八日、琵琶湖汽船ビアンカ船上で、「湖上フォーラム　みんなで語る「ふなずし」の歴史」を開催しました。案の定、研究者は「ふなずし」を理解していない！　と力説された藤岡康弘さんのご報告に会場から大喝采が起こり、盛会のうちに終了することができました。

本書は、その湖上フォーラムの報告書を基盤として、二〇一六年一月三十日に滋賀県立琵琶湖博物館で開催した「公開座談会　「ふなずし」の歴史が変わる」の成果と新たなコラムを加えて刊行したものです。総勢十二人の皆さんのご論考によって、「ふなずし」の歴史に関する最先端の研究成果をご紹介できたと思います。私個人の現時点での結論は、私たちが滋賀県の「ふなずし」と考えている「ふなずし」は、恐らく江戸時代に、近江の人たちが結桶を利用して、発酵に工夫を重ねて独自に発達させたブランド品であり、過去も多様であったし、今も多様なあり方が工夫され続けている、というものです。

しかしながら、これはまだ中間報告であると思っています。なぜなら、これまでの多くの調査研究にも関わらず、滋賀県の「ふなずし」の多様性は見過ごされていると思うからです。「ふなずし」は多様であるという前提で、一人一人の「ふなずし」へのこだわりを滋賀県民の皆さんと一緒に調査をすること、それがいまの私の願いです。そのこだわりこそが「ふなずし」を将来に伝えていくための原動力であると考えるからです。

本書の刊行にあたっては、ご執筆をいただいた皆さんのほかにも、多くの皆さんのご協力を得ました。文化庁の「平成26年度　地域と共働した美術館・歴史博物館創造活動支援事業」、「平成27年度　地域の核となる美術館・歴史博物館支援事業」では、文化庁、滋賀県ミュージアム活性化推進委員会、滋賀県立安土城考古博物館の皆さん、アイキッズ・GO Kidsの皆さん、滋賀県水産試験場の菅原和宏さん、そして滋賀県立琵琶湖博物館の皆さん、なかでも琵琶湖汽船の川戸良幸社長と森香子さんにはほんとうにお世話になりました。また、口絵につきましては、滋賀県立図書館、長浜市立速水小学校、守山市立中洲小学校、魚治湖里庵の左寄謙祐さん、琵琶湖博物館の松田征也さん、金尾滋史さんにご協力いただきました。さらに、いつも支えていただいたスタッフの夏原浩子さん、出口武洋さん、下高理恵さん、坂井麻紀さん、森みさとさんにも改めて感謝したいと思います。

最後に、編集にあたっていただいた岩根治美さんに初めてお目にかかったのは、二〇一二年三月三日、あめのうお倶楽部主催の手作りふなずし品評会でのことです。偶然、席がお隣で、とにかく「ふなずし」のお話で盛り上がったのですが、まさかそれが、こうした形で結実することになるとは夢にも思いませんでした。初めての編集を手取り足取りご指導いただいたことに深く感謝したいと思います。

二〇一六年五月二十二日
琵琶湖博物館図書室のいつもの席にて

橋本　道範

写真提供・資料所蔵一覧（敬称略）

秋道　智彌　口絵1、2
松田　征也　口絵3
滋賀県立図書館　口絵4、5
魚治湖里庵　口絵6（撮影：masaki ozaki）
金尾　滋史　口絵7
中村　大輔　口絵8、9

執筆者紹介（＊編著）

秋道　智彌　あきみち・ともや
一九四六年　京都府京都市生まれ
一九七七年　東京大学大学院理学系研究科人類学博士課程単位修得満期退学
山梨県立富士山世界遺産センター所長、総合地球環境学研究所名誉教授　理学博士（東京大学）
主要著書『海に生きる―海人の民族学』（東京大学出版会、二〇一三）、『漁撈の民族誌―東南アジアからオセアニアへ』（昭和堂、二〇一三）、『コモンズの地球史―グローバル化時代の共有論に向けて』（岩波書店、二〇一〇）

石毛　直道　いしげ・なおみち
一九三七年　千葉県生まれ
一九六五年　京都大学大学院文学研究科考古学専攻修士課程中退。
国立民族学博物館名誉教授、総合研究大学院大学名誉教授、農学博士（東京農業大学）
主要著書『文化麺類学ことはじめ』（フーディアム・コミュニケーション、一九九一）のち講談社学術文庫『麺の文化史』に改題、『石毛直道自選著作集』〈全11巻＋別巻1〉（ドメス出版、二〇一三）

久保　加織　くぼ・かおり
一九六一年　三重県南牟婁郡御浜町生まれ
一九八六年　奈良女子大学大学院家政学研究科食物学専攻博士前期課程修了
滋賀大学教授　奈良女子大学博士（学術）
主要論文 'The effect of free amino acids, nucleic compounds, and volatile constituents of funazushi (fermented sushi of a crucian carp (Cyprinus auralus)) on its preference' (J. Sci. Foof Agric. 2008)、「食品ロス削減に対する生活者の意識構造」（『日本食育学会誌』5巻2号、二〇一一）

齊藤　慶一　さいとう・けいいち
一九八五年　富山県砺波市生まれ
二〇〇九年　佛教大学大学院文学研究科日本史学専攻修士課程修了
野洲市歴史民俗博物館学芸員　佛教大学修士（文学）
主要論文「近世における油屋仲間の実態―明和期を中心として―」（『近江地方史研究』第43号、二〇一二）、「近世における紅葉鮒」（『野洲市歴史民俗博物館研究紀要』17号、二〇一三）

櫻井　信也　さくらい・しんや

一九六〇年　滋賀県滋賀郡志賀町（現大津市）生まれ

一九八九年　大谷大学大学院文学研究科博士後期課程単位取得満期退学

大谷大学非常勤講師、栗東歴史民俗博物館歴史民俗調査員

主要論文　「日本古代の鮨（鮓）」（『続日本紀研究』第339号、二〇〇二）、「日本古代の鮎の鮨（鮓）」（『続日本紀研究』第408号、二〇一四）、「室町時代からの織豊時代の鮨（鮓）」（『栗東歴史民俗博物館紀要』第19号、二〇一三）

篠原　徹　しのはら・とおる

一九四五年　中国長春市生まれ。

一九六九年　京都大学理学部植物学科卒業、一九七一年同大学文学部史学科卒業

滋賀県立琵琶湖博物館館長　文学博士（筑波大学）

主要著書　『自然と民俗—心意のなかの動植物』（日本エディタースクール出版部、一九九〇）、『海と山の民俗自然誌』（吉川弘文館、一九九五）、『自然を生きる技術—暮らしの民俗自然誌』（吉川弘文館、二〇〇五）、『自然を詠む—俳句と民俗自然誌』（飯塚書店、二〇一〇）

中村　大輔　なかむら・だいすけ

一九七四年　滋賀県彦根市生まれ

一九九七年　常葉大学教育学部卒業

草津市立渋川小学校教諭、滋賀大学大学院教育学研究科に在学中

＊橋本　道範　はしもと・みちのり

一九六五年　岡山県岡山市生まれ

一九九三年　京都大学大学院文学研究科博士後期課程国史学専攻中退

滋賀県立琵琶湖博物館専門学芸員　京都大学博士（文学）

主要著書・論文　『日本中世の環境と村落』（思文閣出版、二〇一五）、「日本中世の魚介類消費と一五世紀の山科家」（橋本道範編『琵琶湖博物館研究調査報告25号　日本中世魚介類消費の研究—一五世紀山科家の日記から—』、二〇一〇）

日比野　光敏　ひびの・てるとし

一九六〇年　岐阜県大垣市生まれ

一九八五年　名古屋大学大学院文学研究科博士前期課程史学地理学専攻修了

岐阜市歴史博物館学芸員、名古屋経済大学短期大学部教授、京都府立大学京都和食文化研究センター特任教授を経る　愛知大学博士（日本文化）

主要著書　『すしの貌』（大巧社、一九九七）、『すしの歴史を訪ねる』（岩波書店、一九九九）、『すしの事典』（東京堂出版、二〇〇一）、『すしのひみつ』（金の星社、二〇一五）

藤岡　康弘　ふじおか・やすひろ

一九五四年　滋賀県日野町生まれ
一九七八年　三重大学水産学部卒業
滋賀県水産試験場長、琵琶湖博物館上席総括研究員を経て、びわ湖の森の生き物研究会事務局長、琵琶湖博物館特別研究員　農学博士（東京大学）
主要著書・論文　『川と湖の回遊魚ビワマスの謎を探る』（サンライズ出版、二〇〇九）、ビワマス・ホンモロコ・ニゴロブナなど琵琶湖産魚類に関する論文多数

堀越　昌子　ほりこし・まさこ

一九四六年　滋賀県長浜市生まれ
一九七一年　京都大学大学院農学研究科修士課程修了
京都華頂大学教授、滋賀大学名誉教授、農学博士（京都大学）
主要著書　『食べ伝えよう滋賀の食材』（サンライズ出版、二〇一二）、『ふなずしの謎』新装版（サンライズ出版、二〇一一）、『新装合本　つくってみよう滋賀の味』（サンライズ出版、二〇〇九）、『食の文化フォーラム27・伝統食の未来』分担執筆（ドメス出版、二〇〇九）、『湖魚と近江のくらし』（サンライズ出版、二〇〇三）

渡部　圭一　わたなべ　けいいち

一九八〇年　愛媛県松山市生まれ
二〇〇六年　筑波大学大学院博士課程人文社会科学研究科歴史・人類学専攻中退
滋賀県立琵琶湖博物館学芸技師　筑波大学博士（文学）
主要著書・論文　『村落・宮座研究の継承と展開』（共著、岩田書院、二〇一一）、「頭役祭祀の再編と近代村落—頭人差定儀礼における神籤の変化を中心に」（『史境』第70号、二〇一五）

（50音順）

再考ふなずしの歴史

2016年６月20日　第１刷発行
2017年10月29日　第２刷発行

編著者　橋本　道範

発行者　岩根　順子

発行所　サンライズ出版株式会社
〒522-0004　滋賀県彦根市鳥居本町655-1
TEL 0749-22-0627　FAX 0749-23-7720

印　刷　P-NET信州

ISBN 978-4-88325-594-8 C0021